KB061011

유리는 깨질 때
더 빛난다

우리가 함께 그려 온 이야기

나남
nanam

한국여성기자협회 창립 60주년 기념 저서 편찬위원회

위원장 | 정성희

위　원 | 강경희 김경희 김균미 박경은 박미정 이미숙 정민정

집필진 | 권태선 김미리 김순덕 김영미 김정수 김지수 김혜림 김효은

　　　　김희준 류현순 박경은 박금옥 박미정 박성희 박정경 신동식

　　　　신보영 신정은 심서현 유인경 윤호미 이나연 이태경 이혜미

　　　　장명수 장지영 최수현 한수진 함혜리 홍은주 황정미 (가나다 순)

유리는 깨질 때
더 빛난다

우리가 함께 그려 온 이야기

2021년 12월 22일 발행
2022년 10월 20일 3쇄

기획　　　　한국여성기자협회
지은이　　　한국여성기자협회
발행자　　　조상호
발행처　　　(주) 나남
주소　　　　10881 경기도 파주시 회동길 193
전화　　　　(031) 955-4601 (代)
FAX　　　　(031) 955-4555
등록　　　　제 1-71호 (1979.5.12.)
홈페이지　　http://www.nanam.net
전자우편　　post@nanam.net

ISBN 978-89-300-4102-7
ISBN 978-89-300-4100-3 (세트)

유리는 깨질 때
더 빛난다

우리가 함께 그려 온 이야기

한국여성기자협회 지음

나남
nanam

발간사

신종 코로나바이러스가 여전히 기세를 떨치던 2021년 2월 2일, 장명수 이화학당 이사장(전 한국일보 사장) 등 여성 언론인 선배들을 모셨습니다. 한국여기자협회 창립 60주년 기념 저서 편찬위원회를 마련한 자리였습니다.

"여기자들의 유일한, 공동의 출입처가 창경원이던 시절이 있었어. 곰이 새끼를 몇 마리 낳았네, 벚꽃놀이 인파가 얼마 몰렸네. 여성 관련 이슈를 쓰려면 회사 안에서부터 싸워야 했어. 각 사에 한두 명 있던 여기자들이 한자리에 모이니 얼마나 신이 나고 힘이 나던지 ….ʺ

복원해 낸 기억들을 나누며 콧등 시린 웃음들이 지나갑니다.

1961년 4월 서울지역 여성 기자들이 자매애와 연대 정신으로 한국 사회의 양성평등, 사회 발전을 위해 모임을 만든 지 60년이 되었습니다. 일제강점기인 1920년 "세계의 사조가 시시각각으로 변하는데 여성해방이 요원함을 통탄하며 현숙 박학한 '부인 기자'

를 공개 모집한다"(매일신보, 현 서울신문)는 대대적 공고 속에 탄생한 한국의 첫 여성 기자 이각경을 기준으로 하면 101년의 역사입니다.

독립운동으로 옥고까지 치른 최은희(조선일보) 등 선배들은 "여성해방은 단발부터", "축첩 폐지", "여성 경제 독립"을 외치며 여명기 한국 사회에 빛을 던졌습니다. 7남매를 둔 37세의 장덕조는 피바다가 된 전쟁터를 누볐습니다. '가장이 싸우다가 좀 때렸기로 웬 간섭이냐', '여자가 하는 집안일이 무슨 가치가 있느냐', '여자의 노동 능력은 26세까지'라고 하는 세상에 "그것은 죄!"라고 목소리 높였습니다. 남녀고용평등법, 성폭력범죄 처벌에 관한 특별법, 호주제 폐지는 모두 여성단체들과 손잡고 일궈 낸 성취였습니다.

권력을 향한 펜을 벼리면서도 아동, 장애인, 노인 등 사회적 약자, 소외층의 그늘을 이슈화하는 데 앞장섰습니다. 한국 여성 기자의 역사는 여성해방운동사, 한국 사회의 발전사와 궤를 같이합니다. "여성의 시선으로만 포착되는 세상이 있다"(장덕조), "마이너리티의 일원으로 살아온 여성 기자의 사회를 향한 시각과 후각, 감수성은 남다르다"(오한숙희)는 말처럼 우리의 활동은 한국 사회 변화를 위한 강력한 에너지였습니다.

한 바퀴 돈 길을 다시금 되돌아본다는 60주년을 맞아 협회는 시대의 흐름을 담아 협회명을 한국여성기자협회로 바꾸고, 한국 사회 발전사와 함께한 여성 기자들의 어제와 오늘을 두 권의 책에 담고자 했습니다. 하나는 정진석 명예교수(한국외국어대)가 쓴 통사(通史)《한국의 여성 기자 100년》, 또 하나가 이 책《유리는 깨질 때 더 빛난다》입니다. 성차별을 상징하는 유리천장은 물론, 우리 사회에 존재하는 편견과 구태, 관습, 혐오의 유리벽을 부숴 온 여성 기자들의 열정이 이 제목에 담겼습니다.

여성 기자 100년사에서도, 현재까지 이어지는 60년사에서도 여성 기자들의 삶을 관통하는 코드는 '분투'입니다. 척박한 시절 "견디자, 버티자, 사표 내지 말자"고 다짐하며 유리창을 깨고, 벽을 부수었습니다.

한국여기자클럽의 이름으로 모인 30여 회원은 이제 1,500명에 이릅니다. 회원사 부장 10명당 여성 부장은 2명꼴이고, 여성 임원은 통틀어 7명뿐인, 아직은 갈 길 먼 현실이지만, 내리 여성 편집국장(서울신문)이 나오는 곳도 생겼고, 앵커와 국내외 리포트 모두 여성 기자들이 담당하는 모습도 보입니다. 1985년 조선일보 윤호미 기자가 파리특파원으로 발령 났을 때 협회는 장도를 축하하며 옥색 한복을 선물했습니다. 해외 명사 인터뷰 때 입으라고요. 첫 여성 해외 특파원이 누린 '촌스런 호사'였습니다. 현재 바다 밖에서 활약 중인 여성 특파원은 16개 사 32명. 워싱턴만 해도 11명이 '어벤저스'로 날고 있습니다.

디지털 미디어 시대의 최전선에서 여성 기자들은 "뉴미디어에는 유리천장이 없다. 우리가 내는 길이 곧 지도"라고 외치면서, 여전히 거친 현장에서 무거운 카메라를 메고, 양가(兩家) 육아와 휴직을 거듭하며 분투하고 있습니다. 협회 구성원의 대부분을 차지하는 20~40대 여성 기자들은 이제 더는 일상을 포기하고 일에 올인해 '살아남는' 역사는 쓰고 싶어 하지 않습니다. 사랑을, 가정을, 다양성과 여성성을 포기하지 않고 사회를 위해 의미 있는 글을 쓰는 아름다운 기자의 길을 걷고 있습니다. 그들에게 격려의 박수를 보냅니다.

이 책은 한국 현대사의 기록입니다. 한 뼘이라도 한국 사회를 변화시키고자, 사회의 어두운 곳을 찾아다닌 여성 기자들의 땀이 배어 있기에 그렇습니다. 선후배 여성 기자들의 치열한 삶의 현장을 다 담지 못함이 못내 아쉽습니다. 한국여성기자협회 창립 60주년 기념 저서에 의미를 더해 준 나남 조상호 회장과 귀중한 글을 보내 준 선후배 동료들에게 깊은 감사의 인사를 드립니다. 아울러 60주년을 기념해 협회가 의뢰한 '한국 여성 기자의 업무 실태 및 직무에 대한 인식 조사'를 맡아 준 이나연 연세대 언론홍보영상학부 부교수께도 그 뜻을 전합니다. 그 어느 때보다 사회적 갈등의 골이 깊은 시대를 지나가고 있습니다. 10년 후, 30년 후, 50년 후 이 책이 더 나은 사회로 가는 자양분이 되었으면 하는 바람입니다.

2021년 12월
제29대 한국여성기자협회 회장 김수정

추천사

문정희 (시인)

어두운 밤바다를 깨는 쇄빙선이 지나간 자리처럼 '한국여성기자 협회 60년의 추억'은 참으로 아프고도 치열했습니다. 비명을 삼키며 공정한 세상을 향해 비상하는 독수리들의 행진을 보는 것 같기도 했습니다. 뜨거운 마음으로 《유리는 깨질 때 더 빛난다》 발간을 축하합니다.

처음 30여 명이던 여기자가 오늘날 1,500여 명에 이른다니 우선 놀랍습니다. 그동안 분투하며 흘린 땀과 피가 새삼 고통스럽게 떠오릅니다만 다가올 디지털 미디어 시대에는 유리천장 따위는 없으리라는 것도 서둘러 믿어 봅니다.

온갖 성차별과 불평등을 견디고 버터 온 60년, 여기자 에세이 한 편 한 편의 글을 읽으며 저는 마치 전쟁터의 르포를 읽는 것처럼 떨리고 아슬아슬했습니다.

이 책 속의 글들은 바로 한국 사회 발전사이며 여성 운동사였습니다.

여성의 시각과 언어의 힘이 뜻밖에도 하나의 기적 같은 현실을 만들어 낼 수 있음을 알 수 있었고, 어떤 것은 그 자체가 곧 한국 최초가 되는 것도 확인할 수 있었습니다.

이제 뉴스가 있는 곳이면 쪽방촌에서 백악관까지 거침없이 달려가는 시대를 여기자 스스로 열었음을 거듭 실감했습니다.

펜으로 상징되는 남성의 권위와 철벽이 하루가 다르게 무너지는 소리가 들립니다. 미래에는 여기자의 첨예한 펜촉이 가장 첨단의 촉수가 되어 정곡을 찌르고 자유로이 세상을 바꿔 나갈 것 또한 의심치 않습니다.

지난 60년, 한국의 여기자들 곁에서 시를 쓰며 혈족처럼 동시대를 함께 호흡했다는 사실이 감사하고 감격스럽습니다.

더 큰 하늘을 향해 숨을 고르고 있는 조용한 맹금(猛禽)! 한국여성기자협회 60년! 진심으로 장하고 아름답습니다.

추천사

최재천 (이화여대 에코과학부 석좌교수 · 생명다양성재단 대표)

오래전 서울대여교수협회 초청으로 강의를 한 적이 있습니다. 그 강의에서 저는 서울대는 모름지기 자체적으로 힘을 발휘할 수 있는 최소한의 여교수 인원을 확보해야 한다고 주장했습니다. 뜻밖에도 상당수의 여교수들은 선뜻 동의하지 않았습니다. 하지만 저는 미국이 오랫동안 노력해 온 소수민족 배려 정책에 관해 설명하며 어떻게든 임계량(*critical mass*)을 확보해야 여교수들의 권위가 향상되고 서울대의 위상도 높아질 수 있다고 강조했습니다.

이 책을 읽으면서 한국일보 사장을 지낸 장명수 이화학당 이사장님이 부르짖은 "견디자, 버티자, 사표 내지 말자"라는 구호를 보며 이 땅의 여기자들도 같은 길을 걸었다는 걸 알았습니다. 그러나 어느덧 임계량은 넘은 듯싶어도 지도자급에서는 여전히 수적 열세를 면치 못하고 있습니다. 이제는 한국여성기자협회의 구호가 "이기자, 이끌자, 사양하지 말자"쯤으로 바뀌어야 하지 않을까 싶습니다. 이제 이 나라의 언론을 선도해 주십시오.

최근 들어 세계적 석학들이 앞다퉈 "뉴스를 보지 말라"고 충고하고 있습니다. 《우리 본성의 선한 천사》의 스티븐 핑커, 《휴먼카인드》의 뤼트허르 브레흐만 등에 따르면 인류 사회는 지속적으로 나아지고 있답니다. 그러나 아침 신문을 읽거나 저녁 뉴스를 시청하노라면 우리 사회는 당장이라도 붕괴할 듯 보입니다. 코로나 19가 한창이던 2020년 사랑의 열매 모금액은 8,462억 원으로 역대 최다를 기록했습니다. 마키아벨리는 "인간은 필요하지 않으면 절대 선행하지 않는다"고 했지만 인간 본성에는 선한 내재적 동기가 존재합니다. 2017년 아베 정권의 사학 스캔들을 폭로한 도쿄신문 여기자 모치즈키 이소코의 삶을 그린 일본 영화 〈신문기자〉에서 주연을 맡은 한국 배우 심은경이 외친 말을 기억합니다.

　　"나는 진실을 알려야 하는 기자예요."

　　진실을 알리며 따뜻한 세상을 만들어 주십시오.

추천사

장강명 (작가·전 동아일보 기자)

책을 읽으며 두 가지 생각을 했습니다. 첫 번째는 저자들에게 꼭 큰 목소리로 이 말을 하고 싶다는 충동이었습니다. "선배들, 너무 멋지십니다!" 그 말을 속으로 몇 번이고 외치면서 책장을 넘겼습니다.

원래도 존경하는 분들이었으나, 원고를 읽고 그 존경심이 더 커졌습니다. 그리고 전에 없었던 미안한 마음도 들었습니다. 취재 현장과 편집국 사무실 외에도 선배들에게는 나와 다른 전장(戰場)이 여러 곳 더 있었습니다. "정말 고생하셨습니다, 선배들 덕분에 세상이 훨씬 더 나아졌습니다, 고맙습니다"라고도 이 자리를 빌려 말씀드리고 싶습니다.

두 번째로 든 생각은 고민 많은 지금의 젊은이들에게 이 책을 한 권씩 나눠줬으면 좋겠다는 바람이었습니다. 그 청년이 남자건 여자건, 언론인을 꿈꾸건 그렇지 않건 간에. 속세와 거리를 둔 종교인이나 상아탑에 있는 대학 교수에게는 쉽게 기대할 수 없는,

치열하고 생생한 삶의 철학과 조언이 가득한 책이기 때문입니다.

다들 과연 기자들입니다. 듣기만 좋고 영양가 없는 말은 하지 않습니다. 그래서 더욱 귀합니다. 번드르르하지만 막연한 관념으로 도망치지도, 현학적인 표현으로 얼버무리지도 않습니다. 이렇게 똑 부러지는 조언을 정직하게 해주는 어른들을 요즘 또 어디에서 찾을 수 있을까 싶습니다.

동아일보 대기자 김순덕 선배는 일과 가정은 양립할 수 없다는 게 팩트라고, 중요하다고 믿는 것을 하라고 말합니다. KBS 심의위원 김혜례 선배는 "회사일이건 결혼, 육아건 일단 저지르라"고 합니다.

그 조언들을 한마디로 요약하면 아마도 '버티라'는 것일 터입니다. 힘들어도, 더러워도, 버텨라. 그 버티는 힘을 어떻게 끌어모을 것인가. 그렇게 버틸 때 사람은 어떻게 변화하는가. 여전히 가르침을 주는 멋진 선배들께 한 번 더 감사드립니다.

차
례

CHAPTER 1

——

기억하다

CHAPTER 4

세상을 담다

CHAPTER 1

기억하다

함께 써 온 이력서 – '여성기자협회 60년'의 추억

장명수 (이화학당 이사장·전 한국일보 사장)

아득한 옛날 1963년 겨울, 나는 한국일보 수습기자로 입사하여 꿈꾸던 신문기자가 되었다. 한국의 1인당 GNP가 100달러가 안 되던 시절이었다. 한국여기자클럽(한국여성기자협회 전신)이 생긴 지 2년쯤 되었고, 한국일보 부녀부장인 조경희 선배가 여기자클럽 회장을 맡고 있었다.

여기자클럽 회원은 서울에 있는 신문사 여성 기자 30여 명이었다고 기억한다. 경력 2, 3년 정도의 기자가 10명쯤 되었는데, 나이 차이가 꽤 나는 선배들이 어린 후배들을 반갑게 맞아 주었다. 망년회나 야유회 등으로 1년에 두세 번 모였는데, 우리 어린 기자들에게는 선배들을 만나는 게 큰 공부가 되고 즐거웠다.

당시 한국일보는 다른 신문사에 비해 여기자들의 활약이 두드러졌다. 정광모 선배는 정치부에서 청와대 출입을 하고 있었고, 이영희 선배는 첫 여성 문화부장이 되었다.

이화여고의 학교신문인 〈거울〉 기자로 일하며 신문기자의 꿈을 키웠던 나는 기자로 일하는 하루하루가 신나고 즐거웠다. 1954년 한국일보를 창간하여 무서운 기세로 '젊은 신문 한국일보'를 키워 가던 장기영 사장님을 가까이서 볼 수 있었던 것은 나의 기자생활에서 큰 행운이었다. 그는 한국은행 총재를 지낸 은행가 출신이었지만, 신문을 만들고 신문사를 경영하는 아이디어가 번쩍번쩍 솟아나는 언론인이었다.

그는 신문사의 임원, 간부, 직원을 가리지 않고 불같이 화내며 야단칠 때가 많았으나, 사원들은 그를 '왕초'라 부르며 좋아했다. 그는 넘치는 에너지로 요란하게 신나게 신문사를 이끌었다. 항상 "기자가 최고!"라며 기자들을 격려했고, 술 취해 사장에게 싸움을 거는 '괴짜 기자'들의 온갖 기행을 문제 삼지 않았다. 신문사 창간과 함께 언론사 중 최초로 수습기자 시험을 시행했던 한국일보는 '기자사관학교'로 불리기도 했다.

군사정부 … 금지와 저항 사이에서

즐거움과 보람, 성취감도 컸지만, 내가 기자로 일한 시대는 암울했다. 내가 대학에 입학하던 해인 1960년 4·19 혁명이 일어났고, 1961년 5·16 군사정변으로 군사독재가 시작되었다. 1972년에는 국민의 입에 재갈을 물리는 유신헌법이 선포되었고, 1979년 10월 26일 박정희 대통령은 안기부장이 쏜 총을 맞고 18년 집권을 마감했다. 잠시 봄이 오는 듯했으나 1980년 신군부가 다시 정권을 잡았다. 1993년 '문민정부'가 출범하기까지 30여 년간 군사정부가 계속되었다.

언론의 자유와 책임을 배우고 훈련해야 할 시기에 잡혀가지 않으려면 금지선을 넘지 말아야 한다는 것을 배우며 긴 세월을 보냈으니 나는 불행한 기자였다고 말할 수밖에 없다.

문제가 될 기사를 쓴 것도 아닌데 사소한 실수로, 말도 안 되는 이유로 동료들이 안기부나 경찰에 끌려가 매 맞고 고문당하고 직장에서 쫓겨났다. 술 마시고 집에 가는 택시 안에서 대통령 욕을 했다고 경찰서로 연행되었고, 신문 연재소설에 군인 욕을 하는 대목이 나왔다고 작가와 문화부장이 끌려갔다. 정부 부처의 엠바고를 깼다고 잡혀가기도 했다. 출근을 안 했는데 연락이 안 되면 잡혀갔나 알아봐야 하는 세상이었다.

예민한 뉴스가 많지 않은 문화부장을 하면서도 나는 식은땀을 자주 흘렸다. 한국일보는 매일 1면에 시를 실었는데, 민주화 운동과 관련 있는 '불온한 시인'의 시가 실리면 경고가 날아왔다. 다른 신문사 문화부장이 연재소설의 몇 구절 때문에 어떤 일을 당했는지 알고 있었던 나는 경고를 받을 때마다 신경이 곤두섰다. 시뿐만 아니라 모든 기사와 외부기고를 찬찬히 읽으면서 위험한 부분이 없는지 찾아내야 했다.

기자들 모두가 한순간에 입을 다물고 비겁해지는 순간이 많았다. 그러나 기자들은 또 본능적으로 기자정신을 따를 준비가 되어 있었다. 대학가 시위는 무조건 1단 처리하라는 보도지침을 잘 지키던 신문들이 일제히 폭발하는 순간이 있었다. 민주주의가 앞으로 나아가는 순간은 대개 그렇게 터졌다. 공포, 분노, 자기모멸, 자유에 대한 목마름⋯. 1960, 70, 80년대에 일했던 기자들에게는 평생 잊지 못할 감정들이다.

견디자, 버티자, 사표 내지 말자

또 하나의 어두운 터널이 있었다. 성차별이었다. 1960년대만 해도 언론사에서는 가정란을 만들기 위해 여기자가 필요하다는 정도의 생각을 하고 있었다. 수습기자 시험이 일반화하면서 여기자를 한두 명씩 뽑아 문화부, 편집부, 사회부 등에 배치했지만 주요 인력으로 키우는 분위기는 아니었다. 한국일보에 청와대 출입기자 정광모 선배가 있다고 해서 한국일보의 모든 여기자가 성차별로부터 자유로운 것은 아니었다.

편집부에서 2년 정도 일한 나는 기사를 쓰는 부서로 가고 싶다고 희망하여 사회부로 옮겼다. 그러나 입사 동기들처럼 출입처를 갖지 못하고 내근을 하며 그때그때 기획기사를 쓰거나 화젯거리를 찾아 기사를 썼다. 그 무렵 사회부 여기자의 유일한 출입처는 창경원(현 창경궁)이었다. 각 사의 여기자들이 창경원을 출입하면서 곰이나 원숭이가 새끼를 몇 마리 낳았고, 호랑이가 새 식구로 들어왔고, 밤 벚꽃놀이가 언제 시작된다는 등의 기사를 썼다.

부서 배치, 출입처 배정, 승진 등에서 차별을 받다 보니 차장,

부장이 된 남자 후배 아래서 부원으로 일하는 여기자가 많았다. 우리보다 한 세대 위의 여기자 선배들은 10년 이상 후배인 남자 부장 아래서 퇴직할 때까지 만년 차장으로 일하기도 했다. 사회부 경찰기자일 때 훈련시켰던 후배가 부장이 된 경우도 있었다.

나도 입사 동기가 부장일 때 같은 부서의 차장으로 일했다. 입사 21년 만에 문화부장이 되었다. 그 후 부국장, 국차장, 국실장, 편집위원 등으로 발령받아 편집국 한쪽에서 11년을 앉아 있는 동안에 입사 후배 3명이 편집국장이 되었다. 남자의 경우 후배가 부장이나 국장이 되면 다른 자리로 옮겨 주는 것이 관례였으나 여기자에게 그런 배려는 없었다. 나 자신이 편집국 한쪽에 놓여 있는 가구인 것처럼 느껴지는 순간도 있었다.

1990년대 초에 여기자클럽은 제주도에서 세미나를 열면서 금융계와 정계 등에서 '잘나가는 여성들'을 연사로 초청했던 적이 있다. 우리도 성차별을 뚫고 살아남으려면 무슨 '전략'이 필요하지 않겠느냐는 생각이 깔려 있었다. 그러나 그들의 성공담을 듣고 우리끼리 마무리 토론을 하면서 내린 결론은 "화난다고 사표 내지 말고 버티자"는 것이었다.

기자라는 직업을 좋아하고 열심히 일해도 회의와 피로감을 느끼게 되는 시기가 있다. 성차별로 좌절하고 상처받는 일까지 누적되면 사표를 던지고 싶은 마음이 생기는 것은 당연하다. 그럴 때 좀 더 참고 견디면 좋은 날이 올 수도 있다는 것이 '버티기 선언'의 내용이었다. '공자님 말씀'인데 사실 그 외의 길이 없다는 것을 인정하는 김빠지는 선언이기도 했다.

차별 없는 정의로운 세상을 향하여

한국 최초의 여성 변호사 이태영 선생님은 1950년대에 남편을 간통죄로 고소한 여성의 변호를 맡았는데 피고인인 남편이 법정에서 "남자가 축첩을 했기로 그게 무슨 죄냐?"고 자신의 죄를 인정하는 호통을 쳤던 일화를 들려주신 적이 있다. 불법행위를 하면서 "그게 무슨 죄냐?"고 큰소리치는 세상과 여기자들은 계속 싸웠다.

여직원이 입사할 때 "결혼하면 퇴직하겠다"는 각서를 받고 결혼 후 퇴직을 거부하면 거주지에서 멀리 떨어진 지역으로 발령을 내는 등 압력을 가하는 직장들, 가정에서 폭력을 휘두르면서 "아내와 싸우다가 좀 때렸기로 그게 죄냐?"고 소리치는 남편들, "여자 동료에게 농담을 한 건데, 술 마시다 살짝 만졌는데 그게 무슨 성희롱이냐?"고 주장하는 남자들 … . 그리고 그들에게 동조하는 세상을 향해 여기자들은 "그것은 죄다"라고 소리쳤다.

여기자들은 이태영 선생님과 가정법률상담소가 시작했던 가족법 개정운동을 적극적으로 지지했고, 가려져 있던 정신대 문제를 세상으로 이끌어 냈다. 그러나 언론사 안에도 "그게 죄냐? 너무 떠드는 거 아냐?"라는 인식이 있었으므로, 여기자들은 이런 문제들을 기사화하기 위해 우선 사내에서부터 싸워야 했다.

세상의 모든 일을 쓰는 칼럼니스트

1982년 여름 장재구 회장님이 나에게 "매일 칼럼을 쓰는 것에 대해 연구해 보라"는 숙제를 주었다. 나는 우선 매일 무엇을 쓸 수 있을지 막막했고, 편집국 간부들도 여기자가 혼자 칼럼을 쓰다 보면 소재 빈곤으로 성공하기 힘들 것이라는 반대의견이 많았다. 그러나 미국에서 오랫동안 미주 한국일보를 키우며 미국 신문의 각종 칼럼에 관심이 많았던 장 회장님은 "한국 신문도 이제 칼럼니스트를 키워야 한다"는 생각을 굽히지 않았다.

1982년 7월 23일 '여기자 칼럼'이 시작되었다. 한국일보는 같은 날 1면 사고에서 "가정과 여성의 생활에 나타나는 갖가지 현상과 도전을 펼쳐 보이고 진단해 나갈 것"이라고 새 칼럼을 소개했다.

그러나 얼마 후 나는 '가정과 여성'이라는 울타리에서 벗어나 '세상에서 일어나는 모든 일'에서 소재를 찾기 시작했다. 그렇게 하지 않으면 이 칼럼이 지속가능하지 않다고 판단했던 것이다. 당연히 사회 · 정치 · 경제 · 국제부 등에서 다루는 분야가 칼럼에 등장했고 반대의 목소리가 들려왔다. "여기자 칼럼이 왜 정치 문제를 쓰느냐? 정치의 이면을 모르면서 이런 글을 쓰면 신문이 우스워진다"는 비판이었다.

"정치의 이면을 아는 사람이 몇 명이나 되는가? 일반 독자들은 다 모른다. 나는 정치를 모르는 사람들이 품는 의문이나 문제의식에 대해 쓰겠다"고 주장했다. 내 생각은 틀리지 않았다. 내 칼럼에 동의하는 독자가 늘어나기 시작했다.

'여기자 칼럼'은 6년 후인 1988년 '장명수 칼럼'으로 문패를 바꿔 달았고, 얼마 후엔 원고지 5매짜리 작은 박스에서 시사칼럼 평균 크기로 커졌다. 여기자 혼자 쓰는 칼럼이 몇 달이나 지속되겠냐는 우려 속에 출발했던 칼럼은 내가 신문사를 떠난 2011년 봄까지 29년 동안 살아 있었다.

그동안 썼던 수천 개의 칼럼 중에서 가장 기억에 남는 것은 초기에 썼던 생활칼럼들이다. "공중변소는 어디 있나요?", "식당에서 뛰는 아이들", "광진교를 인도로 만들어 주세요" 등이 생각난다. 신문들이 큰 사건 위주로 기사를 다루던 시절에 독자들이 얼마나 생활 기사에 목말랐는지를 돌아보게 한다.

택시를 타고 가는데 운전기사가 "잠깐만요" 하고 길옆에 차를 세우더니 급하게 어디론지 달려갔다가 돌아왔다. 그는 공중변소가 없어 한적한 공터를 이용할 수밖에 없다고 하소연했다. 다음 날 나는 공중변소 문제를 칼럼에 썼고 여성 기사들은 어디로 달려가야 하냐는 걱정도 했다. 하루 종일 전화벨이 울렸다. 모두 공중변소가 부족하다는 아우성이었다. 나는 계속 그 아우성을 칼럼에 썼다. 때마침 아시안 게임을 앞두고 준비사항을 체크하던 정부가 공중변소 늘리기에 나서게 되었다.

자녀를 엄격하게 키우던 부모 세대와 달리 아이를 야단치면 기가 죽는다고 생각하는 젊은 부모들 때문에 버릇없는 아이가 늘어난다는 칼럼을 썼는데 반응은 폭발적이었다. 손자들이 할아버지

한국일보와 인터뷰하고 있는 장명수 이사장 (2011. 4. 2, 제공: 한국일보).

의 안경을 깨트리고 온 집안을 난장판으로 만드는데 아들과 며느리는 야단도 안 치고 보고만 있다는 조부모 세대의 불만이 쏟아졌다. 식당에서 시끄럽게 구는 아이들을 야단쳤더니 오히려 젊은 부모가 항의해서 싸움이 벌어졌다는 이야기도 있었다. 공공장소에서 예절을 안 지키는 아이들에 대한 불만이 봇물 터지듯 쏟아졌다.

수명이 다해서 광진교를 철거하게 된다는 기사가 났는데 그 지역 주민으로부터 편지가 왔다. 광진교를 보수해서 주민들이 걸어 다닐 수 있는 다리로 남겨 달라는 내용이었다. 그 멋진 아이디어에 열광한 나는 몇 차례나 칼럼을 썼고 여론에 힘입어 광진교가 살아남게 되었다. 자동차선 한 라인만 남기고 사람들이 걸어 다니는 광진교를 볼 때마다 나는 그 옛날 생활칼럼의 독자들에게 감사하게 된다.

　정치칼럼도 많이 썼지만 세월이 흘러도 나아지지 않는 정치 수준을 보며 정치에 대해 이러쿵저러쿵하는 게 허무하게 느껴지기도 한다. 그러나 생활칼럼은 독자들과 함께 조금이라도 세상을 바꿔 간다는 기쁨이 있었다. 변함없는 독자들의 성원 덕분에 나는 29년이란 긴 세월 동안 칼럼을 계속 쓸 수 있었다. 성차별을 이겨 내고 1998년에 주필, 1999년에 사장이 될 수 있었던 것도 독자들이 있었기에 가능했다고 생각한다. "견디자, 버티자, 사표 내지 말자"는 여기자 선언의 힘이기도 했다.

앞에서 끌어 주고 뒤에서 밀며 …

여기자클럽 모임에 갈 때마다 내가 자주 했던 얘기는 "앞에서 끌어 주고 뒤에서 밀며"라는 〈졸업식 노래〉였다. 여기자 수가 점점 늘어나고 열심히 뛰면서 서로서로 힘이 되는 현상이 나타나기 시작했다. 한 언론사가 그동안 남성 기자만 보내던 부서에 여기자를 보내고 그가 일을 잘해 관심을 끌면 곧장 다른 언론사가 뒤따라가곤 했다. 부장, 편집국장, 보도본부장, 해외특파원, 논설위원, 주필, 이사, 사장에 이르기까지 여성 기자의 약진이 언론사 인사에 영향을 미쳤다.

　1999년 9월 여기자클럽이 나의 사장 취임 축하회를 열어 주었을 때 선배들은 내 손을 잡고 "우리 한을 풀어 줘서 고맙다"고 말했다. "나는 사장 아닌 주필을 더 하고 싶었다"고 말하자, 첫 여성 해외특파원이라는 기록을 남겼던 조선일보 윤호미 씨가 "그런 소리 하지 마. 사장으로 꼭 성공해야 해. 이것은 여기자들이 같이 쓰는 이력서야"라고 말하기도 했다.

여기자들이 앞에서 끌어 주고 뒤에서 밀며 더 알찬 이력서를 함께 써 나가길 바란다. 소외되고 차별받는 고통이 어떤 것인지 알고 있는 우리는 정의로운 세상을 만들어 가는 더 강한 기자가 될 수 있다고 믿는다.

서울시장 박원순 씨가 여비서를 성추행한 혐의로 고소당하자 자살로 침묵을 선택했던 2020년 여름, 그를 추모하고 보호하고 진실을 덮으려는 집권당 사람들의 언동은 "말세구나"라는 한탄이 나올 지경이었다. 고소 사건은 '공소권 없음'으로 종결되었고, 애도 분위기를 띠는 요란한 장례절차는 피해자와 사회 정의를 비웃었고, 민주화와 인권투쟁 경력을 자랑하던 집권 세력은 일제히 인권변호사 출신인 가해자 편에 섰다.

그 아수라장 속에서 "한국여기자협회는 '피해 호소인'과 연대할 것이다"라는 첫 선언을 냈다. 선언문은 "철저하게 의혹을 밝힐 것. 무분별하게 가해자를 미화하는 2차 가해를 멈출 것. 이 사건을 사회적 정의 문제로 다룰 것" 등을 요구했다. 2020년 7월 12일 이 선언이 나온 후 피해자의 변호인이 대중 앞에 섰고, '말세적인' 집권층의 후안무치를 개탄하는 소리가 잇달았다.

TV 뉴스에서 한국여성기자협회의 선언을 들었을 때 나는 후배들의 선택이 기뻤고 자랑스러웠다. 한국여성기자협회 60년을 회고하면서 기자라는 소중한 직업에서 만나게 된 사랑하는 선후배들의 연대가 이 세상을 바꾸는 데 기여할 것이라고 굳게 믿고 기대한다.

일과 시간 속을 경주마처럼 달렸다

신동식 (전 서울신문 논설위원)

"애비를 조선은행에 재피라."

대학 학기 초마다 4개 대학을 돌며 등록금을 일찍 내시던 아버지가 하신 말씀에 주눅이 들었다.

나 신동식 연세대 정외과 마지막 학기 등록금, 그다음 이화여대 가정과 둘째 등록금, 한양대 토목과 남동생에 이어 숙명여대 약학과 우리 집 막내 등록까지 마친 아버지가 각자 기숙사비까지 납부하고 오셔서 한숨같이, 하소연같이, 마무리한 말씀이다.

미국 코넬대학원 입학원서를 받아 들고 부풀었던 유학의 꿈이 꺼지는 동시에 '취직', '취직' 하는 단어가 머리를 떠나지 않았다. 6·25 전쟁의 피해가 다 복구되지 않아 일자리가 없던 시대였다. 상경대학 경제학과, 경영학과 학생들이 꼽는 회사가 천우사, 삼호방직 같은 지금은 이름조차 생소한 회사 정도였다.

당시 공개시험을 치는 곳은 신문사와 국책은행 조사부뿐이었다. 군사정부는 데모에 '능한' 정치·사회계열 학과생들은 시험

볼 기회조차 은근히 규제를 두었다.

140 대 1, 좁은 문을 뚫고

정외과 출신이 갈 수 있는 곳은 신문사뿐이었다. 1962년 11월 나는 140 대 1의 경쟁을 뚫고 서울신문 수습기자 9기로 합격했다. 서울신문사는 광복 후 정부 수립과 함께 서울신문이란 이름으로 일간 전국지를 발행하며, 정규 기자를 공채로 선발했다. 1년에 1회에서 2, 3회 수시로도 뽑았다. 서울신문 수습기자 9기는 그 전 기수와 달리 모두 사회부에서 훈련받기로 되어 있었다. 편집국 각 부서에서 짧게 수습을 마치고 1963년 2월 8일 사회부에 배치되었다.

　편집국은 5층 사옥에서 3층에 있었다. 넓은 강당같이 문 앞에서 사무실 끝까지 한눈에 들어오는 책상 벌판이었다. 사회부는 그중에서도 한가운데에 있었는데, 책상에는 전화기와 잉크병만 놓여 있었다. 당시 전화기는 모두 사내 전화교환실에서 교환원이 연결해 주는 시스템이었다. 기자가 전화 손잡이를 잡고 돌리면 교환원이 받아 상대편 교환원을 통해 찾는 대상과 통화했다. 이중삼중 교환되는 동안에 전화기를 놓치고, 통화하면서 화풀이로 집어던져 전화기는 성한 것이 드물었다.

　새벽 5시 반에 출근해 "100자 원고지"라고 부르는 200자 원고지 절반 크기의 백지에 선배들이 밖에서 부르는 기사를 받아쓰기 바

1970년대 서울신문사 편집국 모습 (제공: 서울신문).

쁘게 사회부 내근수석, 차장대우, 차장들에게 넘기고, 사진부, 문선부, 교열부 등을 들락거렸다. 정신없이 3개월쯤 지나니 신문사 일이라는 것을 파악할 수 있었다.

경찰서에서 병원까지, 사건 속을 달리다

사회부 외근은 입사 3개월 지나서부터 시작했다. 서울시경찰청을 담당하는 경찰캡이 담당 경찰서를 정해 주는 대로 취재구역이 정해졌다. 종로, 중구, 동대문 등 주요 경찰서는 남성 기자가 맡았다. 수습 중 여성 기자 2명에게는 변두리 구역 경찰서가 배정되었다. 나는 서대문, 마포 경찰서와 그에 속한 행정구역, 서울대 영문과 출신 안승란 씨는 동대문, 청량리 쪽이 맡겨졌다.

나는 매일 이른 새벽부터 서대문, 마포 경찰서 형사계부터 들러 밤사이 기록된 사건일지를 확인하고, 서대문 적십자병원, 신촌 세브란스병원을 돌았다. 응급실, 사체실을 들러 '복상사', '매독사' 같은 희한한 죽음도 알게 되었다.

　서울 5대 고궁, 동대문·남대문 시장도 취재구역이었다. 당시 경제부처 물가 통계가 부실해 건명태, 콩나물 시세를 아침 일찍 시장에서 취재해 사회부에 불러 주어야 할 때도 있었다. 어떤 때는 연재소설 원고를 받아 문화부에 전달하는 심부름까지 했다. 미군 폐차 지프에 광목을 두르고 페인트로 서울신문 표시를 한 차로 어렵게 변두리 동네에 있는 소설가 집을 찾아내 방 안에 서서 한 장 한 장 막 써서 넘겨주는 소설 원고를 받아 문화부에 전달했다.

　동물원 꽃사슴 뿔 자른 사건, 불곰 우리에서 사육사가 잠금장치를 소홀히 관리해 곰이 사육사 얼굴 한쪽을 때려 크게 다친 사건도 밤중에 취재했다. 사진 화보로 크게 다루었던 베트남 파병 장병들이 애써 보낸 비단구렁이가 한밤중에 감쪽같이 사라져 쉬쉬하던 것을 단독으로 취재했었다. 그런데 회사 편집진이 기사를 지면에서 일방적으로 삭제해 밤샘 노력이 헛수고로 끝나 허탈했던 기억이 난다.

법원과 검찰의 높은 벽을 넘어

사회부에서 경찰취재 다음 배치된 곳이 법원, 검찰이었다. 새벽같이 나와 사회부에 신고하고 1진 따라 법원으로 걸어가는데 막막했다. 법원·검찰청사는 서울신문사에서 빠른 걸음으로 10분도 걸리지 않는 가까운 거리에 있었다. 서울시 제2청사와 서울시립미술관이 있는 서소문 쪽에 지방검찰청과 고검, 지법과 고법·대법원이 모여 있었다.

기자실 입구에서 '1진방'에 들어서는 차장 선배에게 인사하고 바로 취재에 나섰다. 우선 지검부터 돌면서 무엇이라도 건지는 것이 아침 과제였다. 잡다한 형사 사건부터 공안 사건에 이르기까지 꼼꼼히 체크하고 기사가 될 만한 것을 취재해 1진에게 보고하고, OK 사인이 나면 전화기를 잡고 사회부에 기사를 불렀다. 때로는 회사로 달려가 사회부 책상에 앉아 기사를 쓰고, 대장이 나오면 확인한 뒤 다시 법조 기자실로 가서 2판(서울·수도권 판) 속보까지 챙겨야 했다.

사회적으로 파장이 큰 사건이나 공안 사건 기사는 1진이 직접 썼다. 지검장이나 부장급 검사들은 대부분 1진 선배가 도맡아 취재했다. 그러다 보니 오전 내내 정신없이 평검사 방을 돌아다녀도 기사 한 줄 못 건지는 날이 많았다. 검사실 방문을 열고 들어설 때 부딪치는 입회 서기와 여직원들의 눈초리는 익숙해지기까지 꽤 시간이 걸렸다. 검찰 취재는 깜깜한 벽 사이를 나는 새가 되는 것 같다. 잘못하면 시커먼 시멘트 벽에 된통 이마를 찧어 피가 낭자할 것 같은 막막함의 연속이었다.

　법조 출입을 하면서 단독기사가 많지는 않았다. 검찰이 한 동남아 국가의 대사관저 거실 천정에 숨겨 두었던 녹용 뭉치 부대를 압수 수색하는 현장을 혼자 따라붙어 기사를 썼던 기억이 생생하다. 공안 사건이 중요하게 다뤄지던 때라 공안부장과 공안검사들 방은 매일 들르는 필수 코스였다. 그때 평검사였던 한승헌 변호사의 바짝 마른 모습과 총총한 눈빛은 잊히지 않는다. 그 후 만날 때마다 변하지 않은 모습에 반가워 인사하고 있다. 당시에는 다른 초년 검사 2명과 함께 방을 썼는데 거의 매일 점심으로 자장면을 시켜 입회 서기들과 먹던 모습이 특히 인상적이었다.

　법원 취재는 주로 오후에 했다. 오전은 검찰에서 보내고, 신문 1판 마감이 끝나고 2판이나 3판에 신경 쓸 기사가 없으면 법원으로 건너갔다. 법원 건물은 너무 조용해 노크하기 미안할 정도였다. 복도로 향한 문들은 어찌나 두껍고 묵직하든지 열기조차 힘들었다. 이때 그 유명하던 바람쟁이 '박인수 사건 판결'로 이름 날린 권순영 변호사와 꼬장꼬장하던 기세훈 가정법원장을 만났다. 기세훈 법원장은 "왜 시집도 안 가고 이런 험한 일을 하느냐"며 장시간 훈계하여 기가 막히고 당황했었다. 권순영 변호사는 그때도 젊은 초년기자에게 재미있는 법조 사건들을 들려주며 격려해 주었다.

　법조를 거쳐 서울시청 교육위원회, 문화재관리국, 보건사회부 등 행정부서를 두루 취재했다. 사회면은 특히 다른 신문사들과 경쟁이 심했다. 경마장의 경주마처럼 기자들 성적이 날마다 그대로 드러나 항상 신경이 곤두서 있었다.

세 번의 출산, 두 번의 퇴직과 재입사

결혼하고 셋째 출산을 앞둔 1970년이었다. 사회부에서 올린 출산휴가 결재 서류가 감감무소식이었다. 편집국장이 붙잡고 결재를 미루고 있었다. 함께 속을 태우던 편집국 서무가 국장 집으로 찾아가 호소하자고 제안했다. 종로구 혜화동 국장 집 문간방에서 3시간 넘게 기다렸는데 가타부타 아무 말이 없어 빈손으로 나오면서 이참에 출산하고 1년 쉬기로 결심했다.

그런데 때마침 서울시청을 출입하던 한국일보 사회부 차장이 신문사를 그만두고 서울시정만 다루는 주간지 주간시민을 창간하면서 함께 일하자며 집으로 사람을 보냈다. 그것이 인연이 되어 1주일에 두 번 발행하는 시정 전문 주간지에서 2년 넘게 일했다. 그러다 새로 서울신문 편집국장을 맡은 남재희 국장이 수도권 판을 강화하면서 사회부로 재입사했다.

1960~1970년대에는 여기자가 결혼하면 신문사에서 사표 받는 것이 거의 관행이었다. 출산휴가는 더더욱 말도 꺼내기 어려웠다. 서울신문은 신문사 중에서 드물게 결혼해도 사표를 내지 않고 계속 일할 수 있었다. 하지만 출산휴가는 법적으로 보장되지 않아 전적으로 편집국장 결정에 달려 있었다. 1966년 첫딸 출산

직전 사표를 내고 한 달 반 정도 쉬었다가 재입사했다. 1968년 둘째 출산 때는 어쩐 일인지 출산휴가를 40일 정도 무사히 다녀올 수 있었다. 세 번째 출산휴가는 편집국장이 결재하지 않아 결국 다시 사표를 내고 주간지 기자로 일하다 2년 뒤 서울신문 사회부로 다시 입사했다.

다시 수습기자로 돌아간다면

돌아보면 사회부는 굉장히 소모적인 부서라는 생각이 든다. 온종일 발이 부르트도록 돌아다녀도 1단짜리 기사 하나 못 쓰는 날도 있다. 모두들 제 일에 바쁘고 반기지도 않는데 찾아가 말을 붙이고 숨기고 싶은 것까지 꼬치꼬치 캐물어야 했다. 사회부는 어린 연차 때 2~3년 고생하면서 기자의 기본을 익히는 훈련소 역할을 했다. 성의 한계를 취재대상으로부터도 절감했고, 체력을 송두리째 소진하는 부서였다. 한 가지 일을 익힐 만하면 다른 일을 맡게 되고, 그때그때 터지는 일 처리에 바빠 전문성을 쌓기 어려웠다. 사회의 밑바닥부터 접하다 보니 고상해질 틈도 없었다.

한 가지 보탬이 있다면 빠른 시일 내에 수양을 쌓을 수 있었던 것이라고나 할까. 도 닦는 사람들이 절이나 수도원에 갈 게 아니라 신문사 사회부에 들어와 한 3년쯤 부대껴 보는 것이 어떨까 생각해 본 적도 있다.

지금 초년병 시절로 돌아가 선택하라면 사회부 대신 국제부나 과학부, 문화부에 가고 싶다. 국제부에서 일하면 외국어 실력을 잘 살릴 수 있어 퇴직 후 번역서를 내는 데 도움이 될 것 같다. 지금은 사회가 세분화·전문화되어 다루는 영역도 다양하지만, 당시에는 20여 년간 사회부 기자로 일하고도 딱히 전공 분야로 내놓을 것이 별로 없었다.

사회부 취재를 하다 보면 기자가 아니었다면 만날 수 없었을 다양한 계층의 사람을 만나게 된다. 강력 사건 가해자부터 사기꾼, 위선자 등 다양한 인간 군상을 접하게 된다. 불쌍한 사람들도 너무나 많이 보게 된다. 복어알 찌개 냄비에 수저를 꽂은 채 숨진 판잣집 일가족에서부터 사랑에 속아 죽으려고 마신 양잿물에 식도가 녹아 사경을 헤매는 젊은 여성 등은 경험이 일천한 초년기자에게는 큰 충격이었다.

인내심을 갖고 달려들어야 견딜 수 있는 것이 사회부 기자생활이다. 더구나 여기자의 사회부 취재에는 한계가 많았다. 남성 취재원이 절대적으로 많아 취재 방법 등 불리한 점이 적지 않았다. 남성 기자라면 취재원과 함께 사우나도 가고, 숙소에서 술도 마셔 가며 취재할 수 있지만 여기자에게는 그것이 불가능했다. 승진·승급에서도 사회부는 불리했다. 여성 후배들에게 고생스러운 사회부를 권하고 싶지 않은 것이 선배로서 솔직한 심정이다.

입사 당시 서울신문은 조석간에서 석간으로 바뀌었다. 제10대 양순직(楊淳稙) 사장이 취임하면서 전국적으로 이름을 떨치던 편집진용이 서울신문에 대거 영입되었다. 편집국장에 김현제(金顯

濟), 부국장에 이목우(李沐雨) 씨 등 지방과 중앙 신문에서 사회부 기자, 사회부장, 부국장, 국장으로 이름 높던 분들이다. 훌륭한 선배들이 이끌던 사회부에서 우리 동기들은 체계적으로 훈련받아 우수한 기자로 성장할 수 있었다. 모두 넉넉하지 않은 봉급에도 후배들 점심, 저녁 챙기며 기자로서 지녀야 할 기본 철학을 전수해 준 분들 덕분이다. 감사하고 감사하며 그 고마움 잊지 못하고 있다.

대한민국 첫 여성 특파원, 옥색 한복과 파리의 추억

윤호미 (전 조선일보 파리특파원)

중앙일보 15년(1965~1980년), 프리랜서 기자 3년(1980~1983년), 조선일보 16년(1983~1999년). 34년 기자생활에서 3년은 작은 일부분에 지나지 않을 것이다. 하지만 나의 파리특파원 3년은 '한국 최초의 여성 해외상주특파원'이라는 수식이 붙었기에 남다른 주목을 받았고 내 언론인 경력의 최고 훈장처럼 여겨진다.

1984년 가을이었다. 조선일보로 이직해 문화부 차장으로 일한 지 1년 반쯤 지났을 때다. 최병렬 당시 편집국장이 나를 국장석으로 불러 "극비사항인데 파리특파원 준비를 하시오"라고 말했다. 말문이 막힐 정도로 놀랐다. 상상도 못 했던 일이었다. 중앙일보 시절, 당시로서는 파격적으로 해외취재를 많이 다녔지만 특파원 꿈은 가져 본 적이 없다. 이유는 간단했다. '실현가능성 제로'라고 일찍이 판단 내렸기 때문이다.

4대륙 18개국, 세계 여성을 만나다

초년기자 시절 두 가지를 꿈꿨다. 하나는 세계 각계각층 여성을 인터뷰하는 세계일주 취재, 또 하나는 시베리아횡단철도 르포르 타주였다. 둘 다 해외취재이고 '한국 최초'라는 화려한 수식어를 그렸다.

기자생활 10년을 넘긴 1975년 말에 그 꿈의 하나가 덩굴째 굴러 들어왔다. "여성을 주제로 세계일주 해외취재를 계획해 보라"는 지시가 떨어졌다. 조건이 어마어마했다. 대략 3개월 동안 사진기자와 함께 세계 어디든 찾아다니라는 것. 23개국 50여 가지를 취재하겠다는 '세계의 여성' 시리즈 계획서를 30분도 안 걸려 순식간에 완성했다. 수없이 꿈꿔 왔고, 관심 기울여 자료를 챙겨 왔기에 가능했다.

따지고 보면 여성이어서 생긴 행운이기도 했다. 1975년은 UN 이 정한 '세계 여성의 해'로, 1960년대 말부터 거세게 일어난 여성 해방운동이 활짝 꽃피던 시절이었다. 1965년 창간된 중앙일보는 주부와 젊은 독자를 주목해 '세계 여성의 해'를 보내면서 대규모 해외취재를 구상했던 것이다. 1976년 3월 이란의 파라 왕비 인터뷰를 시작으로 5개월에 걸쳐 4대륙 18개국의 수많은 여성을 만나면서 세계일주 대형 시리즈를 연재했다.

역설적으로 그 '세계의 여성' 취재 때 내 꿈을 접기로 했다. 아프리카 케냐의 암보셀리 국립공원에서 멀리 킬리만자로 산봉우리를 올려다보면서 꿈 절반을 실현했다는 사실에 감격하면서도 "지금 이 순간이 내 인생의 정상"이라고 냉정하게 마음 다스리기로 했다. 한국 현실에서 여기자가 뻗을 수 있는 '누울 자리'를 일찍 간파해 큰 기대를 하지 않기로 자기 최면을 걸었던 것이다.

이런 마음 다짐이었으니 엘리트 코스로 꼽혔던 해외특파원은 여기자인 내게 결코 주어지지 않으리라고 생각했다. 그러다 벼락같이 닥치니 당황하지 않을 수 없었다.

한국 최초 여성 특파원의 탄생

1985년 1월 정식 발령이 났다. '한국 최초의 여성 상주특파원 탄생'은 큰 화제였다. 각 신문과 방송에 보도되었고, 한국여성단체협의회 주최로 대규모 환송 행사까지 열어 주었다. 언론계에 금단의 벽이 하나 무너졌다고 여기자들의 응원이 대단했다.

한국여기자클럽에서 축하 파티를 열었을 때 "더 나아가 최초의 여성 편집국장, 여성 주필도 나와야 한다"고 누가 역설했는데 과연 몇 년 뒤 실현되었다. 그날 여기자들 사이에서는 동아일보와 함께 가장 보수적인 신문이요, 여기자를 잘 뽑지도 않던 조선일보에서 최초의 여성 특파원을 낸 것이 '기막힌 아이러니'라며 화제가 되었다.

여담이지만 여기자클럽에서 파리 부임 선물로 "해외 명사를 인터뷰할 때 입으라"고 그레타 리의 한복을 선물해 주었다. 짙은 보라색 치마에 연한 옥색 저고리였다. 기쁘게 받은 선물이었는데 막상 파리에 도착해 취재현장을 다녀 보니 한복 입고 인터뷰 간다는 것이 얼마나 해외 물정에 어두운 생각이었는지 깨닫게 되었다. 그 한복은 파리에서는 한 번도 못 입었다. 여성이 혼자 해외에 부임해 일한다는 게 어떤 것인지 상상도 못 하던 시절이었다.

파리특파원 발령은 '여성 최초'라는 화제에 휩싸여 요란한 이벤트가 되었다. 차분히 준비할 겨를도 없이 두세 달을 훌쩍 보낸 것 같다. 각종 수속 절차를 밟느라 3개월을 더 넘겨 1985년 3월 16일 토요일 아침 8시, 마침내 파리 샤를 드골 공항에 내렸다.

'여성'에 '독신'이라는 당시로는 남다른 상황이 파리특파원 생활에 때로는 도움도 되었고, 때로는 약점도 되었다. 아주 사소한 일에서 마음 편치 못했던 경험도 있다. 대사관저에서 주불 특파원들 부부 동반 초대식사가 있었는데 홀에 들어서니 테이블이 2개 놓여 있었다. 자연스럽게 한쪽은 대사와 특파원 남성들, 또 한쪽은 대사 부인과 특파원 부인들이 앉았다. 당황스러웠다. 어디 앉아야 하나. 잠시 머뭇거리는데 특파원 몇 분이 남성 테이블로 오라고 손짓했다. 하지만 나는 여성 테이블로 가서 앉았다. 순간적으로 '너무 튀지 말아야겠다'고 생각했는데 저녁 내내 그 자리가 불편했던 것도 사실이다.

하지만 '한국 최초 여성 특파원'으로 소문났기에 취재할 때 남다른 대우를 받은 것도 사실이다. 대사관이나 한국 상사원, 교포들에게 길게 설명할 필요도 없이 취재 협조를 받았다. 외국 기자들 사이에서도 '거물 대접'을 받으며 정보교환 제의를 많이 받았다. 가끔 한국 이슈가 생겼을 때 프랑스 외무성 브리핑에 참석했는데 프랑스 여기자 2, 3명이 친근하게 도움을 주었다. 세계 어디서든 여기자들 사이에는 일종의 '약자들의 동맹' 같은 끈끈한 유대감이 있었다.

냉전의 상징, 베를린 장벽을 넘어

모든 기자가, 특히 해외특파원은 자신이 근무할 때 사건이 많았다고 생각하겠지만, 1985년부터 1988년 봄까지 나의 파리특파원 시절도 유난히 일이 많았다. 기본적으로 파리특파원은 유럽과 중동, 아프리카까지 커버하느라 취재범위가 넓다. 게다가 1988년 서울 올림픽을 앞둔 시점이라 한국 관련 행사나 사건이 많았다. 1985년 소련 고르바초프 서기장의 등장과 함께 개혁과 개방의 바람이 불면서 올림픽 주최국 한국 기자들의 동유럽 취재 가능성이 높아졌다. 서울 올림픽에 동유럽 국가들이 참가하고 남북한 회담이 물꼬를 트면서 유럽이 뉴스의 중심이던 시절이었다.

　그 무렵 파리의 한국특파원들은 누가 먼저 공산권을 '최초로' 취재하나 신경전을 벌였다. 내가 파리에 도착했을 때 벌써 많은 특파원들이 각자 비밀리에 동유럽 국가 대사관에 취재 신청을 해놓은 상태였다. 국교가 열리지 않은 동유럽 국가들은 한국 기자의 개별 취재를 좀처럼 허용하지 않았다.

결국 올림픽 덕분에 빗장이 열렸다. 1985년 6월 2일부터 동베를린에서 열리는 제90차 IOC 총회 취재를 위해 파리특파원들이 단체로 동독 비자를 받았다. 파리의 조선일보, 동아일보, 한국일보, 서울신문, 경향신문과 연합통신, KBS, MBC, 그리고 중앙일보 독일특파원 등 13명 취재단이 그 유명한 베를린 장벽의 유일 통로 찰리검문소를 통과했다.

파리 부임 2개월 만의 첫 출장이었는데 10여 명 동료 파리특파원들과 함께 다니면서 허물없는 사이가 되었다. 사마란치 IOC 위원장을 비롯해 앞으로 3년 내내 중요한 취재원이 될 올림픽 관계 인사들을 두루 만나게 된 것도 좋은 학습이었다. 동베를린 총회에는 노태우 당시 서울 올림픽 조직위원장을 비롯해 한국의 올림픽 관계 주요 인사들이 대거 참석해 신참 특파원으로서는 더없이 좋은 취재마당이었다.

여운형의 딸, 여연구와의 단독 인터뷰

북한 사람들도 여러 군데에서 만났다. 서울 올림픽에 남북단일팀을 구성해 보자는 남북 체육회담이 IOC 주선으로 스위스 로잔에서 몇 차례 열렸을 때 그들을 취재했다.

특히 기억나는 북한 사람 취재는 몽양 여운형의 딸 여연구와의 단독 인터뷰이다. 특파원 첫해인 1985년 7월 케냐 나이로비에서 열린 세계여성대회를 취재하러 갔다. 나이로비 세계여성대회는

1975년 '세계 여성의 해' 이후 10년을 결산하는 대규모 UN 회의
였다. 한국에서는 김현자 당시 민정당 의원을 단장으로 국가대표
19명과 이태영 당시 한국가정법률상담소장 등 NGO 대표 22명까
지 41명이 참석했다. 북한에서는 5명의 정부대표단만 참가했다.
당시 북한대표단 단장이 몽양 여운형의 딸 여연구였다. 놀랍게도
여연구는 김현자 단장과 이화여대 영문과 동기동창으로 이전에
도 국제회의에서 만나 잘 아는 사이였다.

　단독 인터뷰는 운 좋게 성사되었다. 1,500명 기자가 북적거리
는 프레스룸에서 예전에 마닐라의 아시아 여기자 세미나에서 알게
된 일본 아사히신문 야요리 마쓰이 전문기자를 만났다. 북한 여연
구 단장 얘기를 꺼내니 깜짝 놀라면서 만남을 주선해 달라고 부탁
했다. 진보 성향의 그는 일본의 여운형 추모 모임에도 관여하며 여
연구와 교류하는 재일 사회운동가 정경모 씨 이름을 알려 주었다.

　한국 대표의 기조연설이 있던 날 총회의장 북한대표단 자리에
앉아 있던 여 단장에게 다가가 정경모 씨 얘기를 꺼냈다. 그 사람
과 절친한 아사히신문 기자가 만나고 싶어 한다고 전하고 인터뷰
승낙을 받아 냈다.

　대회 마지막 날 아침 남북한 대표가 머무는 뉴스탠리 호텔 식
당에서 마쓰이 기자와 함께 여 단장을 만났다. 아무렇지 않게 혼
자 우리를 기다리고 있어 조금 놀랐다. 고맙게도 마쓰이 기자는
인사만 나누고 나중에 만나자며 자리를 떴다. 내 짐작으로는 일
본 내 친북세력 관계로 따로 은밀한 얘기를 나누려는 것 같았다.

단독 인터뷰 당시 윤호미 특파원(사진 왼쪽)과 여연구 단장 (1985).

당시 내가 처음 들어본 정경모 씨는 뒷날 문익환 목사와 평양에 간 바로 그 인물이었다.

마침내 여연구 북한대표단장과 단둘이 마주 앉아 인터뷰를 시작했다. 그날의 취재 노트에는 기사로 다 전하지 못한 뒷이야기가 많이 남아 있다. 지금은 세상을 떠났지만 당시 57세였던 그는 간간이 북한 선전하는 것을 잊지 않았으나 '북한 사람 맞나' 싶을 정도로 옛 서울 생활에 대한 향수를 짙게 갖고 있었다.

"아버지(여운형)는 내가 7살 때 감옥에서 나왔는데 그때부터 나를 '좋은 친구'로 여겨 보통날은 잘 뵐 수 없어도 토요일, 일요일은 나에게 봉사하는 날로 삼았습니다. 영화 구경이며 인천에 가 수영도 하고 소요산, 삼각산 등 산이란 산은 안 가 본 곳이 없지요.

1947년 아버지가 암살당하자 우리 식구는 겁이 나서 평양으로 갔습니다. 어머니는 6·25 때 북쪽에서 폭격에 돌아가셨고, 여동생 여원구는 평양에서 교포사업총국 부국장이며, 남동생 여붕구는 과학기술원에 다닙니다.

나는 모스크바 유학을 다녀와 1955년부터 평양외국어대 노어과 교수로 지내다 1979년부터 조국통일민주주의전선 중앙위원장과 1980년부터 최고인민회의 부의장으로 지냅니다. 결혼은 1956년에 했다가 1년 뒤 딸아이 낳고 헤어져 29년을 혼자 지냈지요. 월북할 때 남쪽에 애인이 있었습니다. 혼자 살고 있으니 빨리 통일시켜 만나게 해 주세요. 우리같이 불행한 세대는 없습니다."

여연구 단독 인터뷰는 2시간 넘게 진행되었다. 몽양의 개인사, 딸 여연구 단장의 감정세계를 짚어 보는 인터뷰였다. 그날 오후 김현자 단장과 여연구 단장을 함께 사진 찍어 기사와 함께 보낼 수 있었다. 두 사람은 "우리 입학식이 9월 2일이었지? 7월 1일에 시험이었고 …"라면서 반말로 옛 시절을 얘기했다. 취재기자로서는 놀라운 광경이었다.

'최초의 소련 취재' 불발

특파원 시절 씁쓸한 기억도 있다. 1986년 1월 말 베이루트에서 한국대사관 도재승 2등 서기관이 괴한들에게 납치되었다. 1년 9개월의 협상 끝에 1987년 10월 도 서기관이 풀려났다. 도 서기관이 파리를 경유해 대한항공 비행기 편으로 한국에 들어갈 것이라는 소식에 모든 특파원들이 공항으로 달려 나갔다. 대한항공의 아는 분이 슬쩍 "중앙정보부 높은 분이 비즈니스석을 예약한 것 같다"고 귀띔해 주었다. 그 높은 분 옆자리로 몰래 비행기표를 샀다. 하지만 도 서기관이 탔는지는 끝내 확인하지 못한 채 망설이다 마지막 순간에 비행기에 올랐다. 결과는 허탕. 서울에 빈손으로 내려 회사로 들어가야 했던 그 순간은 지금 떠올려도 몸서리가 쳐진다.

'최초의' 소련입국 취재 꿈도 성사 직전에 좌절되었다. 1988년 1월 소련이 서울 올림픽 참가를 발표한 뒤 고대했던 소련 취재 계획을 들고 파리의 노보스티 통신사를 찾아갔다. 이름이 통신사지, 실상은 정보기관으로 외국 기자의 소련 취재는 그곳의 사전심사를 거쳐야 비자를 신청할 수 있었다. 그곳에서 코룬지 국장을 만났다. 한국특파원 여러 명이 취재 신청을 했다는데 얼마 뒤 "한국 기자로는 유일하게 소련행이 확정되었다"는 코룬지 국장의 전화를 받았다. 꿈인가 싶었다. 한국 기자로는 처음 가는 공산국가 소련 취재라 회사에서도 기대가 컸다. 비밀이 새나갈까 봐 몇몇 사람에게만 연락을 취했다.

살아온 세월 중에 누구에게나 '특별한 날'은 몇 날씩 있을 것이다. 나에게는 1988년 3월 9일과 10일이 그랬다. 3월 9일 아침 문화부장으로 발령 났다고 축하 전화를 받았다. 10일 새벽 3시 무렵 전보가 왔다는 우편국 연락을 받았다. 불안이 물밀듯 밀려와 잠을 설쳤다. 파리특파원 마지막을 '최초의 소련 취재'로 장식할 꿈에 부풀어 있었는데 청천벽력 같은 통고를 받게 되었다.

날이 밝자마자 노보스티로 찾아갔다. 분위기가 썰렁했다. 코룬지 국장이 두 사람에게 에워싸여 걸어 나왔다. 조그만 여행가방을 든 초췌한 모습이었다. 눈이 마주쳤는데 얼른 시선을 떨구고 모른 척 내 앞을 지나갔다. 2층에 가니 직원이 공포에 질린 표정으로 내 비자가 거부되었다는 말만 했다. 3월 10일 하루 종일 가슴을 까맣게 태웠다.

비자가 갑자기 거부당한 것은 그 무렵 터졌던 아제르바이잔 민족폭동 때문이었다고 분석하는 사람들이 많았다. 소련 정부에서는 외국 기자들의 보도로 사태가 확대되었다고 보고 서방 기자들을 내쫓았다. 외국 기자들의 취재 출입을 담당했던 노보스티 통신사의 파리 책임자들도 문책당했다고 한다.

소련 취재가 좌절된 기억을 안고 1주일 뒤 한국행 비행기에 올랐다. 특파원 생활은 그 3년이 전부였지만 '최초의 여성 특파원'이었던 덕분에 여기자 후배들에게는 '영원한 특파원 선배'가 되었다. 당시 박성범 KBS 파리특파원이 "우리도 영어나 프랑스어를 잘하는 여기자들이 많은데"라며 여성 특파원 1호를 부러워하더니 보도본부장으로 귀국해 전여옥 기자를 도쿄특파원으로 발령 냈다. 국내 2호 여성 특파원이다.

1999년 12월 31일 신문사를 퇴직했다. 34년 기자생활을 정리하려고 2000년 초 파리에서 몇 달 머물렀다. 그때 파리에서 이정옥(KBS), 김은주(연합통신), 김세원(동아일보), 강혜구(한국경제) 등 여성 특파원 후배 4명을 만나 뿌듯했던 기억이 난다. 나 이후에 여성 특파원이 별다른 화제가 안 될 정도로 일반화되기까지 근 20여 년이 걸렸다. 여성 특파원 빗장을 여는 소임이 내게 주어진 것은 34년 기자생활에서 무엇보다 감사하고 소중한 도전이었다.

좋은 신문이 좋은 가정을 만든다

박금옥 (전 중앙일보 생활부장)

'멋진 여성 파트너를 빌려드립니다.'
레저 기업광고에 여성단체들 발끈

초대졸 이상 여성 공채, 출장도 보내
물건 취급한 표현은 여성인격 모독

'공공연한 매춘'으로 간주, 사회문제화 움직임
대한 YWCA · 주부클럽연합회 등 조사 나서

　이상은 1983년 9월 28일 자 중앙일보 여성가정란에 실린 기사의 제목과 중간 제목들이다. 어느 날 신문에서 우연히 레저와 스포츠를 즐기고 싶어도 마땅한 상대가 없어 즐기지 못하는 이들에게 멋진 파트너를 소개한다는 광고를 보았다. 그 광고를 기이하게 느낀 나는 곧 취재를 시작했다.

나는 신문기자라고 신분을 밝히고 시시콜콜 캐물었지만, 그들은 이렇다 할 경계심 없이 취재에 응했다. 그들은 골프, 볼링, 요트, 승마, 스키, 스킨스쿠버 등에 능숙한 여성의 명단을 사진과 함께 비치, 고객이 선택하도록 한다는 것이었다.

이 단체는 또한 지방출장도 가지만 회비가 정해져 있고 출장 중 물리적인 도에 어긋나는 행위는 않겠다는 서약서를 받는다고 했다. 가까운 일본에서는 그때 이미 이런 유의 레저 파트너 파견업이 성황이었지만 한국에서는 공식적으로 처음이었다.

취재를 모두 끝내고 여성단체에 전화를 돌렸다. 폭발성이 큰 주제인 만큼 여성단체의 이슈화가 필요하다는 생각에서였다. 그리하여 중앙일보 여성가정란의 기사는 재구성되어 그다음 날부터 1주일 넘게 서울에서 발행되는 거의 모든 일간신문의 가정면, 사회면, 경제면 톱기사를 장식했다. 다른 회사 신문들이 이 기사를 완전한 특종으로 만들어 주었다.

따라서 편집국 문화부, 그것도 여성가정란의 기자가 유례없는 특종상을 받는 이변이 생긴 것이다.

최은희 여기자상 수상

위 사람은 문화부 기자로 20여 년 가까이 근무하는 동안 여성문화 창달에 탁월한 능력을 보여 주었고 여성인권 옹호 및 남녀차별 문제에 투철한 사명감을 발휘하여 가정복지와 여성의 의식개발에 앞장서는 등 우리 사회와 가정을 맑고 밝게 지켜 가는 데 많은 노력을 쌓아 왔기에 그 공을 기려 제4회 崔恩喜女記者상을 드립니다.

이렇게 긴 하나의 문장은 1987년 내가 제4회 최은희 여기자상을 받았을 때 상패에 새겨진 내용이다. 이 문장을 인용하는 것은 당시 신문사 편집국의 문화부 한쪽에서 이른바 '여성가정란'을 만들던 여성 기자들에게 요구되던 역할을 말해 주기 때문이다. 당연히 나도 역시 그런 여기자 중 한 사람이었다.

내가 과연 한국 여성문화 창달에 탁월한 능력을 보였고, 여성 인권 옹호와 남녀차별 문제에 투철한 사명감을 가져 여성의식 개발에 앞장섰을까? 이러한 물음의 답과는 별개로 어쨌든 이런 내용이 당시에도 한국 사회에서 여기자로서 바람직한 활동이라는 의미를 내포했다고 생각한다.

신문의 구독권은 여성이 갖고 있다

사실 중앙일보가 여성가정이란 제목하에 만들던 지면은 사내에서도 특별취급을 받았다. 당시 홍진기 회장의 신문제작관은 '좋은 신문이 좋은 가정을 만든다'였고 가정에서 신문 구독권은 신문을 읽는 시간이 긴 주부가 가졌다는 생각에서 여성가정면의 중요성을 강조했다.

신문이 총 12면이던 시절에도 매일 1면씩 제작되었다. 갑작스

중앙일보 여성가정면 (1986. 3. 6, 제공: 중앙일보).

러운 특집이 생겨 일반 문화면은 날아가도 여성가정면은 건재했다. 그러자니 한정된 인원의 여성가정면 제작 담당 여기자들은 늘 눈코 뜰 사이 없이 바빴다. 게다가 어느 시기의 문화부장은 외부 기획기사로 된 고정란이 없이 취재기사만으로 매일 지면을 기획하여 결과적으로는 여기자들을 혹사시켰다.

결국 홍 회장의 '여성가정면 사랑'은 지면확보 등의 긍정적인 면도 많았지만, 이를 만드는 여기자들은 혹사당하는 결과를 가져왔다면 지나친 과장일까. 나는 그때 함께 고군분투하며 여성가정면을 만들었던 지영선 후배에게 지금도 일종의 전우애를 느낀다.

여성면 기사의 전문성은 없는가?

"우리 신문의 여성면은 박 부장이 여성해방운동 하라고 있는 지면이 아니에요."

"여자들이 부끄러운 줄 알아야지 무슨 자랑이라고 그렇게 떠들어. 대부분 돈 벌러 간 것 아닌가?"

앞의 말은 한국 가정의 지나치게 가부장적인 문화에 관한 비판 기사에 대해, 뒤의 것은 한국정신대연구소가 일본이 제2차 세계대전 중 정신대로 끌려갔던 여성들에게 저지른 만행에 대해 배상하라는 소송을 제기했다는 기사에 관해 당시 편집국장이 일갈한 것이다.

앞의 여성면 기획에 대한 편집국장의 질책은 내가 최은희 여기자상을 받은 지 10여 년 후 일로, 당시 나는 생활부장으로 여성면의 기획과 진행을 맡아 하는 실무책임자였다. 나는 여성면을 만드는 데 30년 가까운 세월을 보낸 기자였다. 그러나 국장은 전혀 전문성을 인정하지 않았고, 여성문제에 관해서는 아무것도 모르면서 편견에 가득 차 역정을 냈다.

국장은 내가 한국 사회의 성차별적인 여성의 성상품화를 고발하는 기사로 특종을 냈고, 상패 내용에 따르면 여성인권 옹호 및 남녀차별 문제에 특별한 사명감을 갖고 여성의식 개발에 앞장서는 등의 이유로 최은희 여기자상을 받았는데, 그런 객관적인 사실은 알지도 못했고 관심도 없었다고 생각한다.

언론계 여성 파워를 키우자

한 집단 안에서 특정한 그룹이 자신의 목소리를 낼 수 있으려면 그 집단의 인적 구성원 중 30%가 되어야 한다는 것이 통념이다. 30여 년 전 조사된 서울의 6개 일간지의 여성 기자 비율은 1. 16~4. 3%였다. 그러나 2020년 조사는 약 30%. 2021년 9월, 최종 선발된 중앙일보 56기 신입기자는 11명 중 9명이 여성이어서 관계자들까지 놀랐다는 것이 화제다.

여성 기자의 수가 늘면서 취재분야도 정치, 경제, 사회, 스포츠 등 다양한 분야로 확대되었고, 일간 신문사 사장을 비롯하여 편집국장, 정치부, 경제부 등의 신문제작상 비중이 높은 부서의 데스크를 맡는 여기자의 숫자가 늘면서 역할이 확대되었다. 그러나 아직도 숫자의 증가에 비해 질적 변화는 미흡하다는 지적이다.

이를 위해서는 좀 더 숙성의 시간이 필요하고 여성 기자 스스로 급변하는 세상 속에서 투철한 직업정신과 전문성을 제고하여 새로 오는 시대를 대비해야 할 것이다.

한때 여성 기자들의 존재 의미이기도 했던 여성가정란의 타이틀이 없어진 지도 오래다. 1960년대부터 1990년대 즈음까지, 오랜 기간 한국여성단체협의회, YWCA 연합회, 주부클럽연합회, 한국부인회 등 여성단체들은 여기자들의 주된 이른바 '여성문제'의 취재처였다.

가족법 개정, 여행원 결혼각서 폐지, 여성 교환원 정년연장(남성과 동일한 정년보장) 등은 여성들이 오랜 세월에 걸친 투쟁 끝에 얻어 낸 수확이었다. 운동을 주관한 여성단체 외에도 여기자들이 기사를 써서 적극 그 운동의 타당성을 알리고 투쟁에 힘을 보탰다.

1975년 UN이 정한 '세계 여성의 해'가 이런 여성운동의 큰 버팀목이 됐다. 당시 여성단체에서 활동했던 여성계 원로들은 여성들이 힘을 합쳐 여성문제를 해결했던 그때를 그리워하며 회상한다.

여성생활부 기자 30년을 돌아보며

수없이 떨어지고 한 번 붙은 치열한 취직시험 끝에 1968년 1월부터 시작된 나의 기자생활은 1998년 9월 중앙일보에서 퇴직할 때까지 30년간 이어졌다. 그동안 짧았던 대한일보, 서울신문까지 3개 신문사에서 일했다. 매체는 일간신문이 중심이었지만, 주간지, 월간 여성지, 무크지에서도 근무했다. 그리고 부녀부, 문화부, 생활부, 출판국에서 일했지만 대부분의 시간을 여성생활면을 만들면서 보냈다. '더 이상은 …'이라고 느낄 때도 여러 차례였고 지금 생각해도 어떻게 30년을 버텼을까 싶지만, 그래도 나는 여성생활면을 기획하고 만드는 것이 즐거웠다.

30년의 신문기자 생활 중 영국과 독일, 일본에서 총 3번의 해외연수 기회를 가졌다. 1997년에는 일본재단 장학금으로 도쿄 오차노미즈국립여대의 객원연구원으로 1년간 머물면서 '일간 신문사 안에서의 여기자의 위상과 역할 한일 비교'를 주제로 논문을 썼다.

운이 좋았다고도 할 수 있지만, 내가 해외연수를 갈수 있었던 것은 오랫동안 관심을 갖고 준비했기 때문이라고 생각한다. 특히 일본 연수는 어디로 가서 무엇을 하겠다는 확실한 스터디 플랜을 일본어로 써내고 그것이 통과해야 한다.

외국에 가서 생활하다 보면 참 많은 것을 보고, 느끼고, 깨닫게 된다. 나는 그렇게 못 했지만, 자녀가 있다면 힘들어도 적극 동반을 권한다. 해외연수는 자녀들에게도 더 큰 세상을 경험할 기회를 제공한다. 뿐만 아니라 평소 바쁜 직장일로 대화를 나눌 시간이 거의 없던 엄마와 아이들이 맨살로 부대끼며 만나는 시간, 다시는 안 올 서로를 알아 가는 귀한 시간이 될 것이기 때문이다.

내가 가졌던 두 마디 무기, '도대체, 왜'

권태선 (방송문화진흥회 이사장 · 한겨레 전 편집인)

2005년 2월 말이나 3월 초였던 것으로 기억한다. 그해 2월 한겨레 사내 선거를 통해 선출된 정태기 대표이사가 차기 편집위원장 (당시 편집국을 민주적 위원회 체제로 운영한다는 정신에 따라 부서장을 편집위원, 편집국장을 편집위원장이라고 불렀다) 예비후보를 3명 지명했다. 각자의 편집국 운영계획을 들어 보고 그중 한 명을 선택해 편집국 동의 투표에 부치겠다는 취지였다.

남성 두 명과 여성 한 명이 지명되었는데, 그 여성이 바로 나였다. 남성 두 명 가운데 한 사람은 대학 학번은 같았지만, 신문사 연조로는 나의 후배였고, 다른 한 명은 나이나 경력 모두에서 후배였다. 그런데도 '진보'를 지향하는 가치로 내세우는 한겨레의 편집국조차 여성인 내가 그들과 더불어 편집위원장 예비후보로 지명되었다는 사실에 술렁거렸다.

아직 중앙 일간지에서는 여성이 편집국장에 오른 사례가 없던 시절이었다. 이 기회를 놓치면, 여성이 편집국을 지휘할 기회가 언제 또다시 올 수 있을까? 여성 후배들을 위해서라도 한 걸음 내디뎌야 한다는 책임감을 느낀 나는 '관성으로부터 탈피'한 '혁신의 리더십'을 내걸고 조직 구조에서부터 취재 관행에 이르기까지 대대적인 개혁을 약속하는 운영계획서를 제출했다.

세 사람의 계획서를 검토한 후 대표이사는 나를 편집위원장 후보로 지명했다. 동의 투표를 거쳐 중앙 언론사 최초의 여성 편집국장이 되었다. 언론계와 여성계 선후배들은 유리천장 하나를 깨뜨렸다고 축하해 주었다.

중앙 언론사 최초의 여성 편집국장

'유리천장을 깨뜨린다'는 것은 무슨 의미를 지니는 것일까? 페미니스트들이 만들어 가는 페미위키는 "'유리천장을 깬다'라는 표현은 사회적 편견과 제도적 억압, 또는 무의식적으로 작용하는 2차 젠더 편향을 제거하는 노력을 지칭하는 말로 쓰여야 한다"라고 주장한다. 단순히 유리천장을 깨뜨린 개인에 주목할 경우, 유리천장이 "사회적·제도적 문제에서 기인하는 구조적 편향"임을 망각하게 만들고 사회적·제도적 문제를 개인의 문제로 환원하는 결과를 가져올 위험이 있기 때문이라는 그들의 주장은 '유리천장 깨기'를 논할 때, 경청해야 할 대목이다.

유리천장을 깨뜨리는 것은 특정한 개인이기에, 그 역할을 하는 개인의 역량은 물론 중요하다. 그러나 여성(또는 소수자)에 대한 사회적 편견과 제도적 억압을 제거하려는 사회적 노력과 조직 내 노력이 축적되어 오지 않았다면, 그 개인적 역량을 발휘할 기회가 응당 주어졌으리라고 기대하기 어려운 것 역시 사실이다. 내가 중앙 일간지 최초의 여성 사회부장을 거쳐 최초의 여성 편집국장이 될 수 있었던 것도 한겨레 안과 밖의 여성들의 분투에 힘입은 바 크다는 점을 우선 확인하고 싶다.

오늘날 '페미니즘 리부트'가 보통명사가 될 정도로 페미니즘이 새로운 모습으로 다시 대두하고 있지만, 2000년대 초 역시 1987년 6월항쟁 이후 속속 등장한 여성단체들을 중심으로 성차별적 관행과 제도를 바꾸는 사회적 노력이 이어져 모성보호법이 제정되고 호주제가 폐지되는 등의 성과가 가시화되는 상황이었다.

또 한겨레는 6월항쟁의 결실로 태어났기에, 조직 전체가 다른 언론사에 비해 차별 문제에 좀 더 민감했다. 특히 여성들은 창간 초부터 지면에서는 물론이고 조직 운영에서도 성차별을 없애는 것을 공동 목표로 삼았다. 여기자들은 창간 초부터 여성편집위원회(여편)를 구성하여, 지면에서의 성차별을 감시하고 젠더 감수성을 신장시키려고 노력했다. 여편은 이후 사내 다른 직역의 여성들을 포함하는 여성회로 확대되어, 지면뿐만 아니라 인사 등 사내 조직 운영에서 성차별이나 성희롱에 공동 대응하는 수준으로 발전했다.

공동의 노력 덕에 우리는 조금씩 성차별적 문화를 바꾸며 앞으로 나아갈 수 있었다. 그러나 오랫동안 굳어져 온 남성 중심 사회의 문화와 관행을 바꾸는 게 결코 쉬운 일이 아니다. 한겨레가 다른 조직에 비해 조금 낮다고는 해도 그곳 역시 성평등한 조직과는 거리가 멀었다. 그곳에서도 여성들은 각자 서 있는 현장에서 저만의 싸움을 전개하지 않으면 안 되었다.

나의 무기, 전문성과 '도대체' 정신

나의 싸움의 무기는 전문성을 키우는 것과, 불의한 것이나 부당한 것을 참지 않고 반드시 지적하고 그 해결을 요구하는 것이었다. 한국일보에서 함께 근무했던 소설가 김훈 선배는 그런 나에게 "도대체라는 죽창을 들고 달려든다"고 했다. 부당한 일에 직면하면, 물러서지 않고 "도대체, 왜"라고 따지고 들었기 때문이다.

나는 1978년 한국일보 공채로 기자생활을 시작했다. 채용공고는 '한국일보와 자매지의 기자'를 뽑는다고 되어 있었고, 입사지원서에는 1, 2지망을 쓰라고 했다. 한국일보를 1지망, 코리아타임스를 2지망으로 선택했는데, 합격 후 배치된 곳은 코리아타임스였다. 전체 20명 가까이 되었던 합격자 가운데 여성은 셋이었고, 입사성적은 여성들이 남성 대부분보다 앞섰는데도 모두 코리아타임스로 보내진 사실을 뒤에 알게 되었다.

한국일보는 1975년 '세계 여성의 해'를 기념해 수습기자 전원을 여성으로 뽑을 정도로 당시 언론계에서는 여성에게 가장 열린 신문사였다. 나는 그때 한국일보 조세형 편집국장에게 찾아가 '도대체 왜' 그렇게 배치했는지 물은 후 다음 인사에서는 1지망이던 한국일보에서 일하게 해달라고 요청했다. 편집국장은 수습이 갓 떨어진 햇병아리의 당돌함에 기가 막혔겠지만, 허허 웃으며, 고민해 보겠다고 등을 두드려 주었다.

그러나 한국일보로 옮기는 일은 일어나지 않았고, 대신 1980년 신군부에 의해 해직되었다. 언론자유를 지키려는 투쟁에 동참했다는 이유로 기자생활 만 2년 7개월 만에 언론계에서 쫓겨났던 것이다. 철모르고 '도대체 죽창'을 마구 휘두른 탓도 있지 않나 싶었지만, 후회는 없었다. 아니, 오히려 군홧발 아래 무릎을 꿇고 독자들을 속이는 글을 쓰지 않아도 되니 다행이라고 생각했다.

한겨레 창간 작업에 참여하여 1988년 언론현장으로 돌아온 나는 민족국제부를 지망했다. 애초부터 국제문제에 관심이 있기도 했지만, 그사이 생긴 두 딸을 돌보는 것도 염두에 두었다. 하지만 8년의 공백을 메우는 것은 간단한 일이 아니었다. 해직 기간을 경력으로 인정받아, 10년 차 기자의 역량을 보여야 했다.

처음에는 자다가도 벌떡벌떡 일어났다. 기자로서 제 몫을 못 하면, 이 신문을 만들어 준 국민에게 죄를 짓는 것이라는 생각 때문이었다. 국제부 초기 시절은 천안문 사태에서부터 베를린 장벽 붕괴, 소련 해체에 이르는 사회주의권의 대격변이 벌어졌다. 야근때 1면 톱기사를 두 번씩 바꾸는 날이 있을 정도로 일이 많았다.

이런 세계사적 변화를 제대로 이해하기 위한 공부를 하려고 휴직을 하고 하버드대에 1년간 연수를 다녀왔다. 일터에서 여성이 남성과 동등한 능력이 있는 것으로 평가받으려면 최소한 3배는 더 유능해야 한다는 말에 공감하여 악착을 떨며 공부했다. 덕분에, 비교적 짧은 기간에 해직 기간의 공백도 메울 수 있었고, 훗날 파리특파원도 될 수 있었다.

기자는 자신의 분야에 대한 전문성 못지않게 뉴스메이커나 사안의 깊이 있는 분석에 도움을 줄 전문가들의 인맥을 관리하고 넓히는 능력이 중요하다. 그러나 두 딸을 키우며, 국제문제 담당 기자로서 필요한 공부를 하는 데도 시간이 모자랐던 나는 신문사 안팎의 인맥을 관리하고 넓혀 가는 일은 제대로 하지 못했다.

그런데도 내가 최초의 여성 사회부장과 편집국장이 될 수 있었던 데는 편집회의에서건, 부서회의에서건, 또는 사내 인사문제에서건, 문제로 느끼는 일에 대해서는 누구의 눈치도 보지 않고 할 말을 다함으로써 만들어진 이미지가 작용한 게 아닌가 생각한다. 국장이 인사에 앞서 인사대상자들을 면접할 때면, 나는 반드시 내가 하고 싶은 일을 밝히고, 그것을 어떻게 다른 사람과 달리 할 수 있는지 설명했다. 인사책임자에게 부서를, 그리고 편집국을 나름대로 다르게 운영할 비전을 갖고 있고, 그 비전을 구현할 수 있으리라는 믿음을 심어 줌으로써 원하던 일을 할 수 있었다.

내가 편집국장이 된 2005년은 한겨레가 경영상 위기에 봉착해 있던 시점이자 종이신문의 위기가 현실화되던 시기였다. 직전에 비상경영위원회(비경위) 체제 아래서 많은 선후배들이 회사를 떠났고, 편집국 인력도 역대 최소 수준으로 줄었다. 그럼에도 편집국의 평균연령은 적지 않았고, 다른 부분에서 이들을 소화할 형편도 아니었다. 이런 환경이 '관성의 탈피'를 내세우게 된 배경이다.

나는 당시 편집국의 관성은, 지금도 문제가 되고 있는 출입처주의, 디지털 시대임에도 종이신문 중심으로 사고하는 것, 그리고 편집국의 연공서열이라고 생각했다. 그래서 출입처주의를 혁파하기 위한 에디터팀제를 도입하고, 온오프라인 통합 편집국을 꾸렸으며, 부장 이상 보직을 했던 기자들도 다시 현장기자로 활동하게 하는 선임기자제 등을 도입했다.

그리고 특정 분야에만 전문기자를 두는 대신 모든 기자가 전문기자화하는 '기자전문화'란 목표를 세우고, 기자들에게 자신의 경로계획을 세워 제출하게 했다. 나는 가능한 한 그들의 경로계획에 맞추어 인사를 하려고 노력했다. 이렇게 해야 한겨레가 다른 매체와 차별성을 갖는 고품질의 깊이 있는 신문으로 변모할 수 있다고 믿었기 때문이었다.

개혁은 쉽지 않았다. 관성에 젖은 후배들은 출입처주의 혁파가 현실을 무시한 처사라고 비판했다. 온오프 통합을 하면서 편집부가 온라인 편집에도 관심을 가져야 한다고 했더니, 편집부장이 사표를 던지기도 했다. 선임기자로 다시 현장으로 돌아가게 된 이들 가운데도 불만을 터뜨리는 이들이 있었다. 더군다나 사장선출제로 형성된 사내 파벌 중 개혁이 좌초하기만을 바라는 세력도 분명 있었다. 이런 불리한 환경을 뚫고 개혁을 진척시키는 일은 무척 힘들었다. 입속이 다 헐어 물 한 모금 넘기기도 힘든 상태로 며칠을 보내기도 했다.

반면에 혼신의 힘을 다해 개혁을 성사시키고자 애써 주는 후배들도 있었다. 그 덕에 온오프 통합 편집국과 선임기자제는 안착해 갔다. 출입처주의 혁파 역시 시동을 걸고 앞으로 나아가기 시작했다. 하지만 사장은 개혁 반대세력이 중간평가에서 나를 불신임하려는 조직적 움직임을 우려해 사임을 권했다. 함께 편집국 개혁을 이끌었던 후배들은 사장에게 항의하면서 사퇴를 말렸지만, 사장에게 누가 되어서는 안 된다는 생각에 보직 사퇴서를 냈다.

이후 들어선 편집국장들은 출입처주의 혁파 등 개혁 작업을 되돌렸다. '기레기'란 통칭으로 기자들이 폄하될 정도로 언론이 신뢰받지 못하는 것이 오늘의 현실이다. 16년 전 한겨레에서 시작했던 나의 개혁안이 일관되게 추진되어 성과를 낼 수 있었더라면, 우리 언론계가 지금보다 더 나은 모습이 되도록 자극하는 촉매가 되지 않았을까 하는 안타까운 마음이 드는 것이 솔직한 심경이다.

보직사퇴를 하면서 편집국원들에게 전체 메일을 썼다. 그 내용 중 마지막에 "끝까지 완주해 여기자들에게 모범을 보여야 할 텐데, 그러지 못한 점"을 사과한 대목이 있었다. 한 여성 후배가 남녀를 총괄하는 편집국장이 말미에 여기자들에게만 따로 사과하는 대목을 넣은 점이 걸렸다는 이야기를 했다. 하지만 당시는 물론 지금도 나는 그렇게 생각하지 않는다. 내가 그 자리에 오를 수 있었던 것은 한겨레 안팎의 여성들의 노력에 힘입은 것이기에, 그 자리에서 내가 의미 있는 구실을 함으로써, 여기자, 나아가 여성들이 한 발짝 앞으로 내딛게 할 책임이 있었다고 나는 믿었다.

정태기 사장도 3년 임기를 못 채우고 2년 만에 중도 사퇴했다. 이어 잔여 임기를 맡게 된 서형수 사장이 나를 편집인으로 선택했다. 그가 물러남에 따라 나도 1년 만에 편집인에서 물러나 논설위원이 되었다. 3년 후 노조위원장 출신으로 대표이사에 선출된 양상우 사장이 다시 편집인을 맡아 줄 것을 요청했다. 그의 경영 방향에 다 동의하는 것은 아니었지만, 젊은 사장에 대한 안팎의 우려를 불식시키는 역할을 누군가는 해야 했다. 나는 경영진 내부에서 건강한 비판자 역할을 할 것임을 분명하게 밝히고 다시 편집인이 되었다. 내부 비판자의 역할은 결코 녹록한 일이 아니었다.

나는 그때나 지금이나 한겨레의 가장 큰 문제는 잦은 사장 교체라고 생각한다. 2011년에 취임한 양 사장이 11대 사장이었으니, 사장의 평균 재임기간은 2년이 겨우 넘는 수준이었다. 이런 상태에서는 회사가 장기적 전망을 세우고 일관된 방향으로 나아가는 것이 불가능하다. 창간 이후 몇 년간 젊은이들이 가장 원하는 직장이었고, 민주적 언론을 바라는 국민들의 전폭적 지지를 받았던 한겨레의 위상이 지금처럼 축소된 데는 사장선출제가 큰 작용을 한 것을 부인할 수 없다. 나의 비판적 고언은 양 사장이 재선에 성공하여 한겨레를 장기적 전망이 가능한 회사로 만들어 주기를 바라는 마음의 발로였으나, 그 진심이 다 전달된 것 같지는 않았다. 양 사장은 재선에 실패했다.

새로 선출된 사장은 내게 허핑턴포스트코리아 대표를 맡아 달라고 부탁했다. 그 직을 수락하면서도, 나는 한겨레에서 또 하나의 의미 있는 역할을 하고 싶었다. 그것은 정년퇴임하는 첫 여성이 되는 것이었다. 금융위기와 비경위 체제를 겪고 많은 여성 선배들이 쫓겨나듯이 회사를 떠나면서 4반세기의 역사 동안 단 한 명의 여성도 정년퇴임까지 근무하지 못했다.

나는 한겨레에서 여성도 정년까지 근무할 수 있다는 것을 보여주는 것 역시 중요하다고 믿었고 그것을 누군가는 보여 주어야 한다고 생각했다. 나의 정년은 2014년 4월 말이었다. 2014년 3월 새 사장 체제가 들어선 후 자연스럽게 퇴임하는 대신 한 달 동안 논설위원으로 근무하는 '기이한' 모습을 보인 뒤 정년퇴임을 한 것은 그런 연유에서였다.

1920년 이각경이 최초의 여성 기자가 된 이래 수많은 선배 여성 언론인들의 노력으로 언론계의 유리천장 곳곳에 균열이 생겼다. 이미 여러 신문에서 여성 편집국장을 배출했고, 여성 주필이나 편집인, 논설실장도 속속 등장하고 있다. 일찍이 1999년 장명수는 최초의 중앙 일간지 사장이 되었다. 2019년 이소정은 KBS 9시 뉴스의 메인앵커가 되었다.

이렇게 열거하고 보니 이제 언론계에는 더 이상 깨질 유리천장이 없는 것 같은 생각이 들 정도다. 그만큼 우리 언론계와 우리 사회가 성평등 사회가 된 것일까? 세계경제포럼의 성격차지수나 이코노미스트의 유리천장지수는 아직도 갈 길이 멀다고 지적한다. 세계경제포럼이 2021년 발표한 우리나라의 성격차지수는 0.687로 156개 조사 대상국 가운데 102위였다. 남성이 누리는 권한이 1이라면 여성의 권한은 0.687에 지나지 않는다는 이야기다.

우리나라에서 성격차가 가장 심한 곳은 경제분야이고, 경제분야에서도 의사결정권을 갖는 고위직 비율은 0.185에 불과해 남녀 격차를 더 벌리는 원인이 되고 있다. 이는 이코노미스트가 해마다 발표하는 유리천장지수에서 우리나라가 OECD 가입국 중 최하위를 면치 못하는 이유이기도 하다. 2021년 유리천장지수 조사 결과, OECD 37개국의 여성 관리직 비율은 3분의 1에 이르렀지만 우리나라는 그 절반에도 미치지 못하는 15.6%에 머물렀다. 특히 공기업의 여성 임원 비율은 2019년 21.1%로 올라갔지만, 30대 민간기업의 여성 임원 비율은 5%에 미치지 못하는 것이 현실이다.

언론계는 일반 민간기업보다도 형편없다. 한국여성기자협회가 2019년 10월 28개 회원사를 대상으로 조사한 바에 따르면, 여성 임원 비율은 3.5%였고 부장급(팀장제에서는 팀장급) 이상 관리직의 비율은 12%에 불과했다. 전체 여성 기자 비율이 29.1%에 이른 점은 그나마 다행이다. 그러나 언론사 내 인사나 배치 등의 불평등한 관행과 남성 중심 조직문화가 사라지고, 남녀가 함께 육아 등 돌봄 부담을 지는 것을 당연시하는 분위기가 조성되지 않으면 여기자 수가 늘어도 유리천장이 사라지리라고 기대하기 어렵다.

그런 점에서 유리천장을 뚫고 의사결정권을 갖는 자리에 오른 여성들의 역할은 매우 중요하다. 안으로는 여성이 차별받지 않는 조직을 만들기 위해 조직 내 다른 여성들과 연대하여 목소리를 내야 한다. 밖으로는 성평등 사회로 가기 위한 의제를 개발하고, 그것을 관철하기 위해 노력하지 않으면 안 된다.

돌이켜 보면 나 역시 그런 역할을 충분히 했다고는 말하기 어렵다. 남성 기자에게 육아휴직을 허용하여 언론사 내 남성 육아휴직이 보편화하는 기틀을 만들고, 공보육 확대와 모성보호법 제정을 촉구하는 기획기사로 일하는 여성을 돕는 제도를 만드는 데 일조한 것은 나의 기여이다. 하지만 편집국장으로 더 많은 여성 후배들을 발탁하는 일은 하지 못했다. 여성 인력 풀이 충분하지 않다는 것이 핑계였지만, 할당제를 해서라도 여성 후배들의 길을 터 주었어야 했다는 생각이 든다. 아이슬란드나 스웨덴 같은 북유럽 나라들이 성평등 사회로 손꼽히는 것은 40% 여성할당제가 모든 분야에 관철되고 있기 때문이다.

최근 언론계에서는 '여성 국장 시대', '여성 정치부장 시대', '여기자 시대' 등이 운위된다. 물론 과장이고 어떤 면에서는 남성들의 경계심을 드러낸 표현일 수도 있지만, 과거 어느 때보다 여기자 전체의 힘이 세진 것은 사실이다. 선배 세대는 "여성차별이란 말조차 쓸 수 없을 만큼 차별은 너무나 당연한 것"이던 상황 속에서 주어진 틈새를 활용해 조금씩 변화를 만들어 냈다. 하지만 페미니즘이 다시 주목받으며 젠더 이슈가 가장 뜨거운 쟁점으로 떠오른 지금 후배들은 언론계 안팎 여성들의 협력을 더욱 강고하게 구축하고, 더욱 속도감 있게 성평등 사회로 이끌어 주기를 기대한다.

그럼 여기자는 어디 가서 우나요

류현순 (전 KBS 사장대행)

대학 4학년생으로 일자리를 찾던 1977년 여름 중앙일보와 동양방송을 함께 운영하던 중앙매스컴 모집 공고가 눈에 띄었다. 그러나 입사 조건이 기가 막혔다. 서울대, 고려대, 연세대, 서강대, 성균관대 등 서울 시내 5개 대학 졸업자거나 졸업예정자로서 병역을 필했거나 면제된 남자여야 한다는 것이었다. 면접서류에 출신 학교나 출신 지역을 표기하지도 못하는 지금으로서는 생각할 수 없는 차별이었다.

먼저 모교 교무처장을 찾아갔다. 시험에 붙고 떨어지는 것은 어쩔 수 없지만 기회마저 주지 않는 것은 불공정하니 시험을 볼 수 있게 해 달라고 사정했다. 교무처장은 지금은 고인이 된 중앙매스컴 간부에게 부탁했고 겨우 원서를 제출할 수 있었다.

면접장에서 받은 질문은 "결혼을 한다면 직장을 어쩌겠냐?"는 내용이었다. 나는 "'운영의 묘'를 살려 기자생활과 가정생활 모두 잘 해내겠다"고 대답했고, 다행히 면접관이 "운영의 묘?"라는 되물음과 함께 껄껄 웃으셨던 기억이 난다. 다행히 어려운 관문을 뚫고 합격했지만 이는 시련의 시작일 뿐이었다.

첫 여성 방송기자의 가시밭길

당시 중앙매스컴은 신문과 방송, 잡지 기자를 한꺼번에 뽑은 뒤에 매체별로 기자를 배정했다. 당시 신문이나 잡지에는 여성이 있었지만 방송분야에는 처음이어서 방송기자가 되려는 지원자들이 꽤 있었다. 나는 '최초의 여성 방송기자'가 되고 싶어 방송기자를 지원했고, 두 명이 최초의 방송 여기자란 타이틀을 얻을 수 있었다.

두 명의 여성을 뽑았던 이유는 한 명이 갑자기 그만둘 수 있고, 또 한 여성의 고향이 지방이라 사투리 때문에 문제가 생길까 봐 그랬다는 것이다. 그때나 지금이나 사투리를 쓰는 남성 기자나 방송인은 보았어도 사투리를 쓰는 여성 방송인은 보지 못한 것 같다.

여성 기자를 대하는 선배들의 태도도 가지가지였다. 대뜸 "미스 유, 커피 한 잔 타 와"라는 선배가 있었다. 곤혹스러웠다. 그러자 한 선배가 "이봐, 이 사람 기자 하러 왔지, 당신 커피 타 주러 온 거 아니야"라는 말로 깔끔하게 정리했다. 이후 사무실에서 커피를 요구하는 선배는 없었다.

당시 방송사마다 여성 기자가 한두 명 있었지만 공채는 우리가 처음이었다. 우리는 방송 여기자로서는 처음으로 경찰기자 훈련을 받았다. 나는 서대문·마포·용산 라인을 배정받고 새벽마다 경찰서를 돌았다. 그러던 중 용산경찰서에서 성매매 여성 단속반이 뒷돈을 받았다는 내용으로 1보는 특종을 보도했다. 그러나 성매매 현장 잠입 취재 같은 후속기사는 남자 동료가 맡았던 기억이 새롭다.

경찰기자 훈련이 끝난 후 부서배치가 이루어졌다. 출입처는 아예 줄 생각도 없는 듯이 여성계와 미술계를 커버하라고 했다. 그야말로 '현장 박치기'였다. 외근이라고 해도 나갈 곳이 없었고, 회사 안에서도 있을 곳은 담배 연기 자욱한 사무실밖에 없었다. 여기자 휴게실은 꿈도 꾸지 못하던 상황이었다. 그때 취재하다 만난 한 신문사 여기자가 "그럼 어디서 울어요?"라고 묻던 일을 잊을 수 없다.

당시 여성 아나운서가 결혼하자 그만두라는 사인으로 프로그램을 배정받지 못했다. 그가 계속 출근하자 책상을 없앴고, 또 출근해 의자에 앉자 의자를 빼 버렸고, 그래도 출근해 소파에 앉자 소송까지 진행한다는 이야기가 들렸다. 나 역시 결혼과 함께 내 근부서인 외신부로 발령이 났다.

현장에서 얻은 소중한 경험들

언론통폐합과 함께 동양방송은 역사 속으로 사라졌다. 동아방송, 기독교방송 등과 함께 TBC 구성원 모두가 KBS로 옮겨 가야 했다. 1980년 12월 1일 나는 KBS 기자가 되었다. 찬바람이 매섭던 그 겨울 여의도 광장을 결코 잊을 수 없다.

당시 신군부는 언론통폐합과 함께 많은 기자를 해직시켰다. 그때 내게 지방으로 가야 하는 사정이 생겼다. 지방에 가야 한다며 사의를 표명하자 회사가 말렸다. 많은 기자가 해고된 상황에서 스스로 그만두는 것은 신군부에 불손하게 비칠 수 있다는 이유였다. 덕분에 나는 가족과 함께 제주방송국에서 근무하게 되었다.

제주방송국 근무를 마치고 본사에 복귀한 후 나는 다시 출입처 없이 떠도는 현장기자로 나날을 보냈다. 기사 한 줄 제대로 못 쓰는 남자 선배는 그럴듯한 출입처를 배정받아 고스톱 치면서 쉬는데, 나는 날마다 현장에서 아이템을 찾아내고 제작하는 일을 했다. 그때 나는 제작을 배웠다. 현장에서 아이템이 생생했기 때문에 발제를 계속했고, 경험 많은 선배를 PD로 모시고 대형 프로그램을 여러 편 만들 수 있었다.

언론통폐합으로 KBS에 모인 여기자는 모두 4명이었다. 그 후 5년 만에 여성 3명을 더 뽑고 서울 올림픽 때 6명이 늘어나 여기자가 10명이 넘자 남성 기자들이 숙직 문제를 제기했다. 남성 기자와 보도본부 간부들이 처음 제시한 사항은 여성도 조근을 하라는 것이었다. 새벽 4시까지 출근해 아침뉴스를 커버하고 근무하라고 했다. 숙직 근무자는 다음 날 쉴 수 있지만 조근은 비슷한 강도의 일을 하고도 쉴 수 없는 조건이었다.

결국 여성 기자들은 숙직에 참여하기로 결정하고 숙직실을 요구했다. 당시 모자보건법은 모성보호를 위해 여성의 숙직을 제한했다. 우리는 각서를 쓰고 숙직을 시작했다.

해외취재 성공, 승진의 문이 열리다

내게 출입처다운 출입처가 생긴 것은 1990년이었다. 서울시청 2진 기자가 된 것이다. 기자실에 내 자리가 생겼고 마음 맞는 여기자들과 기사 공조도 많이 했다. 당시 쓰레기 분리수거 시행을 준비하던 서울시는 내게 해외 쓰레기 분리수거 성공사례 취재를 부탁했다. 현장기자 시절에 수많은 리포트와 특집을 제작했던 터라 당장 달려들었다.

독일과 프랑스, 일본의 생생한 쓰레기 분리수거 성공사례가 9시 메인 뉴스를 통해 날마다 방송되었다. 남자가 쓰레기봉투를 들고 나서는 해외사례는 당시 충격으로 받아들여졌다. 아파트 쓰레기 투입구가 폐쇄되었고 우리나라 남성들도 출근길에 쓰레기봉투를 들고 엘리베이터를 타는 것을 자연스럽게 여기는 분위기가 형성되었다. 당시 많은 주부들로부터 감사 인사를 받았던 기억이 난다. 특히 환경미화원으로부터 감사하다는 인사를 받았을 때 그 어느 때보다 기뻤다.

그러던 중 차장 승진과 함께 나는 다시 제주방송국 부장으로 발령받았다. 내가 부장으로 승진한 것도 서울시 출입과 무관하지 않다. 서울시 출입 당시 나는 2진이었는데 3진 기자가 선거구 게

리맨더링이라는 예민한 아이템을 제작해 방송했다. 그 책임을 물어 부장이 해고되었고 뜻밖의 인물이 후임 부장으로 왔다. 모두 후임 부장이 얼마 가지 못하리라는 계산으로 부장을 건성건성 대했다. 나는 당시 '상사에게 충성한다'는 원칙을 지키고 있었기 때문에 최선을 다했다.

정권이 바뀌고 그 부장은 보도본부장으로 복귀했다. 그는 나를 챙겨 없던 자리도 만들어 부장으로 올려 주었고 직급 승진도 먼저 하도록 발령했다. 나는 처음으로 과학부장이 되었다.

새로운 기회와 담대한 도전

내가 열심히 일할 수 있었던 데는 가족의 도움이 컸다. 나름 수월하게 외고에 진학한 아이가 밤중에 오토바이 질주를 하다가 사람을 다치게 했다. 파출소에서 아이의 학생증을 찾아오면서 오토바이 타는 학생들이 있다는 사실을 알았다. 당시 아이의 학교는 서울 서쪽에 있었다. 경기도 용인으로 이사를 했다. 등교는 출근길에 내가, 하교는 퇴근 후 남편이 시키는 방법으로 친구들과 물리적 격리를 시켰다. 대중교통으로는 편도 두세 시간이 걸리는 거리였다. 아이도 어쩔 수 없이 친구들과 떨어졌고 이후 오토바이를 타지 않았다. 돈도 들고 몸도 몹시 힘들었지만 사춘기 아이를 건짐으로써 이후 걸림돌 없이 일할 수 있게 되었다.

과학부장 이후 해설위원으로 발령이 났다. 직위가 어떻든 내근

생활은 기자로서 달갑지 않은지라 발령 1주일 만에 수원센터 TF 팀장 제의를 받자 즉시 수락했다. 기자들 대부분이 보도본부를 떠나는 걸 싫어해 한 남자 동료가 거절했던 자리였다. 그러나 나는 새로운 기회라고 생각하고 정책기획센터 소속의 TF 팀장이 되었다. 팀원은 전사에서 공모해 자원자를 선발했고, 기술직, 경영직, 드라마 PD 등 다양한 직종으로 팀을 구성했다. 우리 팀은 똘똘 뭉쳐 밤새워 일했다. 이때의 경험은 훗날 대외정책팀장을 거쳐 정책기획본부장으로 올라설 때 디딤돌이 되었다.

TF 팀장 이후 나는 수원센터에 있던 연수원 연수부장이 되었다. KBS가 사상 최대의 흑자를 내면서 나는 연수원장을 설득해 R&D 예산으로 대대적 해외연수를 기획했다. 이때 수없이 많은 다른 직종 구성원들과 교류할 기회를 가졌고 연수부장 때의 인연으로 대외정책팀장으로 옮겨 가게 되었다. 대외정책팀장은 대 국회 업무를 해야 하기 때문에 국회출입 이력이 있는 정치부 기자들이 맡는 것이 관례였다. 정치부 근처에도 가 보지 못했던 내게는 파격적인 제의였다. 정책기획센터에 여성 직원은 물론 여성 팀장으로서 처음이라는 타이틀도 달았다.

당시 국회는 이른바 탄돌이 의원들이 장악하던 17대로 의원들이나 나나 '초짜 대결'을 하는 셈이었다. 대외정책팀은 철저히 을의 입장에서 회사를 방어해야 한다. KBS는 국회에서 결산심사를 받아야 하고 수신료 인상을 위해 국회 문턱을 넘어야 하기 때문에 그야말로 영혼을 불사르며 일했다. KBS의 모든 업무를 파악했고 방어 논리를 세웠다. 훗날 부사장과 사장대행 업무를 수행하는 데 이때의 경험이 큰 힘이 되었다. 기자들이 언론 조직을 기꺼이 떠나 보는 것이 필요하다고 생각하는 이유다.

이후 다시 제주총국장 발령이 났다. 총국장으로 재임하는 동안 제주총국은 전국 총국 가운데 경영평가 1위를 차지했다. 구성원들이 제주 근무 3수생인 총국장을 신뢰했고 지지했기 때문일 것이다. 그러나 뜻밖의 사건으로 나는 일찍 짐을 싸야 했다. PD 직종의 대전방송총국장이 비위로 물러나자 회사가 제주총국에 PD를 배치하고 대전총국에 기자를 배치하기로 결정한 것이다. 제주총국 노조지부장은 전국 지역노조를 움직여 총국장 인사의 부당함에 대한 대자보를 써서 내 인사를 철회하라고 요구했다. 노조가 총국장을 그대로 있게 해 달라고 대자보를 낸 것은 처음이리라.

공영방송 부사장, 사장대행까지 오르다

정확히 3년 8개월간 해설위원으로 근무했다. 해설과 인터뷰를 하면서 세월을 보냈지만 현장에서 일하고 싶다는 욕망을 억누르기는 쉽지 않았다. 정년퇴직은 얼마 남지 않았고 이대로 기자생활을 끝내야 하나 하는 회의가 쌓였다. 그러던 중 여성 대통령이 탄생했다. KBS 사장도 바뀌었다. 여성 간부를 요구하는 외부의 목소리에 전임 사장은 늘 "준비된 여성 인재가 없다"고 대답했었다. 새 사장은 여성 간부를 요구하는 외부의 목소리를 외면할 수 없었다.

해설위원실에 있었던 내가 빛을 발하는 순간이었다. 부장, 국장에 제주총국장이라는 관리 경력까지 갖추었으니 말이다. 정책기획본부장으로 발탁되었다. 자신 있는 업무였다. 대외정책팀장 3년에 회사업무를 꿰었고 제주총국장 2년에 미니사장 역할을 익히지 않았던가? 신바람 나게 일했다.

내친김에 부사장 발령까지 났다. 실력을 증명해야 했다. 일상 업무는 어려울 것이 없었으나, 수신료 논의에 진전이 없다든지 하는 풀기 힘든 과제가 늘 묵직하게 누르고 있었다.

2014년 세월호가 침몰되었고 부적절한 발언을 한 보도국장 문제로 사장이 이사회에서 해임당했다. 사장이 해임될 때까지 노조는 끈질기게 파업을 했다. 브라질 월드컵 중계방송도 지방선거 개표방송도 날아갈 상황이었다. 회사는 극심한 혼란에 빠졌고 이사회는 결국 사장 해임 결정을 내렸다. 노조가 현업 복귀를 선언했으나 파업 기간이 길어 수습엔 적지 않은 시간이 필요했다. 그러나 KBS는 저력이 있었다. 지방선거 개표방송도 월드컵 중계방송도 당당히 시청률 1위를 차지했다.

사태를 수습하면서 사장대행이 되었다. 사장대행도 그냥 된 것은 아니다. 당시 KBS에 부사장이 2명 있었다. 나는 방송담당이었고 경영담당 부사장이 있었다. 경영담당 부사장이 사장대행을 하겠다고 주장하자 인력관리실장이 문서를 찾아 내가 대행 1순위라는 것을 밝혀 주었다. 곧 후임 사장 선발 절차가 진행되었고 내가 최종 후보가 되자 그는 내가 사장대행 자리를 내려놓아야 한다고 했다. 그러나 세월호 오보에 대한 국정조사를 받을 수 있는 사람이 나밖에 없다는 사실을 국장단이 확인함으로써 사장대행을 지킬 수 있었다.

KBS 퇴임 이후 나는 제 2의 인생을 스스로 개척해야 했다. 남성 선배들은 네트워크를 가동해 퇴임 이후 언론 관련 고문이나 단체장, 사외이사 등으로 가는 경우가 많았다. 그러나 여성 선배들은 퇴직이 끝인 경우가 대부분이었다. 나는 제 2의 인생을 위해 정보를 수집했다. 정부 산하의 한국정책방송원 KTV 원장을 모집한다는 정보를 접했다. 과잉스펙이 아니냐는 주변의 우려도 있었지만, 국책방송이라는 점과 나이가 이미 정년을 넘겼다는 점을 고려해 도전했다. 면접 관문을 넘자 역량평가라는 장벽이 나를 힘들게 했지만 어렵사리 장벽을 뚫고 2018년 KTV 원장이 되었다.

지금 세종시를 가 보면 그 먼 길을 하루 두 차례 왕복하기도 했던 내 열정에 나도 놀란다. 결국 그 열정과 무한한 긍정 마인드가 오늘의 나를 만들었던 셈이다.

무수리, 그 아래 양갓집 규수가 있었다

홍은주 (한양사이버대 교수 · 전 iMBC 대표이사)

시간의 개념은 상대적인 것이 분명하다. 원고요청을 받고 초년기자 시절의 기억을 되살려 보니 40년 전의 아득한 옛날 일인데도 기억 자체는 지금도 손에 만져질 듯이 생생한 것을 보면.

1979년 10 · 26 사태 이후 18년의 장기권력이 갑자기 사라진 진공상태에서, 쿠데타를 통해 권력을 잡은 군사정권이 들어서고 서울 거리에는 꽃가루와 최루탄이 함께 뒤섞여 날아다니던 시절에 나는 MBC 첫 공채 여기자로 입사했다.

그때만 해도 대부분의 회사가 여사원은 결혼과 동시에 퇴사하는 것을 당연하게 여겼다. 나와 함께 다른 금융회사에 입사했던 친구는 결혼 후 회사를 출근했더니 자신의 책상 위에 소금이 뿌려져 있었다고 한다. 소금세례를 견딜 수 없어 결국 회사를 그만두었다는 한숨 섞인 하소연을 들으면서 함께 분노했던 기억이 생생하다.

공채로 들어온 여기자를 남성 기자와 동일하게 대우해야 하는지 '전례'가 없어 난감해하던 인사부 사람들이 하루는 나를 찾아와 결혼하면 회사를 그만둔다는 내용의 서류에 사인하라고 했다. 똑같이 공채로 입사한 내가 왜 그래야 하느냐고 반발하자 "여기자는 예외로 하겠지만 회사의 모든 여사원이 다 해당 서류에 사인하니까 일단 형식상 사인하라"고 했다.

거기에 사인하는 것을 끝까지 거부하는 것으로 직장생활을 시작했다. 노자와 장자의 영향을 받아 무위자연을 좋아하고 타인과의 갈등을 최대한 피해 살자는 소심한 인생관과 달리 내 직장 초년병 시절은 회사정책에 정면으로 반항하는 것에서부터 시작된 셈이다.

경제부처 출입이 금지된 경제부 기자

사회부 6개월 수습을 거쳐 경제부로 발령 났다. 한국은행을 출입하여 금리와 금융시장을 경험한 후 경제부처를 출입하는 것이 그때 일반적인 경제부 기자의 경력이었다. 그런데 나는 입사 5년간 증권·보험 등 제2금융권과 백화점 등 유통만 담당했다.

당시는 거의 모든 금융이 은행대출을 통해 이뤄지던 시절이다. 증권·보험 등 제2금융권은 독립된 취재부문으로 인정받지 못했다. 한국은행 출입기자가 같이 취재하거나 잠깐 거쳐 가는 곳으로 여겨졌다. 그런데 나만 경제부처 출입을 금지당한 채 5년 동안이나 제2금융권과 유통으로 출입처가 고정되어 있었던 것이다.

하루는 평소 친하게 지내던 차장급 선배에게 "한군데 붙박이를 오래 했으니 나도 이제 부처 출입을 하고 싶다. 부장한테 이야기를 좀 해 달라"고 부탁했다. 항상 소주를 함께 마시며 만민평등과 민주화에 앞장서는 듯이 말하던 선배가 "여자가 어떻게 경제부처 출입을 해?"라면서 그런 발칙한 생각을 한 것에 진심으로 놀라던 얼굴이 지금도 선명하다. 선배가 생각하는 만민평등의 개념에 양성평등은 포함되지 않는다는 사실을 깨달았다.

그 무렵 알게 된 또 한 가지는 내가 열심히 일하는 '무수리'인 줄 알았는데 실은 '양갓집 규수'였다는 것이다.

당시 회사의 인센티브 시스템은 '수 · 우 · 미 · 양 · 가', 5단계로 나뉘어 있었는데, 열심히 일해도 연말이 되면 언제나 내 고과 등급은 '양 혹은 가'였던 것이다. 등급에 따라 보너스가 차등 결정되는데 애가 대학 들어가는 모 선배, 집안에 큰일을 치르게 된 다른 동료들이 더 많은 금전적 인센티브를 가져가야 하기 때문에 결혼도 하지 않고 애도 없던 나는 항상 빈손으로 연말을 맞는 '양갓집 규수'가 되는 것이 당연하다고 부장이 생각했던 모양이다.

분노와 좌절은 성장의 자양분이 된다

남성 중심 조직문화가 개선되기 시작한 것은 1987년 이후 제6공화국이 들어서면서부터라고 기억한다. 1987년 개헌으로 대통령 직선제가 도입되고 정치 민주화가 이루어지면서 사회 전체가 억압적인 군사문화에서 벗어나 점차 유연해졌다.

각 언론사마다 속속 노조가 생겨났다. 이때부터 방송사에서 여성 기자나 아나운서, 직원에 대해 적어도 명목상 차별대우가 줄어들기 시작했다.

그러나 현실은 항상 제도 변화의 속도를 뒤늦게 쫓아가기에 실질적 차별은 여전했다. 보도국 내 성비는 압도적으로 남성 기자가 많았고 여기자 후배는 가뭄에 콩 나듯 한두 명씩 입사했다. 남성 기자만 취재하는 분야가 엄존했고, 여성 해외특파원은 매우 드물었으며 언론사의 의사결정 핵심중추 고위직에서는 여기자를 거의 찾아볼 수 없었다.

기자사회는 일반사회를 비추는 거울이다. 당시 정부 부처나 일반 기업에서도 주요보직, 관리직, 고위직의 여성 비율이 극히 낮았다. 취재원의 대부분이 남성이다 보니 남성 기자의 접근이 상대적으로 쉬워 극단적인 남성 중심 언론사 구조가 정착되었다고 생각한다.

왜 여성 간부의 비율이 낮았을까? 우리 사회에서는 일단 결혼하면 모든 육아와 가사 부담이 여성에게 일방적으로 주어지기 때문에 여성들은 자녀 양육을 위해 직장을 그만두거나 업무 부담이 적은 마이너 부서를 선호했다. 그 결과 승진을 위한 충분한 경험을 쌓을 수 없고 경력단절이 발생했던 것이다.

"분노와 좌절은 때로 스스로를 성장시키는 자양분이 된다." 흑인이자 여성으로 수많은 어려움을 겪고 자란 오프라 윈프리가 한 말이다. 1980년대 초반에 '양갓집 규수'로서 조신하게 살아야 했던 나 역시 좌절의 연속인 어려운 기자생활을 하면서 항상 동료 남성 기자보다 한발 앞서야 한다는 각오를 다지곤 했다. 그 각오 덕분에 주경야독해서 해외유학을 준비하고, 유학생활 4년 만에 경제학 박사학위를 받을 수 있었다.

IMF 경제위기를 취재하다

박사학위를 받고 돌아오니 그동안 세상이 참 많이 변해 있었다. 우선 너구리굴처럼 늘 담배 연기 자욱했던 보도국이 '금연정책'으로 숨 쉴 만한 공간이 되어 있었다. 여성 기자 후배도 더 늘어나 과거에는 금녀의 구역이던 여러 분야를 커버하고 있었다. 오랫동안 자리를 비운 선배에게 인사하겠다고 찾아온 후배 여기자들의 표정이 너무 반짝거리고 당당해서 눈부실 정도였다.

　귀국 후 경제부 차장으로 보임받아 1996년 초부터 재정경제원 (현 기획재정부)을 출입하기 시작했다. 재정경제원은 김영삼 정부가 경제기획원과 재무부를 통합해 만든 거대부처였다. 당시 재정경제원에서는 후배 여기자 두 사람이 명성을 날리고 있었다. 지금 세명대 학장인 제정임 기자와 조선일보 논설위원인 강경희 기자였다.

　재정경제원 기자실을 꽉 채운 1진, 2진, 3진의 100여 명 가까운 기자들 사이에서 두 여기자는 일기당천의 막강한 취재실력을 발휘하고 있었다. 강경희 기자와는 상당 기간 같이 취재했고,

IMF 외환위기 당시 미셸 캉드쉬 IMF 총재의 발언을 보도하는
홍은주 MBC 경제부 기자 (1997. 12. 13, MBC 〈뉴스데스크〉 캡처).

제정임 기자는 아쉽게도 출입처가 바뀌어 곧 떠났다. 그러나 두
후배는 경제분야를 취재하면서 생긴 교집합으로 지금까지 좋은
인연으로 남아 있다.

　재정경제원을 출입하던 시절에 기억에 남는 일은 1997년 말 우
리나라를 강타한 IMF 경제위기이다. 위기 상황을 숨 가쁘게 취
재하면서 가혹한 국제금융의 논리에 대해 우리 정부와 국민이 얼
마나 무지했는지 깨달았다.

　가용외환보유고가 바닥나 국가부도 위험에 처한 한국 정부가
IMF와 지원조건을 협상하고 단기외채의 만기연장을 진행하는
과정을 취재했는데, 거시적 화폐금융과 전혀 다른 실무적 분야인
국제금융은 용어조차 낯설어 어려움을 겪었다.

　결국 IMF 위기가 어느 정도 진정된 이후 틈틈이 미국 금융자격
증 시험을 준비하여 자격증을 취득했다. 그때 금융에 입문했던

것이 계기가 되어 지금 대학에서 금융학을 가르치고 있으니 배움이란 끝이 없고 배움의 용도는 다양하다는 것을 실감한다.

IMF 외환위기 이후 무너진 대기업들을 대신하기 위해 벤처기업 붐이 일었던 1999~2000년 무렵에 라디오·인터넷 부장이 되어 사이버 세계에 입문했다. 그 후 국제부장과 경제부장을 지낸 후 논설실장이 되었다.

2010년 계열사인 iMBC 사장을 끝으로 퇴사하는 날, 박스 하나에 사무실 짐을 모두 정리해 차 트렁크에 실었다. 차를 운전하여 집으로 향하는데 입사하고 무려 30여 년의 세월이 흘렀음을 깨달았다. 나름대로 열심히 살았고 하루하루 전쟁을 치르듯이 지냈는데 수십 년 동안 종합적으로는 뭘 했는지 가물가물했다. 가슴 두근거리며 보도국의 문턱을 처음 넘던 초년병 시절과 지난 기억들이 교차하면서 차창 밖으로 지나갔다.

퇴사 이후 대학에서 학생들을 가르치며 대학사회에 몸담게 된 지 10년이 넘은 지금 시점에도 뉴스를 빠지지 않고 챙겨 보거나 읽으면서 때로는 분개하고 때로는 비판하는 것을 보면 아직도 내 피의 90%는 기자 시절에 멈춰 있는 듯하다.

세상의 모든 멘토를 만나길

글을 마무리하면서 후배들에게 한마디 덧붙이면 '세상의 모든 멘토'를 만나 보라는 것이다. 멘토는 양방향일 수도 있고 짝사랑처럼 일방향일 수도 있다. 기자 초년병 시절에는 아무도 나에게 주의를 기울여 주지 않았다. 그때 나는 회사 혹은 다른 조직에서 존경받는 사람들을 '일방향 멘토' 삼아 주의 깊게 관찰하고 그들의 행동이나 인생관을 닮기 위해 노력했다.

어느 정도 경력이 쌓이고 눈높이가 올라가면서 존경하는 선배가 나를 존중해 주고 내 성장을 위해 도움을 주는 경험을 몇 차례 했다. 그 멘토 선배의 도움이 바로 성장을 위한 스프링보드가 되고 베이스캠프가 되었다. 스프링보드가 생기면 깊은 물속을 다이빙할 수 있다. 베이스캠프가 있으면 히말라야나 K2 등반도 가능하다. 가까운 북한산을 올라갈 때도 "정상이 바로 저기이니 조금만 더 힘내"라는 격려가 필요하지 않은가.

세상에서 만난 모든 존경하는 멘토들의 가르침과 도움이 없었다면 나는 산으로 올라가는 중에 어느 길에선가 낙오되었을 수도 있다. 한 사람이라도 나의 조언에 귀 기울인다면 이 글을 쓴 보람이 있을 듯하다.

'기자 엄마'는 다시 만나고 싶어도
'기자 남편' 두 번은 노땡큐!
한국 최초 여성 종군기자 장덕조 선생 딸, 작가 박영애 인터뷰

김미리 (조선일보 주말뉴스부 차장)

'기자의 딸'로 보낸 세월이 60년, '기자의 아내'로 산 세월이 53년
이다. 어머니는 종군기자로 6 · 25 전쟁의 참상을 취재했던 전설
적 여기자 장덕조(1914~2003년), 남편은 한국 최초로 '대기자' 타
이틀을 단 김영희(1936~2020년) 전 중앙일보 대기자다. 두 기자
의 삶을 지켜보면서 작가 박영애 씨(78세)는 누구보다 날카로운
'기자 관찰자'가 되었다.

두 기자는 이제 세상을 떠났지만, 그들이 남기고 간 기자정신
을 여전히 마음에 품고 사는 박영애 씨를 한국여성기자협회 60주
년을 기념해 만났다. 그는 평생 여기자였음을 자랑스럽게 여겼다
는 어머니를 위해, 다시 태어나도 기자로 살겠다는 남편을 대신
해 기꺼이 인터뷰에 응했다.

기자 한 명과 살기도 힘들다는데, 두 명의 기자와 사셨습니다. 곁에서 지켜본 기자의 삶은 어떻던가요?

두 사람이 똑같은 점이 있었어요. 지나치게 치열했다는 것. '치열'이란 단어 자체에 맹렬하다는 의미가 있지만 '지나치다'는 수식을 꼭 붙이고 싶어요. 그렇게까지 치열해야 하나 싶을 정도로 치열했거든요. 대기자(그는 남편을 꼬박꼬박 대기자라고 불렀다) 친구들이 저렇게 독한 사람하고 어떻게 사느냐고 하더군요. 그때마다 제가 답했답니다. 저렇게 독한 사람과 53년 산 나야말로 진짜 독한 것 아니냐고(웃음). 우리 어머니 독한 건 거기다 '뿌라스'(플러스) 였죠.

전쟁의 포화 속에 뛰어든 열혈 여기자

어머니 장덕조 선생은 이화여전 영문과를 졸업하고 1932년 잡지사 〈개벽〉에서 기자생활을 시작해 조선일보, 영남일보 문화부장, 대구매일신문 논설위원 등을 거쳤다. 6·25 전쟁 중이던 1951년 육군본부 정훈감실에서 꾸린 종군작가단에 홍일점이자 기자신분으로 선발되어, 유일한 여성 종군기자로 휴전협정 등을 취재했다. 신문연재 소설계를 평정했던 인기작가이기도 했다. 2003년 타계할 때까지 〈고려왕조 5백년〉, 〈벽오동 심은 뜻은〉, 〈낙화암〉 등 200여 편의 작품을 남겼다. 기자의 길을 열어 준 이는 은사였던 소설가 이태준이었다. 제자의 남다른 재능을 눈여겨봤던 이태준은 〈개벽〉에 장덕조를 기자로 추천했다.

어머니께서 종군기자셨는데, 그때 기억이 나시나요?

당시 저희가 서울에서 어머니 고향(경북 경산) 근처 대구로 피란 갔어요. 거기서 어머니가 영남일보, 대구매일신문에서 기자생활을 하셨죠. 1951년 제가 9살 때쯤 종군기자로 평양에 가셨고요. 제가 3남 4녀 중 다섯째인데, 제 아래 두 남동생이 5살, 2살이었답니다. 이화여고 1학년이던 큰언니한테 동생들 잘 돌보라고 하시곤 어린 7남매를 두고 어머니가 피바다 속으로 뛰어드신 거예요.

7남매 둔 37세 엄마 기자가 전쟁터를 갔다니 상상이 안 됩니다.

지금 우리는 상상할 수 없는 정도로 사명감이 투철하셨던 분이에요. 누군가는 가야 하는데 여기자가 남기자하고 다를 게 뭐가 있느냐 생각하셨답니다. 총알이 빗발치는 가운데 야전침대에서 새우잠 자고, 군에서 준 피스톨(총)을 허리춤에 차고 다니셨대요. 아들뻘 되는 꽃다운 청년들이 총탄 맞고 흘린 피가 강물처럼 흐르더랍니다. 남성 기자들과 달리 아이 키우는 엄마였기에 전장에서 본 비극의 강도가 더 크게 다가왔던 듯해요.

종군기자 경험이 어머니 삶엔 어떤 영향을 미쳤을까요?

어머니는 '전쟁에서 인간의 목숨이 이렇게 연소하는 것이구나' 생각하셨다고 해요. 목숨 걸고 전장을 누비던 경험이 절대 헛되지 않았다시면서 '내 인생 궤적 위에 그려진 소중한 애환의 그림'이라고 하셨지요. 피에 젖은 역사의 현장, 낙화 같은 젊은 죽음을

6 · 25 전쟁을 취재하던 시절의
장덕조 선생 (제공: 박영애).

목격한 것이 어머니 인생에 큰 영향을 미쳤던 것 같아요. 삶의 가
장 큰 비극을 최전선에서 보셨잖아요.

그래서일까, 어머니는 작은 것에도 늘 감사하자는 주의였어
요. 유치한 말로 하자면 '기를 써봐야 인생 별거 아니다'라는 걸
깨달으신 거지요. 어머니가 입버릇처럼 '목숨 걸고 해야 한다'는
표현을 자주 하셨는데, 진짜 목숨 걸고 전장에 뛰어들어 보셨던
경험 때문인 듯해요.

종군기자 시절 다른 일화를 들은 것은 없으신가요?

어머니가 취재원 노릇도 하셨대요. 영문과를 졸업해서 그 시절
영어를 좀 하실 수 있었어요. 외신 종군기자들이 그나마 말이 통
하는 우리 어머니에게 전쟁이 언제 끝날 것 같은지, 민심은 어떤

지 수시로 묻더랍니다. 그 얘기가 '미시즈 장'(Mrs. Chang)이란 이름을 달고 외신으로 나갔다고 해요.

자식사랑, 동료사랑이 넘쳤던 7남매 어머니

전쟁 당시 기억나는 장면이 있으신가요?
어머니가 평양에서 돌아와 가방을 푸시는데 꽈리 열매가 가득 들어 있었어요. 평양 사람들이 모두 피란 가 집집마다 골동품이 가득했대요. 같이 간 다른 사람들은 몇 개씩 들고 왔다는데 어머니는 아무것도 안 가지고 오셨대요. 그때 주인 없는 텅 빈 마당에 달린 꽈리 열매가 보였는데 우리 주시려고 잔뜩 채워 왔다고 하셨어요.

피란생활은 어떠셨는지요?
우리 집이 대구로 피란 간 문인들 사랑방이 됐어요. 어머니가 신문사에서 받으신 월급으로 문인 동료들에게 막걸리 사 주고, 쌈짓돈도 나눠 주셨어요. 전쟁 중에 7남매 건사하면서 일하는 것도 힘들었을 텐데 동료들까지 챙겼다니까요. 대단하신 분이에요.

요즘으로 치면 '워킹맘' 어머니를 두셨던 것인데, 선생님이 기억하시는 어머니는 어떤 모습이었나요?
주위에 일하는 엄마는 하나도 없던 시절인 데다가, 일도 보통 일을 하신 게 아니잖아요. 기자만 하는 것이 아니라 소설가로도 활동하셨고요. 어머니가 일간지 몇 개에 동시에 소설을 연재하실 때도 있었어요. 애들 얼굴 보고 일일이 용돈 줄 시간도 없어서 창호지에 구멍을 뚫어 두셨어요. 거기에 우리가 손을 넣으면 용돈을 주셨지요. 제 기억 속 어머니는 눈만 뜨면 무언가를 쓰고 계셨어요.

그 모습이 너무 익숙해 글 쓰는 일이 쉬운 것인 줄 알았는데 제가 소설가가 되어 보니 정말 힘든 일이더군요. 사실 어머니가 기자로 한창 활동하실 때는 제가 너무 어려서 잘 기억하지는 못해요. 그런데 기자 남편하고 살다 보니 유년 시절에 본 어머니의 삶이 남편 삶과 링크되면서 되살아나더군요.

'기자 딸'이란 것을 느끼실 때가 있나요?

기자 자식들의 DNA에는 '자립심'이 들어 있어요. 정곡 찌르기, 요점 정리도 잘하죠. 부부 동반으로 언론인들이 나들이 간 적이 있어요. 그때 자기소개를 하는데, 제 차례가 와서 딱 한마디 했어요. "제가 소기자를 대기자로 만든 사람입니다." 좌중이 뒤집혔지요.

요점 정리라, 어머니가 데스크를 '빡세게' 보셨나 봅니다.

어렸을 때 하교해서 이런저런 얘기를 하면 어머니가 "그래서 야마 (요점)가 뭐야?"라고 하셨어요. 자식 중 제가 요점을 제일 잘 짚는다고 칭찬하시곤 했죠.

장덕조 선생님 관련 자료가 거의 없더군요.

어머니가 말년에 그러셨어요. "나 죽었다고 문학관 같은 거 세우겠다느니 유난 떨지 마라. 내가 나라를 세운 것도 아니고, 그저 우리 애들 먹여 살리느라 기자 하고 글 쓴 거다. 그걸 뭘 떠벌리느냐." 요만한 자랑거리가 있어도 부풀리는 세상인데 말이죠. 우리 대기자가 '장모님 따봉'이라고 인정할 정도였다니까요.

어머니께서 화통하셨나 봅니다.

의협심이 넘치셨어요. 일례로 대구여고보(현 경북여고)에 다니실 때, 일본 학생들이 조선 학생을 못살게 굴었대요. 참다못해 일본 학생들을 혼내 주셨다고 해요. 그 사건으로 퇴학당해 서울로 오셨는데, 전력 때문에 받아 주는 학교가 없었답니다. 겨우 한 곳 있었는데, 여선교사 조세핀 필 캠벨이 설립한 배화여고보였대요. 당시 교장이 어머니 사연을 듣고 민족정신이 투철한 학생이라면서 받아 줬다고 해요.

맹렬히 일하는 어머니를 아버지도 응원하셨나요?

우리 아버지(독립운동가 겸 정치인 박명환)가 일제강점기 때 신간회 활동도 하시고, 김구 선생님을 도와 정치도 하셨던 분이에요. 평생 야당만 하셔서 재산을 몽땅 탕진하셨지요. 6·25 때는 부산에서 활동하셔서 저희가 대구로 피란 가 있는 동안 뵌 적이 없었어요. 7남매 육아와 생계는 오로지 어머니 몫이었어요.

1970년 아버지가 돌아가셨을 때, 동아일보에 '독립운동가'라고 부음이 나왔어요. 어머니가 동아일보에 전화해 "정말 힘들게 독립운동 하는 사람들도 많은데 우리 남편은 그런 경우가 아니다"라면서 독립운동가란 단어를 빼 달라고 하셨어요. 전화를 받은 기자가 이런 분은 처음이라고 했답니다.

장 선생님께선 기자 특유의 냉철함을 가족들에게도 적용했나 봅니다.
어머니는 팩트에 충실하신 분이었어요. 아버지 삶도 팩트에 근거해 말씀하신 거고요(웃음).

기자생활로 얻은 것은 무엇이라고 하시던가요?
사람을 뚫어 보는 '투시력'과 성공할 때까지 참고 버티는 '인내심'이라고 하셨어요. 그리고 대기자에게 "대충 기자로 사는 것은 어렵지 않지만 올바른 기자가 되기란 쉽지 않다"면서, "심지가 굳어야 한다"고 강조하셨어요. 대기자가 장모님은 보통 사람의 영역 밖에 있는 분이라고 했죠.

다시 태어나도 기자이고 싶은 '영원한 대기자'

어머니 곁에서 기자의 고된 일상을 보고도 기자와 결혼하고 싶던가요?
전혀요. 기자가 얼마나 힘들고 노력해야 하는 직업인지를 아니까 기자와는 만나고 싶지 않았어요. 그런데 운명이었나 봐요. 처음

빌리언셀러 작가 시드니 셸던을 만나기 위해 미국 팜스프링스의 자택을 방문한 박영애(가운데)·김영희 부부 (1996, 제공: 박영애).

엔 우리 어머니도 기자 사위를 반기지 않으셨지만, 결국 좋아하셨어요.

김영희 대기자 역시 국제분야의 전설적 기자이십니다. 곁에서 본 '기자 김영희'는 어땠습니까?

지독했어요. 외국 사람 인터뷰를 준비할 때면 원서를 쌓아 두고 까맣게 줄 쳐 가며 수십 번 읽었어요. 말도 못 해요.

그는 깨알 같은 글씨가 빼곡히 적힌 남편의 취재수첩을 들고 나왔다. 그런 수첩이 300~400권쯤 있다고 했다.

기자 아닌 '남편 김영희'는 어떤 분이었나요?

저를 살살 쑤셔 가면서 잘도 써먹었죠. 제 별명이 무쇠예요. 그렇게 부려 먹어도 아프지 않았거든요. 그런데 대기자가 떠나고 나니 갑자기 여기저기 쑤셔요. 그만큼 저도 그동안 긴장해 있었나 봐요.

대기자와 53년, 여기자와 60년을 사신 거지요.

여기자인 어머니와 산 60년은 낭만이었고, 대기자와 산 53년은 현실이었어요. 기자 엄마는 다시 만나고 싶어도, 기자 남편은 한 번으로 족해요.

대기자가 유언으로 수의 대신 양복을 입혀 달라고 했어요. 다시 태어나도 기자가 되고 싶은데 수의 입고 살 수는 없지 않느냐면서 양복에 넥타이하고 손수건까지 골라 놓고 갔어요. 내가 뭐라고 한 줄 아세요? 나는 두 번 다시 '기자 마누라' 될 생각 없으니 다시 태어나도 나 찾지 말라고 했어요.

이승에서 어머니와 남편 모두 기자로 활동하시는 것 아닐까요?

그럴지도 모르죠. 어쩌면 대기자가 여기자가 되어서 종횡무진 활약하고 있을지도 모르죠. 두 사람은 어떤 면에서 행복한 인생을 살았어요. 하고 싶은 일을 하고 노력의 대가를 받았으니까요. 노력하고 대가 못 받는 사람들이 얼마나 많아요? 그런 의미에서 성공한 인생이라고 생각해요.

기자란 어떤 사람들 같은가요?

픽션(fiction, 허구)과 팩트(fact, 사실)의 중간 지점에 있는 사람들 같아요. 픽션과 팩트를 합친 '팩션'(faction)을 좇는 사람이랄까? 팩트를 좇는 냉혈한 같은데, 한편으로 허구를 좇는 몽상가 기질도 있어요. 낭만적이랄까. 의외로 순수하고요.

어머니께서 여기자로서 긍지가 대단하셨다고요.

우리 어머니는 진정한 여기자 예찬론자였어요. 우리 딸이 기자가 되고 싶어 했어요. 남편은 반대했는데 어머니는 내심 좋아하셨지요. 노력해도 안 되는 세계가 있는데, 기자 세계는 치열하지만 그래도 노력하면 되는 세계라고 하시면서요. 단, 특종은 실력만큼이나 운도 필요하다고 하셨지만요.

한국여성기자협회 60주년입니다. 어머니 후배들에게 하시고 싶은 말씀이 있으신가요?

어머니는 여성의 시선으로만 포착되는 세상이 있다면서 여기자 수가 적어 늘 안타깝다고 하셨어요. 여기자가 많아지면 그만큼 훌륭한 기자도 많아질 거라고 기대하셨지요. 여기자 여러분, 숱한 좌절의 순간이 있겠지만 포기하지 마세요. 육아를 고민할 때도 많겠지만, 앞서 말했듯 여기자 자식들 만만치 않아요. 위기 때 생존 능력 하나는 끝내주고, 임기응변도 강합니다. 그러니 조금만 참고 오래오래 버티세요. 후배들이 우리 어머니 꿈을 꼭 이뤄 주세요.

CHAPTER 2

변화를 만들다

연회비를 깎아 달라고? 버럭 화가 난 그날

김영미 (제23·24대 한국여성기자협회 회장·전 연합뉴스TV 전무)

"어이구, 트렁크 안이 복잡하네요. 저걸 조금 빼내도 될까요? 스페어타이어가 저 바닥 밑에 있거든요."

펑크 난 타이어를 교체하려고 부른 긴급출동 서비스 직원이 온갖 서류와 책 수십 권, 팸플릿 다발, 배너 두루마리 등으로 가득 찬 트렁크 안을 보며 약간 놀란 표정으로 말했다.

"아…네, 제가 뺄게요."

정말 민망했다. '차주가 차림은 말쑥한데 트렁크에 아무거나 마구 집어넣고 다니는구나'라고 생각하는 것 같았다. 트렁크에 가득 찬 것은 당시 한국여기자클럽의 온갖 서류와 비품이었다. 총무를 맡고 있던 1990년대 중반의 일이다.

여기자클럽 총무의 애환

한국여성기자협회는 1961년 한국여기자클럽이라는 명칭으로 출발했다. 한국기자협회(1964년 창립)보다 앞섰지만 여기자들의 처지를 반영하듯 협회 사정은 열악하기 그지없었다. 그때는 사무실도, 전담직원도 없었다. 총무를 맡고 보니 비품을 정리해 둘 공간이 없어 차 트렁크 안에 현수막, 서류, 협회 발행물 등을 항상 넣고 다녔다. 많을 때는 중간 사이즈 여행가방 3개도 채우고 남을 양이었다.

해가 뉘엿뉘엿 지던 저녁, 스페어타이어를 찾기 위해 몇 아름의 짐을 주차장 바닥에 꺼내 놓으며 긴급출동 직원에게 머쓱한 표정을 지었던 당황스런 기억이 지금도 생생하다. 총무 임기가 끝나 후임 총무에게 업무를 인수인계할 때는 주차장이나 길모퉁이에서 만나 각자 차 트렁크를 열고 자료를 주고받았다. 스파이 접선하듯 업무 인계하던 일은 이제 추억이 되었다.

내가 협회에 발을 들인 것은 1994년 연합통신(현 연합뉴스) 문화부 시절 막 부장으로 부임한 김영신 선배가 16대 한국여기자클럽 회장에 당선되면서부터였다. 김 선배는 내게 총무를 맡아 달라고 했고 내가 주저주저 대답을 않자 "일로 부담 주지 않을 테니 걱정하지 마. 총무는 회장 회사에서 하게 돼 있어. 같은 회사여야 연락도, 업무도 원활하지"라며 거절하지 못하게 청했다.

업무는 대부분 회장과 총무 두 사람이 도맡아야 했다. 지금처럼 행사나 사업이 많지는 않았지만 정기총회, 송년행사, 워크숍, 회지 발간 등 기본사업만도 녹록지 않았다. 김영신 회장은 총무인 나보다 더 부지런하게 일했다. 김 회장을 도우며 솔선수범과 긍정적 자세가 리더의 중요한 덕목임을 깨닫게 되었다.

함께 만들어 온 한국여성기자협회의 역사

제16대 김영신 회장이 퇴임하고 회장단이 두 차례 더 바뀐 뒤 우리 회사 논설위원인 윤혜원 선배가 19대 회장을 맡았다. 윤 선배는 회장 취임을 며칠 앞두고 나에게 총무를 한 번 더 맡아 달라고 부탁했다. 도망가고 싶은 마음이 굴뚝같았지만 어쩔 수 없었다.

그때도 협회 사정은 별반 달라진 게 없었다. 여전히 가장 큰 숙원은 사무 공간 마련이었다. 프레스센터가 완공되고 많은 언론 관련 기관과 단체들이 입주했지만, 안타깝게도 한국여기자클럽은 프레스센터에 공간을 확보하지 못했다. 윤 회장과 임원진은 신임 인사차 박지원 당시 문화부 장관을 예방한 자리에서 이런 고충을 토로했다. 박 장관은 적극적으로 돕겠다고 약속했다. 우리는 프레스센터 입주가 곧 해결될 것이라는 희망에 부풀었다. 하지만 박 장관이 갑자기 물러나면서 이 꿈도 사라졌다.

소수의 여기자들이 척박한 여건에서도 한국여기자클럽의 명맥을 40년 넘게 유지했지만 여기자클럽은 임의단체여서 공식 활동을 하는 데 명백한 한계가 있었다. 임영숙 20대 회장(서울신문)

시절, 부회장이던 MBC 홍은주 선배가 법인격체로 만들자고 제안하여 사단법인으로 바꾸는 절차에 착수했다. 사단법인으로 등록하고 정관도 갖추었다.

이러한 상태에서 2004년 21대 회장으로 취임한 중앙일보 홍은희 선배는 협회 체제를 크게 바꾸고 조직도 정비했다. 홍 회장은 늘어난 회원 수와 임원진의 업무 부담을 감안해 부회장을 2명으로 늘렸다. MBC 김현주 선배와 내가 부회장으로 선임되었다. 이때 처음으로 사무실이 생겼다. 홍 회장이 시내 오피스텔을 하나 구하고 주간에 2~3일씩 일하는 아르바이트 직원도 고용했다. 협회 공식 홈페이지도 구축했다. 경비는 홈페이지 광고와 협회비로 충당했다.

홍 회장은 또 적은 예산으로 독자적으로 운영해 온 '올해의 여기자상'을 SBS 문화재단과 공동 주최로 바꾸었다. 상금을 1천만 원(기획·취재 부문 각 500만 원)으로 대폭 올렸다. 당시 언론계 상 중 최고액의 상금이었다. 자연히 협회와 상에 대한 여기자들의 관심이 크게 높아졌다.

하지만 의욕적으로 일하던 홍 회장은 임기를 8개월 남기고 언론계를 떠나 명지대 교수로 자리를 옮겼다. 홍은희 회장의 잔여 임기는 MBC 홍은주 선배가 바통을 이어받았다. 홍은주 선배와 후임인 22대 회장 서울신문 신연숙 선배 역시 협회의 내실을 다지는 데 크게 기여했던 것으로 기억한다.

친목 모임을 넘어 여성 리더의 산실로

2008년 나는 23대 한국여기자협회 회장으로 취임했다. 취임 초기 어느 날 협회 사무국에서 전화가 걸려 왔다. 협회 직원인 최수희 과장이었다.

"회장님 저 ….".

평소 조용한 성품의 최 과장 목소리가 그날따라 유난히 조심스러웠다.

"무슨 일이 있나요?"

"A사의 간사가 협회로 전화해서 협회비를 깎아 달라고 합니다. A사의 회원 숫자가 타사보다 많다구요. 1인당 연회비 3만 6천 원을 3만 원으로 내려 달랍니다."

전화를 끊고 한동안 너무 황당해서 아무런 생각도 나지 않았다. 며칠 동안 그 일은 내 머릿속을 떠나지 않았다. 한 달에 3천 원으로 많지도 않은 연회비를 깎아 달라는 요청에 처음에는 불쾌한 느낌이 들었다. 그러나 시간이 흐르자 이는 오히려 협회 위상을 냉정하게 깨우쳐 주는 계기가 되었다.

적지 않은 여기자가 '회비를 매년 이렇게 내는데 협회에서는 우리에게 무엇을 해 주나?'라고 생각하는 것 같았다. 권익 보호와 친목 도모라는 소극적 기능만으로는 더 이상 협회를 지탱할 수 없다는 판단이 들었다. 여기자들에게 실질적 이익이 돌아가는 사업이 필요했다. 고민을 거듭한 끝에 학구열이 높은 여기자들에게

성주그룹·한국여기자협회 해외연수 지원사업에 대한 MOU 체결식 (2009. 8. 6).

해외연수 이상의 선물이 없을 것이라는 확신이 들었다. 해외연수 지원사업을 하자!

새로운 목표를 설정했지만 재원 마련이 문제였다. 그러나 뜻이 있는 곳에 길이 있다고 했던가? 협회 감사를 맡고 있던 경향신문 유인경 기자를 통해 성주그룹의 김성주 회장과 연결이 이루어졌다. 김 회장을 만나 이 사업의 가치와 많은 부수 효과를 강조했다. 여성 리더 육성에 관심을 쏟아 온 김 회장은 흔쾌히 여기자협회 사업에 동참할 뜻을 밝혔다.

며칠 후 'MCM·한국여기자협회의 해외연수 지원사업에 대한 MOU'를 체결했다. 2010년 한국여기자협회 최초의 해외연수 지원 대상자에 중앙일보 이후남 기자가 선발되었다. 한국여기자협회 반세기 만에 또 하나의 결실을 맺게 된 것 같아 가슴이 벅찼다.

하지만 해외연수 대상자를 연간 1명으로 정한 것은 너무 적었다. 연수를 원하는 회원이 많았던 것이다. 고심 끝에 해외연수 지원을 확대하기로 하고, 재원 마련을 위해 협회 홈페이지를 대대적으로 개편하여 콘텐츠를 강화했다. 이즈음 언론사 신규 채용에서 여성 합격자 수가 크게 늘어 회비 수입도 늘었다. 늘어난 홈페이지 광고비와 회비 대부분을 아낌없이 쏟아부었다.

해마다 여기자 3~5명에게 해외연수의 기회를 줄 수 있게 되었다. 연수 희망자가 크게 늘어나면서 공정한 선발에 특히 신경을 썼고 아무 잡음 없이 사업을 진행할 수 있었다. 해외연수 지원사업은 언론계에 큰 반향을 일으켰다. 협회에 가입하지 않았던 언론사들로부터도 가입 문의가 잇따랐다. 2010년 이래 지금까지 여기자 38명이 해외연수 혜택을 받았다.

해외연수 기회가 소수의 여기자에게만 주어지는 한계를 극복하기 위해 특정 주제를 정해 국내연수와 해외 현지취재를 병행하는 '이슈 포럼'도 신설해 한 번에 10개 사 이상이 참여하게 문호를 열었다. 여성 간부 시대가 열릴 것에 대비해 리더십 세미나도 정례화했다.

회장 임기 만료가 다가오자 협회 이사진은 해외연수제도, 이슈 포럼, 리더십 세미나 등 내가 벌여 놓은 다양한 사업들이 안착할 때까지 더 책임져야 한다면서 강력하게 연임을 권했다. 회사 일이 더 바빠져 회장 연임이 부담스러운 면도 있었지만 협회 일을 2년 더 맡기로 했다. 회장을 하면서 여기자들에게 수준 높은 재교육의 기회를 제공하고 이를 통해 한국 언론의 수준을 끌어올리는

데 일조했다는 것에 큰 보람을 느낀다.

4년간 한국여기자협회 회장으로 일하는 동안 나에게는 행운이 따랐다. 해외연수 지원 성공으로 협회 위상이 한껏 높아진 데다가, 최대 숙원이던 프레스센터 입주가 마침내 이루어진 것이다. 우리 임원진이 이성준 한국언론진흥재단 이사장을 만나 간곡히 부탁한 끝에 이성준 이사장이 적극 수용해 주었다. 우리는 언론 단체이면서도 프레스센터에 둥지를 틀지 못하고 사막을 유랑하는 것처럼 밖을 맴돌았다. 협회 50주년을 막 넘긴 2012년 초, 프레스센터 13층 기자협회 맞은편 1306호 사무실에 한국여기자협회 문패가 걸리던 감동의 순간은 영원히 잊지 못할 것이다.

해외연수제도와 프레스센터 입주를 통해 한국여기자협회는 새로운 도약기를 맞은 듯했다. 하지만 뭔가 부족했다. 여기자들의 단합과 유대감이 약한 것이 아쉬웠다. 하루하루 취재와 기사 작성에 쫓겨 여유가 없는 바람에 여기자들이 협회 행사에서 별로 소속감을 느끼지 못하고 참석할 동인도 부족한 듯했다.

궁리 끝에 해마다 개최하는 신년 행사에서 딱딱한 식순을 확 줄이고 신나는 축제의 장으로 조성하기로 했다. 경품을 푸짐하게 준비하고 젊은 여기자들이 좋아할 만한 정상급 가수도 초청해 화끈한 공연을 펼쳤다. 새해를 활기차게 여는 축제로는 그만이었다. 정엽, 바비킴, JYJ, 윤미래와 타이거 JK 등 내로라하는 가수들의 공연을 코앞에서 볼 수 있었으니 다들 좋아했다. 신년 행사는 현역기자만 200명 넘게 몰릴 정도로 성황을 이뤘다. 연합뉴스의 연예담당 이은정 기자가 큰 역할을 했고 당대 최고의 가수들이 적은 개런티(협회 차원에서는 큰돈이었다)를 받고 달려와 주었다.

한국여성기자협회 60년, 성장과 도약의 발자취

1994년 총무를 맡아 협회와 인연을 맺었을 때는 '이러다가는 몇 년 뒤 조직이 사라질지도 모른다'는 위기감이 들 정도로 여기자 회원들의 관심과 참여가 저조했다. 원래 나는 내성적인 성격이었고 단체 활동에 참여하는 것도 좋아하지 않았다.

그랬던 내가 한국여성기자협회 총무 두 번, 부회장 한 번, 회장을 두 번이나 지내면서 협회의 성장과 도약을 일구는 데 기여했다고 생각하니 사람 일은 정말 알 수가 없다. 한국여성기자협회 활동을 통해 많은 일을 처리하고 다양한 사람들을 만나면서 성격이 바뀌고 세상 보는 눈도 달라졌다.

돌이켜 보면, 연회비를 깎아 달라는 한 회원사의 요청에 화를 냈던 작은 일이 모든 큰일의 시작이었다. 미래를 설계하고 대담하게 추진하는 계기가 되었다. 핵심사업의 출범과 협회의 다이너미즘으로 이어졌다. 나중에는 그 사건을 오히려 고맙게 생각하게 되었다.

훌륭한 동료, 선후배들과 한국여성기자협회를 이끌며 많은 경험을 쌓았고 판단력과 배짱도 키웠다. 이 모든 것이 연합뉴스 국장으로, 연합뉴스 TV 전무로 일할 때 큰 도움이 됐다. 부디 많은 여기자들이 협회 활동에 적극적으로 참여해 경험과 기회를 넓히길 바란다.

내가 4년간 회장직을 수행하는 동안 2011년 한국여성기자협회가 50주년 문턱을 넘었다. 그 기간은 다가올 50년을 준비하면서 뼈대를 세우는 도전의 연속이었다.

그로부터 10년이 흘렀다. 25대 정성희(동아일보), 26대 강경희(조선일보), 27대 채경옥(매일경제), 28대 김균미(서울신문), 29대 김수정(중앙일보) 등 후임 회장들이 바쁜 회사 업무 중에도 아낌없이 협회에 헌신하면서 협회를 더 발전시키고 위상을 굳건히 다졌다.

이렇게 번성한 가운데 한국여성기자협회 60년의 발자취를 돌아보게 된 것이 무엇보다 자랑스럽고 뿌듯하다.

칼럼니스트, 굳이 궁금하면 여성

김순덕 (동아일보 대기자 · 전무)

'여기자'라는 말을 좋아하지 않는다. '워킹맘'이라는 소리는 더 싫다. 워킹맘을 주제로 책을 써 보자는 출판사 제안을 거절한 적도 있다. 《워킹대디》같은 책도 있나요?"라고 물었더니 경악하는 눈치였다. 처음 책을 낼 때 책날개에 "여성 논설위원보다는 논설위원인데 여성으로 봐주길 바란다"라고 썼을 정도다.

그 바로 앞 문구가 '동아일보 첫 여성 논설위원'이다. 여성 기자여서 어려움도 있었지만 혜택도 분에 넘치게 받았다는 것을 잘 안다. 그래서 여성 기자로서 나는 이렇게 살아남았다고 쓴다는 것이 썩 내키지 않는다. 고해성사가 두려워 성당도 못 갔는데 죽기 전에 꼭 해야 하나 싶은 기분이다.

나는 경찰기자도 하지 못했다

2002년 7월 논설위원이 되기 전까지 나는 슬픈 여성 기자였다. 이렇게 쓰니 슬픔이 밀려온다. 이래서 쓰기 싫었던 거다. 1983년 12월 동아일보에 입사했는데 남자 동기들 다 하는 경찰기자도 하지 못했다. 수습 한 달쯤 됐을 때 편집국장이 "생활부에서 책상정리를 하니 들어와 앉으라"고 했기 때문이다.

그리고 생활부 5년(소년동아 10개월 파견근무 포함), 편집부 3년, 기획특집부 1년, 문화부 6년, 다시 생활부에서 1년간 일했다. 물론 일은 재미있었다. 그사이 결혼도 했고 딸도 낳았다. 하지만 경찰기자 경험도 없다는 것은 지금까지 오랜 콤플렉스로 남아 있다. 정치·경제·사회부 같은 이른바 '주요 부서'는 내 실력으론 못 갔다.

2001년 미국 연수를 떠난 것은 생활부가 갑자기 없어졌기 때문이다. 부장 없는 차장으로 지면을 책임지고 있었는데 편집국 개편으로 통합이 돼 버렸다. 지금 (여성) 생활부 있는 신문사가 없듯이 21세기로 넘어가는 그즈음이 언론사에도 페미니즘이 불어닥친 시기가 아니었나 싶다. 양성평등 바람이 불었다는 게 아니라 굳이 여성·생활지면을 따로 만들어야 하느냐는 흐름 말이다. 무엇보다 그런 부서에서 일하고 싶어 하는 기자가 없었다.

마흔 살. 뉴욕 연수는 내 인생을 바꾸어 놓았다. 9·11 테러가 터졌을 때 나는 맨해튼과 두 시간 거리인 롱아일랜드에 있었다. 그때 뉴욕 특파원이 없어 테러지역 르포기사를 한 면 썼는데, 회사는 내가 연성 기사만 쓸 줄 아는 기자가 아님을 뒤늦게 알아본 듯하다. 덕분에 1년 후 나는 논설위원으로 발령받았다.

'김순덕 칼럼'을 쓰기 시작한 것은 논설위원실 입성 한 달 뒤인 2002년 8월이었다. 첫 칼럼 아래에 이런 필자 소개가 붙어 나갔다. 하하.

동아일보사는 여성의 사회 참여 및 역할이 증대되는 시대적 요구에 부응하고자 '동아광장' 필진에 김순덕 논설위원을 포함시킵니다. 김 위원은 창간 82주년을 맞은 동아일보의 첫 여성 논설위원입니다. 이화여대 영문과를 졸업하고 1983년 입사, 문화부, 생활부, 기획특집부 등에서 일한 김 위원은 지난 1년간 미국 뉴욕주립대 연수 중 동아닷컴에 '김순덕의 뉴욕 일기'를 연재해 독자의 호평을 받았습니다.

가장 핫한 이슈와 맞짱 뜨고 싶다

정치칼럼을 많이 쓰는 이유는 간단하다. 가장 핫한 이슈를 쓰고 싶어서다. 물론 내 뒤에서 저 여자가 뭘 안다고 정치·경제·사회·국제 이슈를 마구 쓰느냐고 수군대는 사람도 없지 않았을 것이다.

그래도 지금 돌아보면 기이할 만큼 자신만만했다. 나만큼 뉴욕타임스, 이코노미스트, 최신 해외저널과 논문을 샅샅이 조사하고 쓰는 사람 있으면 나와 보라고 할 정도로 치열하게 썼기 때문이다. 어떤 논설실장은 "여성·가정·생활·문화 이슈를 쓰면 어떻겠냐?"며 노골적으로 요구했는데 나는 대들지 않았다. 그리고 '여자라서 행복해요'(2004. 11. 20)라는 칼럼을 썼다. 그 후 그 실장은 더 이상 요구하지 않았다.

조지 W. 부시 미국 대통령의 입술에 뺨을 들이댄 공주는 행복한 표정이었다. 워리어 프린세스(Warrior Princess)라는 콘돌리자 라이스 국무부 장관 내정자 이야기다. …

영국의 BBC 라디오는 이미지에 따라 일하는 여성을 네 부류로 소개했다. 성실하기만 한 '안 뵈는 여자', 남자처럼 일하는 '녀석'(guy), 능력보다 여자다움이 앞선 '기생'(geisha), 그리고 일은 잘하지만 여자답지 못해 밥맛없는 '비치'(bitch)다. 라이스는 "국익과 무력이 중요하다"는 강경함과 바흐를 좋아하는 데서 드러나는 침착한 성격, 여기에 커피잔 정리하는 여성성마저 갖췄으니 예쁘기 그지없다. …

여자에게 능력이 있느냐, 리더가 될 자질이 있느냐는 질문은 이제 무의미하다. 이 문제는 남자의 경우와 똑같이 여자도 일부는 능력이 있고 일부는 없다는 해답으로 과학적 해결이 된 지 오래다. 남녀에 관한 고정관념이 끈질기다고 해서 정부가 쿼터제 등으로 간섭하는 건 반갑지 않다. 어떤 운동도 싫어하는 나로서는 남녀차별 폐지운동 또한 좋아하지 않는다.

내가 바라는 건 시장경제 원칙이다. 조직이 잘되기를 원하는 최고 경영자라면 남자든 여자든 꼭 필요한 사람을 쓸 것이고, 그렇지 않다면 망할 것이 분명한 그 조직에 대해 남이 상관할 바 아니기 때문이다. 단 남녀 간 자유경쟁은 보장돼야 한다. 여자라서 행복한 사회는 여자라서 불행한 사회만큼이나 불공정하다.

근 20년 전 칼럼을 굳이 소개한 것은, 그때 생각이 지금도 유효한 까닭이다. 요새 내가 맞들인 미국 드라마 〈마담 세크리터리〉에는 수호천사 같은 남자와 결혼해 아이가 셋이나 되는 '백인 라이스' 같은 여주인공이 나오지만 현실은 만만치 않다. 라이스가 결혼했다는 뉴스가 없는 것이 그 증거다.

내가 여성 · 가정 · 생활 쪽 칼럼에 '몰빵'하지 않은 것도 굳이 변명하자면 여성 후배들을 위한 '여지'를 만들고 싶어서였다. 내가 그런 주제를 전담하면 여성 논설위원은 논설실에 단 한 명이면 충분하다. 더는 여성 후배가 못 올 수도 있고, 똑똑한 여성 후배가 올 경우 내가 쫓겨날 수도 있다. 그리고 나의 '작전'은 성공했다. 동아일보 논설위원 30%가 여성인 적도 있었다.

2014년 나는 논설실장이 되었다. 만 3년은 45판까지 챙기느라 거의 매일 밤 12시까지 일했다. 나는 그게 당연하다고 여겼는데 딸은 그렇지 않다는 걸 한참 후에야 알게 됐다(딸은 상담심리학 석사이다). 논설위원으로 정년까지 갔으면 좋겠다는 젊은 날의 소원은 이미 이룬 셈이다. 2017년 논설주간(상무), 2019년 대기자(전무)가 된 것은 완전 덤이었다.

사실 글이 안 나와서 머리를 쥐어뜯을 때가 더 많아 괴롭기 짝이 없다. 그럼에도 보람을 소개한다면, 내 글로 세상이 좀 더 발전할 수 있었다고 느꼈을 때다.

2006년 노무현 정부 시절, '세금 내기 아까운 약탈정부' 칼럼에 청와대 출입기자가 취재거부를 당한 사건은 내게 영광으로 남아

논설실장 당시 김순덕 기자 (제공: 김순덕).

있다. 2010년 MBC 광우병 사태가 불거진 다음에 쓴 '엄기영 사장의 MBC 해사(害社) 행위' 칼럼에 엄기영 사장이 물러난 적도 있다. 2011년 '정동기 감사원장에 반대하는 이유'를 쓴 날 여당 회의에서 격론이 벌어져 결국 감사원장 내정이 취소되었다는 소리도 들었다.

최순실 사태 와중이던 2016년 '실세의 딸 앞에 설설 긴 이대 총장 물러나라'고 썼다. 시기를 기막히게 맞췄는지 사흘 만에 최경희 총장은 사퇴하고 말았다. 지금도 "당신 때문에 박근혜가 탄핵됐다"며 반성을 요구하는 악플이 칼럼 밑에 붙기도 한다. 그들은 언론의 역할이 감시와 비판임을 모르는 듯하다.

지금 알고 있는 것을 그때 알았다면

요즘엔 어디 가서 자기소개를 할 때면 "대기만 하는 대기자예요"라고 말한다. 그래도 '대기자'라니, 내가 생각해도 황감하다. 38년 전 입사할 때, 그 아름답고 슬펐던 젊은 시절에 내가 나중에 대기자가 될 줄 알았더라면 덜 답답하고 괴로웠을 것이다.

그래서 후배들을 위한 꿀팁을 짜내 보았다.

주요 부서 취재경험 없어도 괜찮다

정치부 출신 논설위원들은 아는 얼굴이 어른거려 퍽퍽 쓰지 못하는 경우가 적지 않다. 원래 너무 많이 알면 되레 쓰기 힘든 법이다. 나처럼 민간인의 시각, 보통 사람의 문제의식이 칼럼을 쓰는 데는 훨씬 나을 수 있다. 언제 어떤 부서에서 일했든 그 경험이 결국 피가 되고 살이 된다는 것은 믿어도 좋다.

중요하다고 믿는 것을 한다

나는 내게 가장 중요한 것이 '일'이라는 것을 일찌감치 깨달았다. 그래서 그에 맞춰 살았고, 나머지는 포기했다. 다행히 운이 도와주었다. 여대생이나 젊은 여성 기자들이 "워라밸은 어떻게 하나요?", "일과 가정, 양립할 수 있나요?"라고 물으면 나는 솔직한 답을 원하느냐고 다시 묻는다. 그리고 "둘 다 잘할 수는 없다"고 대답한다. 미안하지만 이것은 팩트다.

돈으로 해결할 수 있으면 좋은 것이다

나는 결혼 초부터 살림을 도와주는 전문가를 활용했다. 딸이 유치원에 들어가고, 문화부 차장이 된 뒤엔 집에서 먹고 자는 전문가를 들였다. 월급을 이모님과 분배한다고 마음먹어서 돈이 아깝다고 생각한 적이 없다. 지금도 아이 때문에 동동거리는 후배들을 보면 안타깝다. 군대는 30년간 놀랍게 발전했는데 왜 어린이집은 그렇지 못한지 분통이 치민다. 그래도 친정엄마는 괴롭히지 말길 바란다.

어린 기자 시절, 장명수 선배의 여기자 칼럼은 경이의 대상이었다. 나도 내 이름이 붙은 칼럼을 쓸 수 있다면 뭐든지 할 것 같았다. 옛날 선배들은 모르는 것도 없어서 물어보면 술술, 사설을 쓸 때도 술술, 부럽기 짝이 없었다.

나도 나이 들어 선배가 되면 그럴 줄 알았다. 아니었다. 내 실력이 들통나 망신당할 것 같은 두려움, 숙제해야 하는데 이리 놀아도 되나 싶은 불안감을 늘 안고 살았다. 여기자가 아니라 기자인데 알고 보니 여자, 여성 칼럼니스트가 아니라 칼럼니스트인데 굳이 따지면 여성으로 봐주었으면 하는 욕심이 내게 있었다.

그럼에도 불구하고 여성 기자 선배들이 있어 나도 살아남을 수 있었다고 생각한다. 우리 회사에선 입사 5년 차에 '소녀가장'이 돼 버렸지만 타사 선배들도 남이 아니었다. 내가 힘들어할 때 "버텨!"라고 말해 주었던 그분들께 정말 감사한다. 나도 후배들에게 그런 존재였으면 좋겠다.

오래, 잘 버팁시다

황정미 (세계일보 편집인·부사장)

청와대 출입증을 받기까지 곡절이 많았다. 전임 선배 퇴사로 청와대를 출입하게 된 1999년, 처음으로 신원진술서를 썼다. 다들 형식적 절차라고 해서 그런 줄 알았는데 퇴짜를 맞았다. 그것도 두 번씩이나. 나중에야 전말을 들었다. 남동생이 반정부 시위로 구속된 전력이 있는데 경호처에서 대통령 근접 취재를 하는 기자로서 문제가 된다고 불가 결정을 내렸다는 것이다.

정당 출입 때부터 보았던 박선숙 공보비서관, 박지원 공보수석 등이 "대통령이 반체제범으로 몰려 사형 언도까지 받았던 분인데, 직계 가족의 반정부 시위 전력을 들어 출입 불가라는 것이 말이 되는가. 문제가 되면 책임지겠다"고 신원보증을 자청했다고 한다. 당시 청와대를 출입하던 한겨레 기자가 취재까지 들어가자 겨우 출입증이 나왔다.

여성 기자 수가 적었던 때라 '청와대 출입 여기자 1호'가 아니냐고 묻는 분들이 많았는데 면구스러운 일이었다. 국정 최고 의사결

청와대 출입기자 시절에 간담회에서 김대중 대통령과
인사를 나누는 황정미 기자 (1998, 제공: 황정미).

정기관을 홀로 출입하면서 제 앞가림하는 데 급급한 나날이었다.
몸집보다 큰 옷을 입은 사람처럼 어색하고 거추장스러웠다. 하지
만 그 옷에 맞추기 위해 근육량을 키우려고 애썼던 소중한 기회의
시간이었다.

능력이 먼저냐, 기회가 먼저냐를 굳이 따진다면 나는 기회가
먼저라는 쪽이다. 기회가 주어지면 대개는 그에 합당한 능력을
갖추기 위해 노력하게 되고 조직에도 긍정적 영향을 미칠 수 있다
고 믿는다. 여자, 나이가 어리다는 게 핸디캡이던 시절에 사회
부, 정치부에서 일할 기회를 얻은 것은 행운이었다.

청와대 출입 여기자 1호

기회를 열어 준 회사, 선배들에게는 지금도 감사하지만, 그 여정이 녹록지는 않았다. 언젠가 여기자 회보에도 쓴 적이 있는데, 사회부 초년병 시절에 남자 선배에게 들었던 이야기다. "여자가 너무 잘하면 총 맞아 죽고, 너무 처지면 발에 밟혀 죽는다"는 것이다.

이게 무슨 '오징어 게임' 얘기냐고 할지 모르겠다. 회사 분위기가 그렇게 살벌했던 것은 아니고 처음 함께 일하는 여자 후배가 너무 튀지 않았으면 좋겠다는 바람에서 한 나름의 조언이었다. 취재원, 동료 기자들 대부분이 남성인 사회에서 여기자는 주목의 대상이지만 경쟁의 대상은 아니라고 그들은 간주한다. 경쟁 대상이 되는 순간 어디선가 '총알'이 날아드는 법이다.

아는 정치인이라고는 3김뿐이었지만 정치부 생활은 사회부 경찰기자로 일했을 때보다 흥미로웠다. 시경 캡 출신 선배는 "천 배쯤 재미있다"고 했다. 나는 그 정도는 아니었지만 모자이크를 맞추듯 여러 정치인을 취재하여 이슈의 흐름을 잡는 과정이 좋았다.

어느 날 타사 선배가 조용히 불렀다.

"요즘 여기자들이 정치인들 불러 저녁 하는 것 같은데 그런 모임 나가면 다른 모임에서 안 끼워 줘. 안 나가는 게 좋아."

중진 정치인들과의 저녁 모임에서 제법 의미 있는 정보, 기사가 나오던 터였다. 남성 기자들은 출신지역, 학교별로 온갖 모임

을 만들면서 왜 여성 기자들은 모이지 말라는 걸까. 경쟁의 대상
이 된 것이다.

한 통신사 선배는 농담처럼 "후배를 치마 입혀 보낼 테니 좀 끼
워 줘"라고 했다. 그 때문만은 아니겠지만 회사별로 출입 여성 기
자가 하나둘 늘었다. 관훈클럽 신영기금으로 해외연수를 다녀온
뒤 김원기 국회의장 공관에서 열린 여기자 만찬에 나갔다가 5~6
개 야외 테이블을 가득 메운 참석자 수에 놀랐다. 기회의 창이 그
만큼 넓어진 듯해서 반가웠고, 당당하게 경쟁하는 후배들의 모습
이 신선했다.

앞서면 총 맞을까, 뒤처지면 밟힐까

지금도 그렇지만 위계질서가 강한 조직에서 살아남으려면 '쓸모
있는 사람'이 되어야 한다. 취재현장이든, 회식 자리든 제 몫을
다하기 위해 분투했던 시절이었다. 덕분에 큰 총상 없이, 밟히지
않고 여기까지 왔다.

"재능이 아니라 태도가 당신의 지위를 결정한다"(Zig Ziglar)는
말이 있다. 이런저런 사내 사정으로 정치부장 세 번, 편집국장을
두 차례 맡았다. 여러 선후배, 동료들과 일하면서 태도(attitude)
에 대해 많이 생각했다.

정치부 기자 시절, 특정 정치인에 관한 기사를 쓰라는 국장님
의 지시를 받은 적이 있다. 대뜸 "기사가 안 되는데요"라고 대답

했다가 "야, 너는 정치부 기자가 그렇게 융통성이 없냐"는 호통을 들었다. 그때 그 기사를 썼어야 한다는 뜻은 아니다. 최소한 "알 아보겠습니다"라고 하고 선배들과 상의할 수도 있는 문제였다.

나는 아직도 속단하는 버릇을 나의 단점이라고 생각한다. 기자라는 업이 시시비비를 가리는 일이라 그런지 사람이든, 일이든 빨리 판단하려고 한다. 때로는 말이 앞서 나가고, 줄줄 안 해도 될 말을 다 내뱉기도 한다. 돌이켜 보면 후회할 때가 많다. 그래서 어떤 대상에 대한 판단, 특히 사람에 대한 판단은 가능하면 뒤로 미루려고 노력한다.

타사 선배와 이야기하다가 기자들 경력을 관리해 주는 부국장이 별도로 있다는 말을 듣고 부러워했던 적이 있다. 인력이 넉넉지 않아 전담 부국장을 둘 형편이 아니었지만 인사 때 가능하면 본인들이 원하는 트랙을 밟도록 돕고 싶었다. 성공사례도 있고 실패사례도 있다. 일반화하기는 어렵겠지만 일에 대한, 조직에 대한 태도가 상당 부분 성패를 좌우한다.

나도 겪었지만 인사에 따라 롤러코스터를 탄다. 정치부장을 1년쯤 했을까, 국장이 바뀌면서 정치전문기자로 발령이 났다. 전례가 없어 난감했다. 하루 종일 회사에 매일 필요가 없으니 '진짜 전문가'들을 만나러 다녔다. 그때 만난 전문가들은 다시 정치부장을 맡았을 때뿐만 아니라 지금까지 많은 도움을 주고 있다. 일에 대해, 조직에 대해 긍정하면 동력이 생기고 그것이 경쟁력의 바탕이 된다. 길게 보면 정말 그렇다.

꾸준히 다이어리를 쓰는 습관도 나를 객관화하는 데 도움이 되었다. 상황을 정리하다 보면 내가 더 잘 보이고 좋은 일이든, 나쁜 일이든 거리두기가 가능해진다. 대개 "마땅히 해야 할 일에 집중하자"는 다짐으로 끝났는데 일종의 자기 암시였다. 독한 칼럼을 쓰거나 분노의 논쟁을 하면 카타르시스가 느껴진다는 선배도 있지만 나는 정반대이다. 분노로 불타오르기 전에 내가 먼저 소진된다고나 할까. 다이어리는 타다 만 분노를 묻어 두는 화로나 '임금님 귀는 당나귀 귀'를 목 놓아 외치는 대나무 숲이 되기도 한다.

"한 걸음 더"

"한 걸음 더"(Go the extra mile) 라는 표현을 처음 접한 건 돌아가신 김영희 중앙일보 대기자가 자사 후배와 가진 인터뷰에서다. 정확한 맥락은 기억나지 않는데 핵심은 "젊은 기자들이 술자리 대신에 문사철(文史哲) 독서를 해야 한다. 그래서 조금 더 깊은 기사를 써야 한다"는 것이었다. 그전에 술 마시느라 보낸 무수한 시간이 떠올랐다.

데스크를 일찍 맡으면서 회사에서 책을 읽는 것이 쉽지 않았다. 그래도 분기별 목표치를 세워 놓고 시간을 쪼갰다. 휴일 내내 밀린 책을 읽기도 했다. 2년여 논설위원 기간 업무만족도가 꽤 높았다. 취재하는 데는 한계가 있기 때문에 책은 분명 한 걸음 더 들어가는 데 발판이 된다.

한 걸음 더 들어가는 취재와 보도는 디지털 미디어 시대에 레거시 미디어의 숙명이다. 편집인을 맡고 있는 나의 숙제이기도 하다. 쉽지 않다. 솔직히 말하면 좌절을 느낄 때가 많다. 디지털 전환이란 플랫폼의 유용성과 확장성을 뜻할 뿐 언론의 가치는 종전과 다르지 않은데 소비되는 뉴스의 태반이 속보성이거나 자극적인 콘텐츠이다.

"의미 있는 뉴스로 단편적 스낵 뉴스를 대체하자"고 말하지만, 우리 신문을 포함해 레거시 미디어조차 흥미 위주의 콘텐츠로 호객 행위를 한다. 시간과 품이 많이 드는 탐사보도가 제대로 소비되지 않고 사장되는 경우도 비일비재하다. '가짜뉴스 프레임'까지 등장하면서 언론과 언론인의 입지는 점차 쪼그라들고 있다.

언론사의 디지털 전환에 우리 같은 아날로그 세대는 계륵 같은 존재일지 모른다. 하지만 언론과 언론인이 제 값어치를 평가받지 못하는 것이 디지털 전환을 빠르게 하지 못한 탓일까. 그보다 독자의 신뢰를 받을 만한 콘텐츠를 지속적으로 만들어 내지 못했기 때문이 아닐까. 그래서 '한 걸음 더'의 가치는 여전히 중요하고, 그것을 뒷받침하기에는 턱없이 부족한 인프라가 내게는 풀지 못한 숙제처럼 무겁다.

사람과의 관계에서 '한 걸음 더' 들어가는 것도 어렵기는 마찬가지다. '꼰대 탈출' 비법의 첫 번째가 경청이라는데 나는 아직도 멀었다. 비록 참견과 피드백의 경계선을 줄타기하지만, 후배들로부터 동력을 얻는 선배들의 애정만큼은 의심하지 않았으면 좋겠다. 그래도 우리가 그대들 옆에서 사심 없이 박수쳐 줄 응원 부대로 남을 테니.

워싱턴 어벤저스, 9명의 연대

김희준 (YTN 국제부장)

2019년 1월 19일. 2차 북미 정상회담 조율차 워싱턴을 찾은 김영
철 북한 노동당 부위원장의 숙소 듀퐁 서클 호텔을 들어서는 순
간, 건장한 두 백인이 내게 달려들어 두 팔을 뒤로 꺾고 수갑을
채웠다. 머리칼이 곤두서고 심장은 박동 쳤다. 키가 185cm는 족
히 넘는 두 남성은 휴대폰부터 낚아채곤 나를 후미진 복도로 끌고
갔다. "저항하지 말고 똑바로 서 걸어!"라는 위협적인 명령과 함
께. 그들은 바로 국무부 사복 보안요원이었다.

앞서 나는 2박 3일 방미 일정을 마치고 떠나는 김영철 일행을 포
착하려 호텔 앞에서 '뻗치기'를 하고 있었다. 매서운 추위에 손발
이 얼었고 북측 움직임을 마냥 기다릴 수 없었다. 북한대표단을 단
몇 분이라도 빨리 만나 볼 요량으로 그들이 드나들던 화물 출입구
쪽문을 통해 접근을 시도했다. 경계가 느슨한 우회 통로를 지나 화
물 엘리베이터에 오르려던 순간 보안요원에게 딱 걸렸다. 통행 금
지구역이니 나가란다. 1차 시도 실패!

잠시 뒤 의기투합한 타사 특파원과 다른 통로로 2차 접근을 시도하는데 멀찌감치 레이저 같은 눈빛이 느껴졌다. 조금 전 그 요원이었고 나를 지목하며 "저 여성은 출입을 금한다"고 했다. 하지만 엄포성 경고라고 여긴 나는 마침 호텔 로비에서 만나자는 동료 전화에 무심히 정문으로 들어섰고, 결국 워싱턴에서 수갑 찬 신세가 되고 말았다.

복도 끝에 나를 밀어 세워 기선을 제압한 두 요원은 "분명히 출입금지라고 했지?"라며 쏘아붙였다. "그 문에 대한 통행금지로만 알았다"라는 나의 임기응변에 "닥쳐!"라고 외치며 앞으로 영원히 듀퐁 서클 호텔에 출입할 수 없다고 했다. "절대로, 절대로, 영원히"라고 강조하며 이해했냐는 물음에 별도리 없이 고개를 끄덕인 나는 신분증을 촬영당한 뒤에야 풀려날 수 있었다.

'美 국적기 타고 美 심장부 날아든 김영철', '2차 북미 정상회담 2월 말 개최' 등의 헤드라인이 쏟아지며 제대로 먹지도, 자지도 못했던 사흘은 미국 사회의 확고한 법과 질서, 공권력을 공포스럽게 체험하는 것으로 막을 내렸다.

천일야화, 워싱터니언 나이트

거슬러 워싱턴에 부임한 때는 2016년 6월. YTN 22년 역사상 최초의 여성 특파원으로서였다. 선배와 동료 등 5명이 지원한 자리에 홍일점이었는데 감사하게 기회가 주어졌다. 덜레스 공항에 내

디딘 첫발은 설렜지만 어깨는 무거웠다. 3년 임기 동안 정말 잘 해내야 했기 때문이다. '어떻게 하나 보자'는 듯한 시선들을 뒤로 하고 특파원의 길에 도전하려는 후배들을 위해 최전선에서 멋지게 나아가야 한다는 부담이 밀려왔다.

부임하자마자 마주한 것은 미국의 대선 정국. 힐러리 클린턴과 도널드 트럼프의 예측 불허 대선전이 펼쳐지고 있었다. 워싱턴의 지형지물을 채 익히기도 전에 클리블랜드와 필라델피아로 각각 공화당과 민주당 전당대회 출장부터 다녀와야 했다.

11월 8일 '정치 이단아' 트럼프의 예기치 못한 대선 승리는 화려한 '일복의 세계'로 안내하는 초대장이었다. 트럼프 정부 출범 이후 널뛰는 대내외 정책 발표와 트위터 공세, 미중 갈등 격화, '화염과 분노'로 상징되던 북미 관계 대립, 그리고 역사적인 1, 2차 북미 정상회담까지 격변기가 펼쳐졌다. 특히 트럼프와 김정은, 두 정상 간 회담 취재를 위해 직항이 없는 싱가포르와 베트남 하노이까지 환승 비행을 하며 24시간 날아가 한두 시간 자고 생방송에 투입된 기억이 생생하다.

단 하루도 지루할 틈 없던 3년은 '아라비안 나이트' 아닌 '워싱터니언 나이트'로 매일매일 흥미로운 '천일야화'를 써 내려간 나날이었다. '워싱턴 D. C. 수갑 사건'도 그 말미 어디쯤 한 장으로 남았다.

특파원 임기 동안 국무부, 의회, 싱크탱크 등 미국 조야 주요 행사는 빠지지 않고 참석하려 동분서주했다. 백악관과 국무부에는 논평과 인터뷰 요청 메일도 부지런히 보냈다. 특파원 2~3명에 현지 코디네이터를 둔 타 방송사에 비해 1인 지국의 열악함을 극복하려면 당연한 노력이었다. 덕분이었을까. 맥매스터 백악관 국가안보보좌관(2017. 11. 3)과 폼페이오 국무장관(2018. 6. 8)을 단독 대담하는 기회를 잇달아 잡았다. 국내 언론사로는 첫 연쇄 인터뷰로 자타가 공인하는 성과로 남았다.

"아내가 필요해"

'재밌는 지옥'이라 불리는 워싱턴에서 일복은 넘쳤으나 없는 것은 바로 '아내'였다. 혹여, 여성은 모두 가정만을 지키는 존재란 뜻은 아니니 오해 없길 바란다. 주변의 우려에도 불구하고 호기롭게 사춘기 두 아들을 데리고 특파원 생활을 시작한 나를 기다리는 것은 서울과 똑같은 워킹맘의 생활이었다. 아니다. 남편과 시부모님 같은 조력자가 없었으니 정말 다른 생활이었다.

어마한 업무 부담과 별도로 두 아들을 등교시키고 넘치는 먹성을 채우려 장 보고 요리하는 일상이 이어졌다. 퇴근 후 집안일 하고 서울 낮 시간대 방송 요청에 응하면 자정 넘겨 잠들기가 일쑤였다. 어느 날은 집 수도가 고장 나고, 어떤 날은 사무실 보험 문제가 불거져 한참을 진 빠지게 영어로 다투어야 했다. 이 정도쯤이야 20년 워킹맘 내공에 대수일까.

진짜 폭탄은 장밋빛은커녕 컴컴한 동굴 같던 두 아들의 유학생활이었다. "엄마 때문에 왜 내 인생이 송두리째 흔들려야 해요?"라는 원망으로 미국에 온 두 아들은 그래도 금세 적응할 것이란 내 기대를 180도 벗어났다. 고 1, 2로 편입하니 백인 친구들에 비해 대입 준비는 턱없이 부족했고, 언어는 물론 인종차별 장벽까지 마주해야 했다.

자존감이 곤두박질치며 등교를 거부하는 날이 늘어났다. "투명인간처럼 학교 다니는 기분을 알아요?"라는 아들의 통곡에 마음이 무너졌다. 학교엔 아프다며 사전양해 결석(excuse absent)을 받아 놓고 무력한 녀석들을 덩그러니 집에 남겨 둔 채 사무실이 있는 내셔널 프레스 빌딩으로 출근하는 길은 나락이었다. 언제 울었냐는 듯 미소를 띠며 현장에 가고 방송을 하면서 스스로 '지킬 박사와 하이드'가 된 것 같아 괴로웠다.

그런 시간에 힘이 되어 준 것은 동병상련의 선후배였다. 나보다 앞서 두 딸과 함께 홀로 부임한 CBS의 임미현 선배, 초등학생 두 아들과 워싱턴으로 온 동아일보의 이정은 특파원은 큰 위로이자 버팀목이었다. 우리는 함께 "아내가 필요해"를 외치며 서로를 다독이고 응원하며 그 세월을 견뎌 냈다.

두 아들은 결국 역경을 이겨내고 자신들의 길을 잘 개척해 가고 있다. 믿고 기다림이 옳았다.

워싱턴 어벤저스

언론계 현실을 반영하듯이 워싱턴특파원과 주재원 사회도 역시 남성 중심이었다. 그 속에서 여성 특파원, 일명 '여특'들의 연대는 특히 소중했다. 2016년 초 3명이던 여특은 그해 여름 나를 포함해 6명으로 늘었고 2019년엔 9명이 활동하기에 이르렀다. 역대 최대 여특 군단이었다. 통신, 신문, 방송, 매체를 가리지 않았고 대부분 '사내 최초'의 타이틀을 달고 있었다.

수적 팽창은 남성 중심 특파원 사회의 업무와 네트워킹에도 변화를 가져왔다. 주미대사 등 국내 취재원은 물론 미국 각계 인사들도 한국의 여특단과 별도 회동을 희망했다. 한국 사위로 불리는 래리 호건 메릴랜드 주지사의 부인 유미 호건 여사는 한국 여성 특파원의 선전이 고무적이라며 오찬 자리를 마련해 주었다. 주한대사를 역임한 캐슬린 스티븐스 한미경제연구소장도 여특단에 식사를 제안했다. 미국 내 여성 한반도 전문가 그룹이나 여성 주재원들과의 돈독한 유대감도 형성되었다.

여특단끼리 짬을 내서 고충을 나누고 회포를 풀었던 시간과 1박 2일 단합대회 겸 여행은 행복한 추억이 되었다. 드라마 〈동백꽃 필 무렵〉에서 동백이를 지키던 옹산 어벤저스처럼 서로가 서로에게 든든한 울타리이자 후원군이 되어 준 우리는 '워싱턴 어벤저스'였다. 어벤저스가 '블랙 위도우'를 포함해 꼭 9명이니 그 숫자도 기막히게 맞아떨어졌다.

워싱턴 '여특' 9명 모두가 어렵게 한자리에 모였다 (2019. 3. 21, 제공: 김희준).

내가 귀국한 뒤 2년여가 지난 지금, 2021년 10월 현재 워싱턴 여특은 11명으로 늘어났다. 전체 특파원단의 30% 가까운 수치다. 최근 한 공중파 뉴스에서 아프간 사태와 관련해 워싱턴, 뉴욕, 두바이 특파원을 3원 중계했는데 모두가 여성 기자였다. 이 놀라운 변화란.

최초, 그 '왕관의 무게'를 견뎠기에

여성 특파원단이 이만큼 성장하기까지 한국여성기자협회 역사의 세월이 밑거름이 되었다. 2001년 7월 국내 첫 여성 워싱턴특파원으로 부임하니 국무부 동아시아 담당 직원이 "한국도 드디어 여성을 보내는구나"라며 반가워했단다. 조선일보의 강인선 선배의 회고다. 주재원 모임에 가면 "남편이 어디 특파원이세요?"라는 질문이 다반사였고, 워싱턴 내 남성 중심의 한국 커뮤니티는 배타적이기만 했다. 그래서 결심한 것은 '외롭고 힘들지만 다르게 살아야 다른 기사를 쓸 수 있다'는 것이었다. 미국 취재원들을 만나고 당시만 해도 국내 특파원은 잘 가지 않던 국무부와 백악관 브리핑룸으로 향했다. 이라크 종군기자 자원도 그런 차원이었다. 이는 곧 독보적 기사와 성과로 이어졌다.

여성 2호 워싱턴특파원이 된 문화일보의 이미숙 선배는 2005년 연합뉴스의 첫 워싱턴특파원인 이동민 선배까지 부임하면서 세 여특이 함께 돈 오버도퍼 존스홉킨스대 한미경제연구소장, 크리스토퍼 힐 당시 국무부 동아시아태평양 차관보 등을 인터뷰한 일을 회고했다. 혼자가 둘이 되고, 둘이 셋이 되는 것은 곧 '힘'이다.

한국 여성 특파원이 희귀하던 시대, 최초라는 '왕관의 무게'를 견딘 선배들의 분투 덕분에 오늘날 그 수는 최다가 되고 멋진 활약도 펼칠 수 있게 된 것 아닐까. 이게 끝은 아닐 터다. 고독한 출발선을 지나 이젠 '어벤저스' 동료 주자들이 점점 늘어나 긴 레이스 중반 어디쯤 왔으리라. 우리의 모든 달음박질이 축적되어 협회 70주년, 80주년, 100주년에는 또 새로운 역사가 쓰여 있기를 기대한다. 더 이상 최초라는 진부한 수식어는 없어진 날에.

앵커 시대를 열다

한수진(전 SBS 국장)

뉴스 진행자가 '뉴스'가 되는 날이 있다. 2년 전 KBS 메인 뉴스의 메인 앵커로 등장한 이소정 기자가 바로 그랬다. 그동안 여성 기자들의 앵커 진출은 지속적으로 늘었고, 뉴스의 단독 진행도 적지 않았다. 하지만 지상파의 벽이 가장 높았던 KBS에서 '여기자'가 '메인 뉴스의 여성 앵커'를 넘어 '메인 뉴스의 메인 앵커'로 등장한 건 최초에 가까운 사건이었다. 그 주인공이 '40대의 17년 차 여기자'라는 점도, 어떤 의미에서 파격이었다.

그뿐 아니다. 최근 몇 년 사이에 방송 여기자들의 진격을 알리는 상징적 변화들이 봇물 터지듯 이어졌다. '방송사 최초'를 수식어로 한 여성 정치부장과 여성 캡의 탄생 등, 제목만으로도 굵직굵직한 사건들이었다.

그런데 '사건'이라고? 평소 '소수'이자 '비주류'의 아픔을 토로해 왔던 후배 기자는 '사건'이라는 표현 끝에도 한마디를 때린다.

"선배, 제목 잘못 뽑은 거 같은데요? '사건'이 아니라 비정상의 정상화! 만시지탄!"

아, 만시지탄. 후배가 옳았다.

지상파 방송 3사 시대가 다시 열린 1990년대 초. 개국과 함께 입사한 방송사의 보도국 풍경은 지금과 달라도 사뭇, 무척 달랐다. 첫날부터 '남자들의 세상'에 온 것이 실감났다.

함께 입사한 동료와 자리를 옮겨 다니면서 이른바 '입사 신고'를 하는데, 신고를 받는 선배들 중에 여성 기자가 보이지 않았다. 알고 보니 그 많은 경력기자들 가운데 여성은 단 한 명도 없었다. 여성 기자라고는 몇 달 앞서 공채로 입사한 수습 선배 한 명뿐이었다. 무서운 오빠만 10명쯤인 집의 막내딸이 된 듯한 기분이었다.

'경찰서 출근'을 시작한 다음 날엔 또 다른 '남성의 세계'를 만나게 되었다. 집을 나서 남대문서로 가려는 이른 새벽. 아무리 손을 흔들어도 선명한 '빈 차' 사인이 반짝이는 택시들은 주저 없이 그냥 지나쳤다. 몇 대를 그렇게 보내고 간신히 택시를 잡고 나서야 이유를 알았다.

"첫 손님으로 여자가 타면 재수 없거든요. 안경까지 쓰면 더 안 태워 줘요."

내일부터는 남장이라도 해야 하나?

선배의 호출에 중부서로 달려갔다. 기자실을 찾아가 문을 열고 들어가 보니, 선배는 보이지 않고 자욱한 담배 연기뿐이었다.

자리에 잠시 앉아서 기다리다가 선배에게 보고를 마치고 돌아왔다.

그런데 다음 날에 나는 꽤 '유명한 수습'이 되어 있었다. 이른바 '바이스'들이 계시는 중부서 기자실에 겁도 없이 난입한 '잔바리'라는 점만으로도 입에 오르내릴 법한데, 그 당사자가 여자 수습이란 점에서 '똘끼의 악명'은 도를 더했다. 싫든 좋든 홍일점이어서 존재감 하나는 확실했던, 30년 전 여성 기자의 '웃픈 풍경'이다.

과거의 추억을 꺼내 든 건 방송 여기자의 존재감이 그때와 완전히 달라진 최근 상황을 보면서 느끼는 격세지감 때문이다.

한국기자협회 자료에 따르면, 1990년의 기자 수는 신문사가 6,788명, 방송사가 1,740명이었다. 이 가운데 여성은 신문사 600명, 방송사 42명이었다. 그런데 2019년 통계는 놀랍게 변화했다. 방송사 여성 기자는 806명으로 30년 전에 비하면 19배쯤 된다. 신문사가 3,944명으로 6~7배 증가에 그친 데 비해 폭발적으로 증가한 셈이다.

숫자의 힘

'마의 선' 30%, 조직 문화를 바꿀 수 있다는 성비의 선에 근접했다는 것은, 아무리 '만시지탄'이라 해도 반가운 일이다. 말이 좋아 '소수 정예'이고 '일당백'이지 사람은 일단 많고 봐야 한다. 인원이 달리면 별별 설움을 다 겪는다.

어느 방송사 보도국에는 여자 화장실이 없던 시절도 있었다. 보도국이 있는 층에는 남자 화장실만 있고 여자 화장실이 없어서, 여성 기자들은 계단을 올라가 위층 화장실을 이용할 수밖에 없었다고 한다.

"회사에서는 한 층 위 화장실로 올라가 아나운서실과 같이 사용하라고 했어요. '보도국에 여자들이 몇 명이나 된다고, 얼마 되지도 않는데 따로 화장실을 둘 필요가 있느냐. 그냥 아나운서실 화장실을 쓰라'는 논리였죠."

결국 논란이 된 여자 화장실은 2000년을 두어 해 앞둔 시점에야 설치되었다.

이보다 훨씬 더 서러운 것은 '배제'다. 본질적 차별이다. 일단 입사부터 그랬다. 여성 기자는 기수별로 한두 명, 그나마 뽑지 않던 관행이 있었다. 심하게 말하면 구색 맞추기 식이었다. 2000년대 이후 여성 기자 채용이 급증한 이후에는 "성적만으로 뽑으면 여기자만 모두 합격할 수도 있다"는 말이 나돌더니 이제는 성비를 역조정한다는 소문도 들린다.

여성 기자는 취재영역에서도 차별받았다. 여성 기자들에게 이른바 '정경사'(정치·경제·사회) 부서의 벽은 높았다. 2010년 무렵에 법조팀을 경험했던 어느 방송 여기자는 "당시 법조팀과 정당팀에도 여기자들이 출입하고 있었지만, '각 사 1인'이 불문율이었던 것 같다"고 기억했다.

그 이전에는 '각 사 1인'도 드물었다. 여성 기자는 수습을 마치면 문화부나 국제부, 편집부 같은 내근부서로 배치되곤 했다. 이런 부서들은 '단독'이나 '톱'이 어렵고, 메인 뉴스에 등판 기회도 얻기 쉽지 않은 부서여서, 열심히 일하고도 좋은 평가를 받기 어렵다고 토로하는 여성 기자들도 있다.

"입사 때는 남자 동기들에 비해 뒤처진다고 생각해 본 적이 없었는데, 이제 자꾸 그런 생각이 들어요. 남자 동기들은 법조도 나가고 국회도 나가고 훨훨 나는데 저는 이러다가 승진이나 할까요?"

이 때문에 '유리천장 깨기'도 그렇게나 힘들었던 것 아닐까. 키우지도 않은 사람이 어떻게 갑자기 나타날 수 있겠는가. 보직을 맡기려 해도 마땅한 여성 기자가 없다는 것은 구차한 변명일 뿐이다.

하지만, 이제는 달라졌다. 이 글을 쓰기 불과 며칠 전에 한 지상파 메인 뉴스를 보면서 신선한 충격을 받았다. 뉴스의 문을 여는 앵커도 여성, 톱뉴스를 전하는 특파원도 여성, 직후의 또 다른 특파원도 여성, 그 뒤를 잇는 다른 지역의 특파원도 여성, 이를 다시 스튜디오에서 전하는 기자도 여성이었다. 그 뉴스는 한참 동안 그렇게 이어졌다. 조금도 어색하지 않게, 조금도 주저함 없이!

피의자나 정치인은 물론 멀리 미국 관리들에게도 거침없이 마이크를 들이대는 여성 기자들의 모습은 뉴스 화면에서 다반사가 되었다. 여성 기자들은 재난 보도 현장도 '접수'했다. 비바람에 머리카락이 날리고 몸이 휘청거리면서도 중계차로 생생한 특보를 전하는 '보도 투혼'이 화제를 뿌리곤 한다.

이만큼이라도 진전된 건 '숫자의 힘'이 아닐까? 허울뿐이던 출산휴가와 육아휴직의 신청자가 당당하게 늘고, 회식 문화가 달라지고, 성희롱에 대한 대응이 벼려진 것에는 물론 시대의 변화가 작지 않은 역할을 했다.

진작에 그랬어야 했다. 기회는 균등하게, 과정은 공정하게. 딱 그렇게만 하면 된다.

메인 앵커 시대를 열다

TV 뉴스 화면의 두드러진 변화는 앵커석에서도 느껴진다. 우리가 익숙한 뉴스 진행의 남녀 앵커 구도는 남성 앵커는 기자 출신, 여성 앵커는 아나운서 출신이다. 앵커 시스템이 도입된 1970년대부터 남성 기자는 일찌감치 앵커로 기용되었지만, 여성 기자의 앵커석 진출은 한참이나 늦었다. 전복수 KBS 기자가 1983년에 마감 뉴스인 〈보도본부 24〉를 남성 앵커와 공동 진행한 것이 처음이었다. 이후로도 간헐적 시도가 이어졌지만, 뉴스 화면의 견고한 틀을 바꿀 정도는 못 되었다.

이른바 3대 공식, '남오여삼'(50대 남성과 30대 여성), '남중여경'(남성은 무게 있는 뉴스, 여성은 가벼운 뉴스), '남선여후'(남성이 먼저, 여성은 나중에)도 불문율처럼 지켜져 왔다. 남성 앵커는 뉴스 취재와 보도의 경험, 연륜을 기준으로 발탁하는 데 비해, 여성 앵커는 젊음과 외모에 비중을 두고 선발하는 경우가 많았다. 그러다 보니 남녀 앵커의 뉴스 진행 분량이 많게는 3~4배까지 차이가 나기도 하고, 아이템의 성격도 달랐다.

이런 TV 뉴스 앵커의 성별 구도는 당연히 불편했다. 왜곡된 성 역할을 보여 준다는 비판과 지적이 줄곧 이어졌다. 남성이 주도적 역할에 전문성을 갖고 주요 이슈를 다루는 데 비해, 여성은 보조적 역할을 수행하며 상대적으로 가벼운 연성 뉴스를 전달했기 때문이다. 여성 앵커의 존재감이 지나치게 외모에 치우친다는 비판과 함께 '성적 대상화'를 우려하는 목소리도 컸다.

앵커석에 앉았던 어느 여성 기자는 이런 경험담도 털어놓았다.

"마감 뉴스 진행을 맡기면서 고위 간부가 한 말이 기가 막혔어요. '일본에서 마감 뉴스 앵커는 모두 여자다. 왜 그런지 아냐? 힘든 하루 일과를 마치고 퇴근한 남자들이 섹시한 여성 앵커가 진행하는 뉴스를 보면 피로가 싹 풀리잖아' 이러더군요."

지금의 감수성으로는 도저히 받아들일 수 없는 상황이지만, 그땐 그랬다.

내가 메인 뉴스 여성 앵커로 발탁되었던 1994년에도 경쟁사 메인 뉴스 여성 앵커는 모두 아나운서 출신이었다. 여성 기자가 메인 뉴스 여성 앵커석에 앉은 것은 처음이었다. SBS가 시도한 일종의 차별화 전략이었다. 여기자 앵커에 대한 기대감 때문인지, '덕담'에는 바버라 월터스가 빠지지 않았다. 미국의 백전노장 여

〈SBS 8 뉴스〉 '여기는 평양'을 진행하는 한수진 앵커 (제공: SBS).

성 앵커처럼 카리스마를 보여 달라는 주문이었다.

첫 방송이 어땠는지 솔직히 전혀 기억나지 않는다. 아마도 잘 하지 못했기 때문일 것이다. 지금처럼 여성 앵커 분량이 많지도 않았고, 앵커 프레젠테이션 같은 것도 없었다. 그저 앵커석에 앉아 카메라를 정면으로 응시한 채 짧은 앵커 멘트를 전하는 단출한 구성이었는데도 말이다.

다만 '강한 인상'을 시청자에게 남기는 데 완전히 실패하지는 않았던 것 같다. 중저음 목소리와 씩씩한 말투 덕을 많이 봤다. 선천적 목소리에 수습 때부터 남성 기자 선배들의 '리포트 읽기'를 교본 삼아 연습해 온 영향인지, 기존의 여성 앵커들과 조금 다르다는 인상을 시청자들이 받은 듯했다.

메인 뉴스 앵커 자리에서 내려온 것은 첫 방송을 시작한 지 8년 만이었다. 그사이에 남성 앵커석은 5명이 오고 갔다. 딱 중간 시점인 4년 차에 결혼을 했고, '최장수 앵커'라는 타이틀도 달았다. 장수라는 말과 어울리지 않는 만 33세의 나이에 말이다.

나의 메인 뉴스 도전기는 '절반도 안 되는 성공'이었다. 여성 기자를 메인 뉴스 앵커로 기용하고, 앵커 리포트나 인터뷰, 해외취재 코너 등을 통해 여성 앵커의 존재감을 부각시키려고 한 시도 자체는 의미가 있었다. 하지만 경력 4년 차 여성 기자에게 바버라 월터스와 같은 카리스마와 촌철살인의 논평을 기대한 것은 애초에 무리였다.

성공과 변화, 그리고 의미 있는 진전은 속속 등장한 발군의 여기자 앵커들 덕분에 이루어졌다. 지상파뿐 아니라 YTN과 연합뉴스TV 등 보도채널과 종합편성채널에서도 여성 기자들은 앵커는 물론 토론 진행자로도 활약하면서 영역을 넓히고 시도를 더해 왔다.

KBS 이소정 앵커는 이런 흐름에 정점을 찍었다. 40대의 17년 차 기자인 여성 앵커가 메인 진행을 맡고 남성 아나운서가 서브 진행을 맡아, 기존의 남녀 앵커 구도를 완전히 뒤집었다. MBN 김주하 앵커의 고군분투에 이어 이른바 3대 공식의 구태를 보기 좋게 깼다. 더 이상 남녀의 성별이 메인 앵커석의 선발 기준이 될 수 없음을 분명히 보여 준 것은 방송계뿐 아니라 우리 사회에 적지 않은 영향을 미칠 것이다.

〈KBS 뉴스 9〉을 진행하는 이소정 앵커 (제공: KBS).

이제 곳곳에 포진한 많은 여성 앵커들을 향해 이런 소망을 가져본다. 바버라 월터스 같은 '노익장 앵커'가 될 때까지 뉴스룸을 떠나지 말았으면 하는 바람이다. 월터스가 은퇴한 2014년, 그의 나이는 85세였다.

아직도 갈 길은 멀지만 …

우리 사회 대부분의 분야에서 그렇듯이, 성역할의 고정관념과 편견을 깨고 유리천장을 뚫는 것은 언론계에서도 오랜 숙제였다. 신문사 편집국이든, 방송사 보도국이든 여기자들이 짊어진 현실은 크게 다르지 않았다.

여성 기자들의 치열한 분투는 의미 있는 성과들을 이끌어 냈지만, 아직 끝나지 않았다. 여전히 갈 길은 멀다. 신문사 여성 편집국장은 이미 2005년에 나왔지만, 방송사 여성 보도국장은 아직 무소식이다. 편집회의 성비도 균형점을 찾기엔 한참 멀었다. '비정상의 정상화'는 만시지탄 속에서도 남은 여정이 구만리다.

물론 위안은 있다. 힘겹게 걸어왔던 비포장의 험로에서는 이제 좀 벗어났다. 여성 기자들의 힘도 커졌고, 기반과 위상도 괄목상대했다. 이제는 포장된 도로를, 괜찮은 엔진이 달린 자동차로 달릴 수 있다.

그 자동차를 타고 가야 할 다른 길도 생겼다. 이를테면 최근 과도할 정도로 표출되는 '젠더 갈등'의 완화에도 여성 기자의 활약이 좀 더 요구되지 않을까? 시대의 뒤틀림이 여러 갈래로 흐르고 튄 끝에 남녀의 접점에서 너무 뜨겁게 불붙은 비정상, 그 비정상의 정상화에도 여성 기자의 역할은 작지 않을 것이다.

갈등은 비단 젠더에만 머물지 않는다. 우리 사회가 이렇게 갈라지고 찢어진 적이 있었나 싶다. 다들 보고 싶은 것만 보고, 듣고 싶은 것만 듣는다. 그리고 자신들이 듣고 보는 극단의 지역으로만 모여든다. 이를 완화하고 치유하는 것이 언론의 가장 중요한 사명일 텐데, 그 사명의 효력은 최근 우려스러울 정도로 약화되고 있다.

우리의 미래가 걱정될 만큼 심각해지는 찢어짐과 갈라짐. 그 대응과 해법 제시에 남녀가 따로 있을 리 없지만 소수이자 약자의 험로를 오랫동안 걸어온 여성 기자들이기에 그 역할은 사뭇 더 특별하다.

그렇다. 갈 길은 멀다. 그래도 손 맞잡고 기대어 함께 간다면, 그 길은 조금씩 더 가까워질 것이다.

제목에는 남성과 여성이 없다.
오직 독자만 있을 뿐

박미정 (조선일보 편집부 차장)

할퀸 날

2011년 7월 27일. 그날은 아침부터 비가 심상치 않았다. 104년 만에 닥친 물난리였다. 편집부에 100장 넘는 사진이 쏟아졌다. 머리가 아팠다. 이 사진은 낮부터 나온 사진이고, 저 사진은 산만했다. TV를 보니 끊임없이 새로운 장면이 나왔다.

마치 방송이 신문을 약 올리는 것 같았다.

"신문은 어쩔 수 없어. 내일 아침 신문에 너희는 우리가 했던 이야기를 도리 없이 반복해야 할 거야."

강판 한 시간 전, 밤 8시. 사진부에서 다른 사진을 가져왔다. 무인 헬기를 동원해 찍은 우면산이었다. 폭우가 위에서 아래로 할퀴어 내린 우면산은 처참했다.

사진부 선배가 물었다.

"어때?"

나는 심드렁하게 대답했다.

"앵글은 좋은데, 물이 없잖아요, 물."

이 말을 내뱉으면서, 다시 한 번 그 사진을 들여다보았다.

"아, 물 없이 물을 말할 수도 있겠네."

데스크는 그 사진을 1면에 배치할 것을 지시했다. 그런데 1면 광고가 평소와 다른 변형 광고였다. 지면에 그 사진을 크게 싣는 것은 불가능했다. 가로 제목을 사진과 함께 배치했더니 사진이 훼손되고 효과가 반감되었다. 데스크가 말했다.

"무조건 크게 쓸 생각을 하지 말고, 폭우가 산을 할퀸 느낌이 나도록 세로로 생각해 봐라!"

머리를 한 대 얻어맞은 듯했다. 내친김에 제목도 세로로 배치했다. 이렇게 해서 나온 지면이 조선일보 2011년 7월 28일 자 1면 '서울을 할퀴다'였다.

사진부가 찍은 그 사진은 신문 1면에 최초로 쓴 드론 사진인 셈이었다. 당시는 무인 헬기를 띄워 신문 사진을 찍는다는 것은 생각조차 못 했던 시절이었다. 물 없이 물을 보여 주는 역발상 사진과 가로짜기 편집 시대에 세로 제목이라는 파격적인 레이아웃, 발상의 전환으로 광고의 불리함을 극복한 편집이었다. 기사와 사진, 제목은 그렇게 하나가 되었다.

그날 나는 편집기자 생활을 시작하고 처음으로 한 번도 설치지 않고 달게 잠을 잤다. 다시 그 순간으로 돌아가도 그렇게 판단하고 만들 수 없을 것 같다. 무언가에 홀린 것처럼 보냈던 날이었다.

서초구 우면산 산사태 기사가 실린 조선일보 1면 (2011. 7. 28, 제공: 조선일보).

정곡을 찔러라

돌이켜 보면 어떤 지면을 편집하든 시작은 늘 간단하고 명료했다. '독자의 시선을 붙들어라.' 목표는 오직 그것 하나였다. 수많은 선배들이 이야기해 온 신문 편집의 제1 원칙. 독자들이 신문을 넘길 때 시선을 주는 시간은 단 2초에 불과하다. 그 2초 안에 시선을 잡아끌어야 한다는 것은, 사실상 불가능했다. 내게 그것은 오를 수 없는 산과 같았다.

사람들은 "취재기자는 역사를 기록하고, 편집기자는 역사를 연출한다"고 말한다. 스티븐 킹은 "글쓰기는 인간의 일이고, 편집은 신의 일이다"라는 말을 남겼다. 가슴을 치는 제목, 여운이 남는 사진과 그래픽으로 한 장의 지면은 완성된다. 그래서 신문 편집기자는 '신문의 꽃'이자 '지면의 감독'이다.

대부분의 직업이 그러했듯이, 한때 신문 편집은 남성들의 영역이었다. 특히 1면이나 정치면 종합면은 더했다. 물론 여성 기자의 수가 상대적으로 적었기에, 기회도 적을 수밖에 없었다. 선배들은 웃으며 "아니, 시키고 싶어도 시킬 여기자가 있어야지"라고 말했다. 그 말도 틀린 말은 아니었다.

가끔 여성 수습기자들이 들어오면 주로 문화면이나 섹션지면 등 가벼운 연성 뉴스 지면을 맡기는 것이 당연한 일이었다. 정치면을 맡은 선배가 우는 일도 있었고, "내가 왜 야근해야 하냐"며 화낸 후배도 있었다. 처음엔 나도 울고 싶었다. 조용히 적당한 지면을 적당하게 편집하며 적당하게 살고 싶었다.

그런데 하루는 어떤 선배가 "여자들은 종합면을 하기 싫어해. 시키면 도망간다니까"라고 말했다. 나 들으라고 하는 말인가 싶어 그 얘기를 듣고 나서는 '맡기는 대로 하겠다'는 오기 비슷한 것이 생겼다. 스포츠면은 남자만 하는 것도, 야구 규칙을 모르면 못하는 것도 아니었다. 오히려 스포츠를, 경제를, 정치를 잘 몰라 더 자유롭게 덤빌 수 있었다.

신문 제목에는 성(性)이 없다

신문 제목에는 성(性)이 없다. 남성도 여성도 없다. 오직 독자만 있을 뿐이다. 여성 편집기자들은 보이지 않는 벽과 편견을 깼다. 주요 일간지의 눈에 띄는 변화는 2010년에 시작되었다. 2010년 세계일보 종합부장에 정미채 부장이 임명되었다. 중앙 일간지 최초의 여성 편집부장이었다. 편집국장은 퇴근할 수 있어도 편집부장은 퇴근할 수 없다.

신문의 시작과 끝을 책임지는 편집부장 자리에 정미채 부장을 임명하면서 세계일보는 변화의 맨 앞줄에 서게 되었다. 정 부장은 "여자부장이라서 특별한 것은 없었다. 위축되지 않고 하던 대로 했다. 후배들에게도 하던 대로 하면 된다고 말해 주고 싶다"고 했다.

정미채 부장의 발탁을 필두로 일간지 종합면, 사회면, 체육면 등 주요 지면 편집을 여성 기자가 맡게 되었다. 서울신문은 2013년 이경숙 부장을 시작으로 권혜정 부장과 김은정 부장까지 종합부장에 여성을 세 번 임명했다.

1면은 엄정한 제목과 제목이 만나 날카로운 칼처럼 싸우는 공간이다. 그런 지면을 여성 기자에게 맡긴다는 것은 일종의 모험이기도 했다. "여성 기자는 약해. 부드러운 제목만 잘 달지", "여성 기자가 국제뉴스와 정치뉴스를 알겠어?"라는 왜곡된 인식이 있었다. 정미채·이경숙·권혜정·김은정 부장은 이런 편견을 깨고 오히려 여성 편집기자는 섬세하고 꼼꼼하게 강한 지면을 더 강하게 만든다는 사실을 증명해 냈다.

혼자 하는 편집은 없다

개인적으로 한국여성기자협회와 특별한 인연이 있다. 2009년 '올해의 여기자상' 수상자로 선정되었다. 편집기자는 그 전에 받은 적이 없었다고 한다. 그때 나는 종합 1면을 맡고 있었다. 2009년 연쇄살인범 강호순의 얼굴을 최초로 공개한 지면으로 그 상을 받게 되었다.

시작은 아주 단순했다. 정의감이라고 말하기엔 거창하다. '이건 아니다'라는 평소의 생각이었다. 살인범의 얼굴을 가려 주는 세상에, 언론에 의문이 들었다. '왜 가려 주지?', '왜 모자이크를 하는 거지?'라는 의문에서 출발해서, 살인범의 얼굴을 공개한 지면을 만들 수 있었다.

　돌아보면 그것도 나 혼자 오롯이 한 것이 아니다. 강호순의 사진을 입수한 수습기자, 그 사진을 1면에 쓰자고 말한 나, 밀어준 편집부장, 믿어 준 편집국장. 그 모든 것이 맞아떨어져, 살인범의 얼굴을 최초로 공개한 지면이 나오게 되었다. "비판 정신이 살아 있는 강한 지면을 선보여 여성 편집자에 대한 편견을 말끔히 씻어 냈다"는 평가를 받았는데 사실 고개를 들 수 없을 정도로 쑥스러웠다. 모두가 도와주었기에 그 지면이 나왔음을 알고 있기 때문이다.

　혼자 하는 편집은 없었다. 혼자 잘해서 잘 나오는 지면도 없었다. 지금 데스크가 된 나는 그때의 나를 돌아보며, 누군가에게 그런 도움을 주고 싶다.

카오스의 시대, 코스모스를 만드는 편집

여성 편집기자들의 도전은 이제 더 이상 뉴스가 아니다. 2021년 10월 현재 종합 일간지에서는 서울신문 김은정 부장, 경제지에서는 파이낸셜뉴스 김정순 부장이 종합부장으로 활약하고 있다. 일간지 중 여성 편집기자 비중이 가장 높은 곳은 서울신문이며 편집부 24명 중 11명이 여성 편집기자다. 파이낸셜뉴스도 여성 편집기자의 비중이 높다. 편집기자 14명 중 10명이 여성이다.

　누군가 그랬던가? 편집은 커피와 같다고. 강하면서도 부드러운 맛. 에스프레소 같은 편집은 여성 기자들이 더 잘 해낼 수 있는 부분일 것이다. 팩트를 넘어 임팩트가 있는 지면을 위해 오늘도 편집기자들은 마감시간과 싸우고 있다.

당신, 사진기자라서 멋져

이태경 (조선일보 사진부 기자)

2006년 초에 입사했다. 입사 후 처음 취재 차량에 올라탔을 때였다. 사진부 막내였던 나와 동행했던 차량과 '형님'은 차량과에서 최고참인 분이었다. 당시 내 경력이 1일이었다면 그분은 20년 이상의 경력을 가지고 있었다. 나를 처음 본 그의 입에서 나온 첫마디는 형식적 인사도 아니고 목적지가 어디인지 묻는 질문도 아닌 "여자가 무슨 사진기자야? 얼마나 고생하려고. 곱게 있다가 시집이나 가지"였다.

그 말을 듣고 처음에는 '뭐 이런 사람이 다 있나?' 했다. '싸우자는 건가? 아무리 자기가 이 회사를 오래 다녔고 내가 어리고 만만하다고 해도, 초면에 이게 무슨 실례지?'라는 생각이 들었다. 기분이 몹시 언짢았다. 이 회사에서 여성 사진기자가 내가 처음인 것도 아닌데, 여자가 무슨 사진기자냐니. 게다가 지금은 2000년 대란 말이다. 내가 지금 여기서 이런 소리를 들어야 하나 싶을 수밖에. 이 일이 애초에 만만치 않을 것이라고 예상은 했다. 그런데 이런 식일 줄은 몰랐다.

　그때 나는 이런 다짐을 했다. '내가 이 회사에 다닌 첫 여성 사진기자는 아니지만 이 회사를 제대로 오래 다닌 첫 번째 여성 사진기자가 되어야겠다'고 말이다. 성별을 떠나 그냥 나 자신을 증명해 보이고 싶었다.

회사생활을 시작한 지 얼마 지나지 않아 그분이 왜 그런 말을 했는지 금방 이해할 수 있게 되었다. 카메라는 무겁고 현장은 거칠었다. 수십 년을 사진기자들과 함께 취재현장을 누비며 사진기자들의 생활을 지켜본 그분은 나름대로 나를 걱정했던 것이다.

　사진기자 일을 시작하고 내게 주어지는 일정이 모두 녹록지 않았다. 입사 3년 차쯤 되던 2008년 여름에는 매일 밤 집회가 열렸다. 집회에서는 하룻밤 사이에도 격렬한 몸싸움이 몇 번이고 계속되었다. 해 뜰 무렵에야 집회에 참가한 사람들은 집으로 돌아갔다. 막내였던 나는 밤새 시위 장소를 지키다가 아침 근무자가 나오면 교대하는 날이 많았다. 동료 기자가 눈앞에서 시위대에게 폭행당하는 일도 종종 있었다. 분노한 시위대에게 카메라를 빼앗길 뻔하기도 하고, 현장에서 몸싸움 도중 카메라를 떨어뜨려 장비가 고장 난 일도 있다.

　이뿐만 아니라 해마다 여름이면 수해가 나 시골 마을이 송두리째 사라지기도 하고, 아파트 단지에 진흙이 쏟아져 내리기도 했다. 하루아침에 사랑하는 사람들을 잃고 슬픔에 가득 찬 사람들을 만나야 했고, 끔찍한 일을 저지른 사람들을 밤낮없이 쫓아다니기도 했다.

어느 하나도 쉬운 일이 없었다. 그렇지만 그 누가 말려도 계속 사진기자이고 싶었다. 고생길이라 해도 좋았다. 사실 고생은 했지만 사진 찍는 일이 좋았고 보람도 있었다. 그렇게 만 15년이 지났다.

사진기자는 여자라서 못 할 일이 절대 아니다. 남자 사진기자들도 입사 후 일이 성격에 맞지 않으면 금방 포기하고 그만두었다. 매일 들고 다녀야 하는 장비의 무게가 상당하고 한순간의 사진을 찍기 위해 추우나 더우나 실외에서 대기하며 보내야 하는 시간도 많다. 힘든 일임에 분명하다. 그러니 남성 위주로 뽑았을 것이 분명하다. 여자가 할 수 있는 일인지 아닌지 확인할 기회조차 없던 시절이 있었지만 이제는 아니다.

그리고 모두가 의외라 생각할 부분이 있다. 남성이 대부분인 사진기자 세계는 소수인 여성에게 배타적이거나 보수적이지 않다는 사실이다. 물론 나는 1세대 여성 사진기자가 아니다. 그 시절 상황은 내가 겪어 보지 못해서 처음부터 사진기자 사회가 이런 분위기였는지는 모른다. 추측하건대 대부분의 영역에서 남성이 주류인 분야에 첫발을 내디딘 여성의 삶은 편할 리 없었을 것이다.

하지만 내가 입사했을 때는 이미 좋은 사진을 찍으면 그 사람이 누구든 인정하고 칭찬하는 분위기가 사진기자들 간에 자리 잡혀 있었다. 사진기자들은 소속 회사를 떠나 서로 동료애가 두텁기로 유명하다. 온갖 사건사고와 재난, 시위 현장 등에서 함께 고생하면서 동고동락하니 자연스럽게 우애가 돈독해진다. 같이 일하면서 성별을 초월한 동료의식이 생기는 것이다.

입사 초기부터 사진기자 사회에는 일반 기업이나 우리 사회 전반의 분위기보다 앞서가는 생각을 가진 사람들이 많다고 느꼈다. 막내 시절 사진부장은 나에게 늘 이렇게 말했었다. "우리는 여자도 남자도 아니고 다 같은 기자야." 그렇게 나는 늘 나로서, 그냥 한 명의 사진기자로서 살아갔다.

여성 사진기자가 적었기 때문에 불편한 일은 있었다. 회사에 여성 사진기자는 혼자였기 때문에 남성 부원들이 대부분인 타 부서 기자들과 함께 출장을 갈 때는 남성 사진기자가 함께 가면 숙소를 공유해 출장비를 아낄 수도 있다는 이유를 들어 나와의 동행을 꺼리는 사람도 있었다.

비슷한 일로 2010년 11월 광저우 아시안 게임을 가게 되었을 때 기억이 떠오른다. 같이 출장길에 오른 스포츠부 인원이 예정보다 한 명 추가되어 그쪽 숙소가 부족한 상황이 되었다. 그 부서 남자 후배와 대회기간 동안 내 숙소를 공유하라는 의견이 나왔다. 나는 그 제안이 상식적인 판단이 아니라고 생각해서 "회사의 결정에 따르겠다"며 일단 사진부장에게 보고해 답을 듣겠다고 했다. 그러자 그 말을 꺼낸 선배가 얼굴을 붉히며 "해외 종합경기 출장까지 와서 여자 대접을 받으려고 하냐"고 했다. "우리는 여자, 남자를 떠나 기자"라는 말이 이럴 때 쓰라고 만든 말이었던가. 남성 기자들끼

2021년에 열린 도쿄 올림픽에서 수영 경기를 취재하는 이태경 기자 (제공: 이태경).

리만 왔으면 편했을 텐데 여성 기자가 동행하는 바람에 상황이 성가시게 되었다는 식이었다.

광저우 아시안 게임으로부터 10여 년이 지난 지금, 2021년 7월 나는 올림픽 취재를 위해 일본 도쿄에 와 있다. 여전히 여성 사진기자는 소수이지만 이제 여성 사진기자와 동행한다고 해서 성가시게 생각하는 동료는 없다. 그것이 당연한 일이지만, 세상일이란 꼭 당연하게 흘러가지는 않는다. 이렇게 변할 수 있었던 것은 과거부터 오늘날까지 활동한 여성 사진기자들이 현장에서 좋은 성과를 내며 입지를 견고히 다져 왔기 때문이라고 생각한다. 사진기자에게 필요한 덕목이 '성별이 남성일 것'은 아니기 때문이다.

2021년 현재 한국사진기자협회 회원사 사진기자는 모두 496명이다. 그중 여성 사진기자는 32명으로 비율로 따지면 전체의 7%

가 채 안 된다. 일간지에서는 조선일보 사진부 17명 중 1명, 중앙일보 사진부 13명 중 1명, 서울신문 사진부 8명 중 1명, 한겨레 사진부 16명 중 4명의 여성 사진기자가 있다. 통신사에서는 연합뉴스 사진부 3명, 뉴시스 사진부 3명, 뉴스 1 사진부 3명의 여성 사진기자 동료들이 있다. 아직도 낮은 비율이다.

과거엔 입사시험에서 1등을 해도 여성이면 거르고 성적이 좋지 않은 남성을 뽑는 경우도 있었다고 한다. 요즘엔 그렇지 않다. 수습 사진기자를 성적순으로 선발하는 분위기가 전반적으로 자리 잡히고 있다. 최근에도 한 일간지에서 수습기자를 채용했는데, 성적순으로 선발하여 여성 합격자가 나왔다는 소식을 들었다. 곧 그 합격자를 현장에서 만날 수 있을 것이다. 나는 앞으로도 이런 채용 추세가 지속되리라고 예상한다. 그리고 현장에서 더욱더 많은 여성 사진기자 동료들과 함께 일할 수 있으리라고 믿는다.

기자사회를 들여다보면 여성 캡도 있고, 여성 취재부서 부장도 있고, 여성 편집국장도 있다. 현재 연차상으로 부장을 할 만한 여성 사진기자가 없는 상황이지만 머지않아 주변에서 여성 사진부장도 탄생할 것이다.

세상은 빠르게 변해 가지만 사진기자들의 현장은 언제나 변함이 없다. 카메라는 여전히 무겁고 현장은 여전히 거칠다. 하지만 입사 초기와 지금이 크게 달라진 게 하나 있다. 요즘에는 '여자가 사진기자라서 힘들겠다'는 걱정의 말보다 '사진기자라서 멋지다'는 응원의 말을 더 자주 듣는다는 것이다.

아름답다, 몸을 마음대로 움직인다는 것

최수현 (조선일보 스포츠부 기자)

내가 기자 경력 16년 중 거의 절반을 스포츠 기자로 살았다는 것을 학창 시절 친구들은 좀처럼 믿지 않는다. 어릴 때부터 나는 어딜 가나 달리기를 가장 못하는 아이였다. 100m를 무려 25초에 주파했다. 시간표에 체육이 들어 있는 날이면 학교 가기가 괴로웠다. 고등학교 졸업할 때 눈물 나게 기뻤다. 더 이상 내 인생에 체육시간도, 운동회도, 계주도 없을 것이므로.

그랬던 내가 어찌된 영문인지 날마다 체육대회를 주제로 글 쓰고 사람 만나며 산다. 경외심과 호기심을 품고 일한다. 몸을 마음먹은 대로 움직이는 것은 어떤 기분일까. 한 치의 오차도 없이 단련해 세계 최고의 기술을 갖는 것이 어떻게 가능할까. 인생에서 가장 중요한 무대에 올라 긴장감과 부담감이 온몸을 조여 올 때 무슨 수를 써야 하는가.

한편으로는 아쉽다. 몸과 마음의 주인이 되는 법, 규칙을 따르고 결과를 받아들이는 법, 다른 사람들과 협력하고 소통하는 법,

오래 공들여 최선의 성과를 이루어 내는 법을 어릴 때 익혔다면 삶이 얼마나 풍성해졌을까. 왜 여자아이에게는 스포츠의 중요성을 강조하지 않는가. 그나저나, 왜 내게는 아무도 잘 달리는 법을 가르쳐 주지 않았던 것일까.

2006년 입사할 때 남성 동기가 8명이었고, 여성은 나까지 4명이었다. 2011년 스포츠부에 가 보니 남자 10명에 여자는 나뿐이었다. 당시 편집국에서 유일하게 여성 기자가 한 명도 없던 부서가 스포츠부였다. 5년쯤 그렇게 지낸 뒤 다른 부서를 거쳐 연수 다녀와서 2019년 스포츠부에 돌아갔다. 놀랍게도 여성 기자가 나까지 3명이나 되었다. 여자 후배 2명이 자리 잡고 있는 스포츠부에 다시 가려니 뭔가 울컥했다. 그들의 존재만으로 자신감 비슷한 것이 솟았다.

2011년에 스포츠부로 처음 발령받았을 때 주변에서 "어떡하니?"라는 걱정이 쏟아졌다. 8년 사이에 세상이 얼마나 바뀌었는지, 두 번째 발령 때는 다들 자연스럽게 받아들였다. 애초에 스포츠와 머나먼 인생을 살아왔다. 기자가 되고 나서야 신문 스포츠면에 '인간극장' 스타일의 기사가 생각보다 많다는 것을 발견했다. 부상, 역경, 가족, 피, 땀, 눈물…. 어쩌면 이런 기사를 잘 쓸 수 있을지도 모른다는 무모한 생각을 품고 미지의 부서에 발을 들여놓았다.

기초지식도 부족하고 공 한 번 제대로 만져 본 적도 없으니 초반에는 고생했다. 발령받은 첫날 부장님은 "골프 칠 줄 알아야 골프 기사 쓸 수 있다"고 강조했다. 다음 날부터 새벽 6시에 일어나 숙제하듯 레슨 받고 출근했고, 거의 매일 야근했다. 용어와 규칙조차 생소해서 '나머지 공부' 시간이 무한정으로 걸렸다.

현장에 가면 예외적 존재이자 이방인이 된 듯한 기분이 들었다. 지나치게 친절한 대접을 받거나, 알게 모르게 겉돌기도 했다. 당시 목표는 하루라도 빨리 기본기를 갖추어 온전히 한 사람 몫을 해내는 것뿐이었다. 평균 또는 표준에 도달하는 것이 시급하고 벅찬 과제였다.

스포츠는 예나 지금이나, 국내든 해외든 남자들 세상이다. 유리벽이 견고하다. 기사에 등장하는 사람, 기사를 생산하고 소비하는 사람의 절대다수가 남성이다. 여자팀 감독을 여성이 맡는 일조차 흔하지 않다. 언론계에서도 스포츠부는 여성 기자를 찾아보기 가장 어려운 부서 중 하나였다. 스포츠가 취향의 영역이고, 여성 지원자가 상대적으로 적은 것도 사실이지만, 소수의 여성이 단단히 뿌리내리기가 쉽지 않은 환경이기도 하다.

1994년 KBS에 입사한 이유진 기자는 초창기 깊은 인상을 남긴 대표적 여성 스포츠 기자 중 한 명이다. 2002 한일 월드컵 당시 거스 히딩크 축구 국가대표팀 감독을 전담하여 취재했고, 스포츠 뉴스 진행에도 나서 많은 시청자들이 여전히 기억한다. 입사 20여 년 만인 2015년에 KBS 보도본부 스포츠국 스포츠취재부장을 맡았다.

1994년은 KBS가 스포츠 전문기자를 따로 선발한 첫해였다. 스포츠를 좋아했던 이유진 기자는 남자 동기 3명과 함께 유일한 여성으로 입사했다. 다음 여자 후배가 들어오기까지 7년이 걸렸다고 한다. 중학교 시절을 페루에서 보낸 이유진 기자는 탁월한 영어와 스페인어 실력을 갖춰 굵직한 취재와 인터뷰를 줄줄이 해냈다.

지금이야 여성이 스포츠 프로그램 진행하는 것을 당연하게 여기지만, 그때는 달랐다. 이유진 기자는 "TV에 나오는 여성 방송 기자 자체가 드물던 시절이었죠. 스포츠 뉴스에 여성 기자가 등장하니 신기하게 보는 사람이 많아서 인지도가 높아졌어요"라고 했다. "선수들이나 외부 취재원들은 우호적이었어요. 오히려 내부 차별에 제가 좀 분노했죠. 재미있고 관심 높은 종목은 남성 기자들이 담당하고, 저에게는 비중이 덜한 아마추어 종목 같은 것을 맡기려 하더라고요." 데스크에게 적극적으로 의견을 밝혔고 때로는 항의도 했다. 쉴 새 없이 현장을 누비며 열정과 실력을 증명하면서 취재영역을 넓혀 나갔다.

"2002 월드컵은 스포츠 기자로서 가장 기억에 남는 취재입니다. 특히 축구 담당 여성 기자가 극히 드물었던 그 시절, 역사의 현장에서 4강의 주역들을 취재, 보도할 수 있어 영광이었습니다." 이유진 기자는 히딩크가 처음 대표팀 감독에 선임되었을 때부터 한국을 떠날 때까지 줄곧 그의 취재를 전담했다. "히딩크 감독은 학연과 지연을 떠나 실력으로만 평가하는 외국인 지도자였죠. 특종까지는 아니지만, 기사 쓸 만한 정보도 저에게 좀 주셨고요. 네덜란드에서 온 코칭스태프들과도 친분을 쌓아서 좋았던 기억이 많아요." 축구 슈퍼스타 디에고 마라도나가 방한했을 때는 스페인어로 그를 단독 인터뷰했다. "외신에서 숱하게 보도했던 그대로였어요. 정말 기인(奇人)이고 천재였어요."

한국체육기자연맹 회원 통계에 따르면, 1990년 전체 체육기자 회원 147명 중 여성은 1명이었다. 여성 회원은 1998년 14명(전체 회원 중 5.2%), 2008년 21명(8.7%), 2012년 38명(13.5%), 2018년 42명(14.3%)까지 늘었다. 이들은 스포츠에 대한 깊은 지식과 독특한 시각, 외국어 실력, 친화력과 열정으로 무장하고 현장을 종횡무진한다. 스포츠를 즐기는 여성 팬이 과거보다 늘었고, 세계적인 여성 스포츠 스타들이 한국에서 탄생한 것도 영향을 미쳤다.
　초창기엔 여성 기자를 의도적으로 기피하는 감독이나 취재원도 있었지만, 이제 더 이상 여성 기자는 스포츠 현장에서 신기한 존재가 아니다. 그러나 여성 스포츠 기자 수와 비율은 거의 10년째 정체 상태다. 2020년 기준 체육기자연맹 회원 266명 중 여성은 37명(13.9%). 회원사 32곳 중 12곳에는 여성 스포츠 기자가 없었다.
　스포츠 기자는 남들이 일 끝내고 퇴근할 때 본격적으로 일한다. 취재원과 함께하는 술자리는 경기가 끝난 밤 11시가 넘어 시작되기도 한다. 중요한 경기는 주말에 몰려 있고, 올림픽이나 월드컵 같은 큰 행사가 열리면 2~3주 내내 밤늦도록 야근한다. 아이 키우는 여성이 특히 버티어 내기 어려운 조건이다.
　그럼에도 스포츠부장, 야구팀장, 골프팀장 등 데스크나 주요 보직을 맡는 여성 스포츠 기자가 속속 등장하고 있다. 운동과 체력단련의 중요성을 절감하고 푹 빠진 여성들, 여학생 학교체육 같은 이슈를 관심 있게 다루는 여성 기자들도 있다.

미국에서도 여성 스포츠 기자들이 남성 기자들과 동등한 취재 권한을 얻기 위해 소송까지 벌여야 했다. 1977년 멜리사 러트케 스포츠 일러스트레이티드 기자가 미 프로야구 메이저리그와 법적 다툼을 벌인 끝에 이듬해부터 여성 기자들이 라커룸 안으로 들어가 선수들을 취재할 수 있게 되었다.

1987년에는 미국에 여성스포츠언론인연합(AWSM)이 설립되었다. 홈페이지에 따르면 이 단체는 네트워킹과 멘토링을 통해 스포츠 미디어의 다양성을 향상시키는 활동을 해 왔다. 스포츠 미디어에 종사하는 여성과 남성, 관련 직업을 희망하는 학생 등 회원이 천여 명을 넘는다고 한다.

여성 스포츠 기자들은 이제 표준을 따라잡는 데 급급하지 않다. 자기만의 시각이나 문체, 취재방식을 눈치 보지 않고 밀어붙일 수 있는 여건이 어느 정도 갖추어졌다. 다양한 주제와 고유한 시각을 앞세워 독자들에게 폭넓게 다가가고 있다.

나도 스포츠부에 들어오면서 나름의 '시즌 2'를 열었다. 정답에 맞추어야 한다는 예전의 강박이 사라졌다. 스포츠는 인생의 거의 모든 것을 이야기할 수 있는 훌륭한 재료다. 이보다 더 좋은 메타포가 있을까. 스포츠 취재도 삶의 현장이다. 그곳에는 열정을 품고 분투해 온 여성들의 하루하루가 오늘까지 쌓여 있다.

CHAPTER 3

뉴노멀을 주도하다

뉴미디어 세상엔 유리천장이 없다

김효은 (중앙일보 듣똑라팀장)

'듣똑라'(듣다보면 똑똑해지는 라이프)는 2019년 겨울, 서소문의 한 작은 카페에서 시작되었다.

"우리 세대에게 사랑받는 뉴미디어를 만들어 보자!"

원형 테이블에 둘러앉은 세 사람은 자못 비장한 얼굴로 서로를 바라봤다. 아메리카노는 식은 지 오래. 우리는 한참 동안 2030 세대가 꿈꾸는 새로운 미디어에 대해 이야기를 나누었다.

당시 나는 사이드 프로젝트로 만들던 팟캐스트 '듣똑라'를 회사 내 정식 서비스로 론칭하기 위해 함께할 후배 기자들을 찾고 있었다. 정치부에서 민완기자로 불린 이지상 기자, 섬세함과 돌파력을 모두 갖춘 사회부 홍상지 기자는 듣똑라를 함께 시작하기에 최고의 동료들이었다.

카페에서 맺은 도원결의는 '밀레니얼의 시사 친구'라는 슬로건의 탄생으로 이어졌다. 주류 언론과 점점 멀어지고 있는 2030 세대를 위한 맞춤형 시사 콘텐츠를 제공하는 것이 목표였다. 우리는 수많은 시행착오를 겪으며 독자들이 열광할 만한 콘텐츠를 찾아 나갔다.

1년 뒤 전천후 경제부 기자인 이현 기자를 비롯해 영상 PD, 마케터, 디자이너 등이 합류하면서 서비스는 폭발적으로 성장하기 시작했다. 구독자 3천 명으로 시작했던 듣똑라는 2021년 9월 현재 팟캐스트와 유튜브 구독자를 포함해 총 52만 구독자를 갖춘 서비스가 되었다.

듣똑라의 처음을 공들여 설명한 것은, 그 시작에 동년배 여성 기자들의 의기투합이 있었음을 이야기하고 싶어서다. 나를 비롯해 이지상, 홍상지, 이현 기자, 그리고 사이드 프로젝트를 함께 하며 초창기 듣똑라를 만들었던 정선언, 채윤경 기자는 2008~2011년에 중앙일보에 입사해 경찰팀에서 일하며 고락을 함께 나눈 선후배 사이였다. 정치, 경제, 사회, 문화 등 각자 다른 부서에서 커리어를 쌓다가 비슷한 문제의식을 갖고 디지털 바다를 항해하며 다시 만나게 된 셈이었다.

우리는 모두 여성 수습기자의 비율이 한창 늘어날 때 기자가 되었지만, 여전히 남성 중심의 출입처 환경에서 고군분투해 왔다. 취재환경의 문제점과 더불어 젊은 독자들과 점점 멀어지는 올드 미디어의 페인 포인트(*pain point*)를 여실히 느끼고 있었다. 우리는 이 문제를 해결하고 싶어 함께하기로 했다.

국내 언론이 디지털 혁신을 진지하게 받아들이기 시작한 시기는 아마도, 2014년 뉴욕타임스의 〈디지털 혁신 보고서〉가 유출된 직후였을 것이다. 특히 종이신문의 하강 국면을 몸소 체험하면서 아날로그에서 디지털로의 변환은 생존과 직결된 문제였다. 많은 언론들이 포털 사이트를 넘어 페이스북, 트위터, 유튜브, 팟캐스트까지 다양한 플랫폼으로 옮겨갔다.

들뚝라 역시 팟캐스트와 유튜브, 그리고 인스타그램 같은 SNS 채널에서 새로운 독자를 만나기 위해 다양한 시도를 했다. 처음에는 우리의 타깃 독자를 이해하는 것부터 시작했다. 독자들을 직접 만나 대면 인터뷰를 진행하고, 광범위한 설문조사를 벌였다.

처음 대면 조사를 하던 날이 떠오른다. 독자들이 우리를 어떻게 생각하고 있을까, 나는 너무 떨린 나머지 전날 밤 거의 잠을 자지 못하고 미팅 장소에 나갔다. 독자는 내 인생에 가장 두렵고 떨리는 인터뷰였다. 그런데 이럴 수가, 환하게 웃으며 '팬심'을 고백하는 독자분들을 만나자 긴장은 눈 녹듯 사라졌다.

독자들은 우리와 더 연결되기를 원했다. 더 소통하고 싶어 했다. 우리는 지금 2030 세대가 지대한 관심을 가진 이슈, 예컨대 취업난, 주거난, 젠더 이슈, 불평등문제, 환경문제 등을 주요 카테고리로 두고 콘텐츠를 전개해 나갔다. 팟캐스트에서는 시사 이슈를 심층적이고 맥락 있게 짚는 방식으로 접근했고, 유튜브는 재테크, 취향 등 생활밀착형 콘텐츠에 집중했다.

매일 수십, 수백 건의 피드백이 쌓이고, 그 속에서 또 다른 기사가 탄생했다. 우리가 함께 들뚝라를 만들어 가고 있다는 감각

들똑라 팟캐스트 녹음 현장(제공: 김효은).

이 신뢰를 만들고, 그것이 더 나은 콘텐츠를 만들 수 있는 힘이 되었다.

우리 팀의 유행어가 있는데 바로 '1일 1배움'이다. 출입처에 매몰되어 살다 보면, 시민이 느끼는 보편적 정서에 둔감해질 수 있다. 그때마다 독자들이 보내 준 양질의 피드백과 댓글을 읽으며 명징하게 현실을 인식한다. 무엇보다 언론인으로서 마땅히 던져야 할 아주 기본적인 질문들을 다시 하는 계기가 되었다. 독자는 누구인가, 뉴스란 무엇인가, 독자와 미디어의 관계는 어떻게 설정하는가, 뉴스에서 균형감각을 갖는다는 것은 무엇인가 등에 대해 치열하게 고민했다.

디지털 실험은 언론인을 넘어 인간으로서 성장할 수 있는 기회를 주었다.

듣똑라가 던진 '미디어의 다양성'이란 질문

"듣똑라는 왜 여성 기자만 진행하나요?"

듣똑라를 시작한 뒤로 이런 질문을 종종 받았다. 그때마다 의문이 생겼다. 남자들이 진행하는 무수히 많은 시사·뉴스 프로그램이 있지만, 그들은 "왜 남자들만 나오는지" 질문을 받지 않는다. 왜일까? 뒤집어 생각하면 그만큼 여성이 공적인 자리에서 정치를 논평하고, 사회문제를 이야기하는 것이 낯설다는 뜻일 터다.

초기부터 듣똑라를 들었던 청취자들은 "여성 저널리스트들이 모여 시사 토크를 하는 것이 신선하다"는 반응이 많았다. 의도한 것은 아니었지만, 그런 피드백을 들으면서 여성 스피커들이 정치나 경제, 사회 이슈를 심도 있게 이야기하는 콘텐츠가 전무하다는 사실도 알게 되었다.

2030 세대는 성평등과 다양성을 매우 중요한 가치로 여긴다. 그에 반해 미디어의 변화는 더디다. 예컨대 '2021년 상반기 방송사(지상파 3사, 종편 4사) 시사프로그램 패널 성비'를 계산한 자료에 따르면 남성은 4,639명, 여성은 1,331명이 출연해 남녀 비율이 3.5 대 1인 것으로 나타났다. 듣똑라의 등장은, 남성 중심의 시사 콘텐츠 사이에서 새로운 현상이었고, 다양성에 목말라 있던 젊은 세대의 갈증을 해소해 주었다고 생각한다.

최근 뉴미디어를 향한 여성들의 도전이 활발해지고 있는 것은 그런 점에서 고무적이다. 일례로 중앙일보에서도 디지털 서비스를 이끄는 팀장들은 거의 다 여성 기자다. 요즘 주목받는 뉴미디어 스타트업 대표들 역시 여성이 다수를 차지하는 현상도 새로운 시대가 어떤 저널리즘과 어떤 미디어를 원하는지 유추 가능하게 한다.

나는 더 많은 여성 기자들이 뉴미디어에 도전하길 바란다. 이 시장은 벤치마킹할 경쟁자도, 정답을 갖고 있는 선지자도 없다. 누구나 개척자가 될 수 있다. 여성들이 부숴야 할 유리천장도 존재하지 않는다. 무엇이든 할 수 있고, 무엇이든 될 수 있다.

시행착오의 고통을 견뎌 낼 각오와, 함께할 동료가 있다면 도전은 언제나 가능하다.

10년 가까이 사회부와 문화부에서 평범한 기자생활을 하던 나는, 듣똑라에 와서 진정한 하이브리드 콘텐츠 기획자로 거듭났다. 직접 시장 조사를 하고, 타깃 독자를 파악하고, 콘텐츠를 기획, 진행, 제작, 홍보하고 독자와 소통하는 일까지 1인 다역을 소화하고 있다. 기자가 된 이후로 가장 치열하게 일하고 있지만 동시에 가장 자유로움을 느낀다.

그리고 이것이 미래 디지털 세상의 새로운 기자상이 될 것이 분명하다. 더 많은 2030 세대 독자들과 연결되는 그날까지 한계를 짓지 않고 달려 볼 셈이다.

도전했고 연결했다. 그리고 확장한다

이혜미 (한국일보 뉴스룸국 커넥트팀 기자)

"이혜미, 내일부터 내근이다. 디지털부로 가라."

청천벽력 같은 소식이었다. 그날 아침까지만 해도 수습기자의 일과대로 경찰서로 출근해 새벽 사건을 샅샅이 훑고 있었다. 부당하다고 생각했다. 나의 입사 동기는 남자 둘, 여자는 나뿐이었다. '여자 한 명 뽑았더니'라는 말을 듣지 않으려고, 수백 킬로미터 떨어진 해상 사고 현장에서도 몸 사리지 않고 취재했다. 가장 빠르게 톱기사를 만들 수 있다고 자부하는 나였는데.

눈물 한 방울이 뚝 떨어졌다. 1진 선배에게 나의 거취를 보고하면서다. 이럴 때 눈물을 흘리면 "여기자들은 걸핏하면 운다"는 말도 안 되는 편견이 덧씌워지는 것을 알고 있었다. 그런데 '내가 여기자라서 현장을 주지 않는 것인가?'라는 이상한 피해의식이 더해져 눈물을 도무지 참을 수 없었다.

2015년, 첫 직장인 부산일보에서 '기자'라는 명함을 갖게 된 순간 깨달았다. 여성 기자는 "여기자는 말이야"라는 허깨비 같은 성차별 프레임과 자기검열에 맞서, 평생 스스로를 증명해 내야 하는 운명에 처해 있다는 것을.

'뉴미디어'나 '디지털 혁신'과 같은 단어가 업계를 휩쓸아칠 때였다. 쭈뼛쭈뼛하며 익숙하지 않은 디지털부서의 문을 두드렸다. 내게 주어진 일은 페이스북 같은 소셜 미디어에 기사를 업로드하고, 여러 채널의 팔로워를 늘리는 것이었다. '남자 동기들은 사건을 취재하고, 매일매일 신문에 바이라인도 실릴 텐데'라고 생각하니 문득 괴로움이 엄습했다. '나는 왜 기자가 되려 했나?'라는 직업에 대한 회의에 휩싸였다.

하지만, 이대로 침잠하라는 법은 없다. 날카롭게 벼린 문제의식으로 세상에 화두를 던지는 글을 쓰기 위해 기자의 꿈을 가진 것은 부인할 수 없는 일이다. 하지만, 내가 몸담은 곳의 기사를 적재적소에 가닿게 하는 일도 콘텐츠 생산 못지않게 중요하다. 특히 디지털 혁신이 업의 존속과 직결된 시기였다. 눈에 보이지 않는 패배의식으로 귀한 기자 초년병 생활을 허비하느니, 언론사에서 내로라하는 디지털 첨병으로 거듭나리라 다짐했다.

좋은 기사는 필경 존재한다. 그러나 독자들에게 가닿기 어렵다. 포털 생태계에서 언론사는 유통 권력을 잃었고, '논란', '공분' 같은 단어가 붙은 자극적이고 사회를 분열시키는 기사가 널리 전파된다. 뉴스 소비 생태계 탓을 할 일만도 아니다. 그간 언론은 독자들을 위한 문법을 개발하고, 독자들에게 다가가려는 노력에 소홀했다. 비록 온라인에서 맺은 관계이지만 독자들과 호흡하고 소통하며 깨달은 점이다.

'독자', '디지털 혁신', '뉴미디어' 같은 단어를 기자 초년병 시절의 화두로 삼게 된 것은 필연적인 결과였다. 또래 기자들이 경찰서 등 출입처를 샅샅이 훑고 기존의 신문 문법을 체화할 때, 나는 독자들이 가려워하는 부분을 파악하고 독자들이 익숙한 언어로 풀어낼 수 있는 감각을 체화하게 된 것이다.

신문 기사가 남발하던 어려운 한자어를 쉬운 우리말 표현으로 바꾸고, 지면 중심적인 그래픽을 디지털 친화적 섬네일로 바꿔 정성스럽게 편집했다. 지역 밀착형으로 '지금, 여기' 일어나는 일을 생생하게 전하기 위해 스마트폰 하나 들고 태풍 휘몰아치는 항구에서 영상을 찍어 업로드했다. 댓글 하나도 허투루 흘리지 않고, 소중하게 답했다. 정보 생산자가 편한 방식이 아니라, 받아보는 사람이 어떨지를 먼저 생각하는 것은 아마 이때 체득한 평생 습관이지 않을까.

2016년, 회사는 내게 '최연소 팀장'이라는 타이틀을 선사했다. 입사 11개월 차였으며, 수습을 면한 지 5개월 만의 일이었다. 전통 있는 기성 언론 조직에서 곧바로 디지털 전략을 수립하고 실행하는 주체가 된 것이다. 나는 같은 시기에 기자생활을 시작한 동료들에 비해, '역피라미드형 기사를 빠르고 명료하게 쓰는 법', '경찰 조직과 형사소송법에 익숙해지는 법', '현장 뻗치기를 요령껏 하는 법'을 배우는 데는 더뎠는지 모른다. 그러나 가장 소중한 것을 깨

서울시 쪽방 현황 내부자료(2018년 9월 기준)를 입수해 명단에 있는
318채의 등기부 등본을 전수조사 하고 있다 (제공: 한국일보).

첬다. 바로 디지털 공간에 질서 없이 존재하는 독자들을 찾아가,
콕 집어 그가 필요로 하는 기사로 말 거는 법이다.

　'디지털 프론티어'로 업계에서 과분한 주목을 받으면서 2017년
한국일보로 자리를 옮겼다. 그러나 여전히 뉴스룸에서 디지털 분
야는 크게 인정받기 어려웠다. 현장이 무척 그리워 일선 부서로 이
동했다. 한동안 사회부, 기획취재부, 정치부 등에서 지면용 기사
를 생산하면서 머릿속에 온통 '원고지 5매'에 '스트레이트기사냐?
박스기사냐?' 같은 질문만 둥둥 떠다녔다.

　하지만 초년병 때 갈고닦은 디지털 마인드는 그리 쉽게 사라지지
않았다. '지옥고 아래 쪽방'(2019년)과 '대학가 新 쪽방촌'(2019년)
이 한국여성기자협회의 2020년 올해의 여기자상과 37회 최은희 여
기자상을 수상하고 높은 평가를 받은 것은, 보도 그 자체가 포함한
메시지뿐만 아니라 보도를 다각적으로 보여 준 인터랙티브와 미니

다큐멘터리의 힘도 컸다. 여전히 '독고다이'(단독) 형 기자가 다수인 상황에서 뉴스룸에는 디지털 협업을 위한 제대로 된 매뉴얼도 준비되어 있지 않았다. 하지만 협업의 전례를 쌓고 싶다는 열망이 무려 3개의 팀, 십수 명이 함께한 프로젝트를 이끌게 만들었다.

그 밖에도 한국 정치판을 더 젊게 만들자는 취지에서 기획된 한국일보 창간 65주년 기획 '스타트업! 젊은 정치'에서, 10회에 걸친 기획 말미에 마이크 한 번 쥐지 못한 채 여의도 외곽을 떠도는 청년 정치인들을 모아 오프라인 행사를 벌였다. 이따금 "기사 마감만으로도 힘든데, 그렇게까지 해야 돼?"라는 식의 질문과 마주친다. 그러나 수월하게 넘어가고 싶은 나태함은, 개개인에게 적합한 방식으로 더 많은 사람들에게 공들인 보도가 가닿았으면 좋겠다는 절실함을 단 한 번도 이기지 못했다.

2021년 4월부터는 매주 목요일마다 여성 독자들을 향해 젠더 관점 뉴스레터인 허스토리를 만들어 보내고 있다. 여전히 성편향적인 뉴스룸에서 만들어 내는 뉴스가 절반의 시각밖에 담지 못하고, 때때로 뒤처진 젠더 감수성이 깃든 보도가 공동체를 오히려 더 혼탁하게 만든다는 문제의식에서 기획했다. 물론 본업은 아니고 사이드 프로젝트다. 오늘날 파편적인 뉴스를 소비하는 상황에서, 사회 모순을 제대로 설명하는 논리를 갖추기 어려운 젊은 여성들에게 '언어'를 만들어 주고 싶다는 취지에서였다.

선택한 방식은 뉴스레터다. 뉴욕타임스, 워싱턴포스트 등 외국 유력 매체는 뉴스레터를 통해 독자와의 접점을 늘리고 있다. 뉴스 소비의 중심이 구독으로 이동하면서 한국 언론도 활발히 활용하는 매체다. 자신의 이메일 주소를 입력해 적극적으로 매체에 관여하는 독자가, 반년도 채 되지 않았는데 이미 기천 명이 모였다.

허스토리 콘텐츠는 지면에 실리지 않고, 오로지 독자의 전자 메일함 안에 맴돌지만 기성 매체의 기준은 크게 신경 쓰지 않는다. 허스토리가 지향하는 메시지에 적극적으로 응원의 마음을 보내는 독자들과, 가치관으로 연결되어 끈끈한 커뮤니티를 이룰 수 있다면.

지난하지만 외롭지만은 않다. 각 매체에서 여성 기자들이 여러 방식으로 고군분투하는 모습을 보면서 내적으로 친밀감과 연대감을 쌓고 있다. 다루는 뉴스와 소속은 제각기 다르지만 디지털 환경에 재빨리 적응해, 기성 질서를 해체하고, 실력으로 승부하는 여성 기자들의 '파이팅'을 매체를 막론하고 어디서든 어렵지 않게 찾아볼 수 있다. 기득권의 언어를 해체하고 새로운 질서를 표현해 내는 여성들, 그 선봉에 여성 기자들이 있다.

나는 믿는다. 머지않아 곳곳의 여성 기자들이 '디지털 프런티어'를 넘어 '뉴스룸 프런티어'로 두각을 나타내고 활약하게 될 것이라고. 우리의 존재가 공고한 성차별 질서에 균열을 내고, 기득권의 언어를 해체하고, 새로운 질서를 표현해 낼 것이라고. 우리를 필요로 하는 독자에게 가닿고 공동체의 변화를 이끌 수 있다면 어떤 방식의 변화, 혁신, 시도라도 기꺼이 감내하는 여성 기자들. 앞으로도 현존하는 틀에 구애받지 않고 종횡무진 활약하는 여성 기자들을 계속 만나고 싶다.

마이너가 마이너를 이야기하다

김지수 (CBS 디지털콘텐츠국 씨리얼팀장)

2015년, 보도국 편집부에서 근무 중이던 나. 옆자리에는 마침 신설된 지 얼마 안 된 SNS 팀 선배들이 일하고 있었다. 어느 날 갑자기 훅 들어온 "너도 SNS 해볼래?" 그렇게 언론사의 뉴미디어 파트로 처음 인사발령이 났다. 그때부터 나는 6년간 CBS에서 디지털 콘텐츠 기획을 했다. 지금은 디지털콘텐츠국 소속으로 유튜브 채널 씨리얼팀을 이끌고 있다. 이 기고 요청을 받고서 6년 전 그 첫 계기를 떠올리게 됐다.

취재기자에서 뉴미디어 콘텐츠 기획자로 넘어가게 된 사연은 이러하다. 2015년은 언론사들의 SNS 진출 경쟁이 격화되던 시기였다. 해외 미디어 시장에서부터 국내까지 '디지털이 살길'이라며 시끌벅적했다. 하지만 막상 디지털 파트에 통 크게 인력을 배치할 수 있는 회사는 많지 않았다.

우리 회사 SNS 팀도 어렵사리 추가 인력 1명을 보강하기로 결정했다. 당시 내근부서에 있던 내가 자연스럽게 그 후보로 거론

되었다. 현장에서 뛰고 있는 기자들 중 한 명을 빼내기란 쉽지 않았을 테니까 말이다. 다행이었다. 당시 나는 기사 쓰고 송고하는 판에 박힌 생활에서 벗어나고 싶었다. 새로운 도전, 특히 뉴스 소비 행태가 급변하고 있는 시장 속에서 색다른 것을 해 보고 싶었다. 그래서 재빨리 '예스'를 외쳤다.

새롭게 맡았던 일은 당시 '우리도 뉴미디어 한다'라고 말하는 언론사라면 다들 몰두하던 페이스북 운영, 그리고 카드뉴스나 동영상 같은 SNS용 콘텐츠 기획이었다. 스트레이트기사나 박스기사, 기획기사 등을 쓰던 내가 휘뚜루마뚜루 카드뉴스를 양산해 냈다. 페이스북을 운영하다 보니 섬네일이나 메타데이터 등에 익숙해졌다. 단 3명이 꾸려 가던 SNS 팀은 노컷뉴스 페이스북의 폭발적 성장을 이끌었다.

　나는 내 이름과 얼굴을 내걸고 이슈를 큐레이션해 주는 '콕! 뉴스'라는 영상 시리즈를 기획했다. 그리고 페이스북 본사, 사내 개발팀과 소통하며 인스턴트아티클 시스템을 구축했다. 그 시절은 당장 해내야 하는 과제라서 맨땅에 헤딩하기 바빴지만 지금 생각하면 상당히 무모한 도전이었다. 이런 일을 해 본 경험이 사내에 전무한 상황에서 허둥지둥 달려갔으니 말이다.

　시행착오도 당연히 있었다. 우선, 내가 출연하던 영상 뉴스 시리즈는 성과가 좋았음에도 10편 남짓 제작한 뒤에 중단했다. 드러내 놓고 말한 적은 없지만, 영상을 올릴 때마다 심심치 않게 달

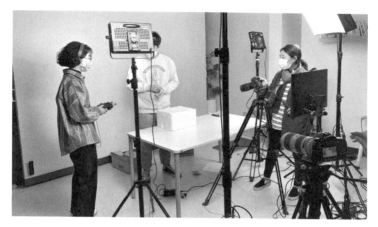

유튜브 채널 〈씨리얼〉 촬영 현장 (제공: 김지수).

리던 '얼굴 평가' 등의 독자 반응이 못내 마음에 걸렸다. 직접적인 모욕이나 부적절한 발언 등을 경험한 경우는 없었다. 하지만 젊은 여성 기자가 등장해 뉴스를 해설해 주는 영상은 당시에는 그 콘셉트 자체만으로도 부담이 되었다. 지금은 여성 기자나 앵커들이 출연하는 영상 콘텐츠가 많지만 그때는 그렇지 않았다. 자기 검열에서 해방될 수 없어 조용히 막을 내렸다.

　사내 디지털 조직이 대대적으로 개편된 2017년, 나는 아예 보도국에서 디지털미디어센터라는 신생 부서로 이적했다. 기자 선후배, 동료들과 함께 쓰던 사무실에서 벗어나 다른 층으로 이사했다. 여전히 명함엔 기자라고 적혀 있고 보직도 기자였지만 기자인지 PD인지 경계가 점점 흐려지던 나날이었다. 외부인을 만나면 나를 부르는 호칭도 중구난방이었다. 굳이 정정하지 않았다.

그렇게 꾸준히 디지털부서에서 부대끼다가 뉴미디어 시리얼팀의 팀장으로 정식 발령이 난 때가 2019년 초. 그간 시리얼의 전임 팀장들은 모두 10~15년 차 이상의 남성 기자 선배였다. 그중 한 명은 나를 수습기자로 받았던 캡이었다. 오죽 사람이 없어 그랬겠느냐마는, 나의 팀장 발령은 성별로나 연차로나 사내에서 나름 파격 인사였다고 들었다.

　　이렇게 일함에 있어서 여성으로서의 한계를 느낀 적이 있냐고, 이 글을 쓰기 전에 질문을 받았다. 개인적으로는 별로 없었다고 답변했다. 돌이켜 보아도 매 순간 나의 선택이 중요했지, 무엇인가를 선택하고 난 뒤 여성 기자라는 이유로 가로막혔던 불쾌한 경험은 다행히 겪은 적이 없다.
　　하지만 중요한 것은 그게 아니다. 선택 이후 차별이 있었는지에 앞서, 선택 이전까지 여러 옵션을 거리낌 없이 상상해 볼 수 있었는지가 중요하다. 지난 몇 년 동안 많은 사내 여성 기자 동료가 기존의 기사 작성 방식에서 탈피한 새로운 뉴스 생산에 관심을 가졌다. 시대가 바뀌고 있고, 이 일을 업으로 하는 사람 중 관심 안 가질 이들이 더 적을 거다.
　　하지만 나의 동료들은 취재현장을 떠나 인터랙티브 뉴스를 만들어 보겠다, 팟캐스트를 기획해 보겠다, 뉴스레터팀에 가고 싶다고 선뜻 말하지 못했다. 말을 꺼내는 순간 몸 편한 내근 부서, 출입처에 나가 힘들게 뛰지 않아도 되는 일을 자처하는 여성 기자들이라는 편견 어린 시선을 받기 때문이다. 언론사에서 디지털 업무는 현장 출입처에 비해 저평가되는 영역이다. 거기에 여성 기자라는 사실까지 결합되면 편견의 시너지는 더 강해지곤 했다.

그럼에도 이 길을 뚫어 온 동료와 선후배들도 있었다. 어떤 여성 기자 선배는 출입처를 유지하면서 가욋일로 유튜브 채널을 운영하고, 심층 취재영상 코너를 만들었다. 뉴스를 소비자 입맛에 맞게, 잘하고 싶다는 저널리스트로서의 열정 하나만으로 추가 노동을 했다. 그렇게 열정을 직접 증명해야 했다. 그리고 6년이 넘도록 현장을 지원하지 못한 채 '다른 살림'을 하는 나를 적극 지지하고 응원해 주었다. 누군가는 자신도 내가 하는 일을 하고 싶다며 조언을 구해 왔다. 하지만 애석하게도 그런 의지를 보였던 이들 중 출입처 시스템 밖의 새로운 영역에 꾸준히 안착한 사례는 6년 전 나 이후 아직 나오지 않았다.

연대와 공존의 저널리즘을 향해

현재 내가 소속된 시리얼팀은 사회의 소외된 이면을 이야기하는 콘텐츠들을 만든다. 우리 팀의 목표는 영상을 넘어 다양한 수단과 문법을 변주하며 독자와 소통하는 미디어가 되는 것이다. 단순한 유튜브 제작팀으로 이 업의 유행 속에 소비되고 싶지 않다. 메시지를 대중에게 던지고 끝나는 것을 넘어 현실에 적용 가능한 솔루션을 실험하거나, 개인이 연대할 수 있는 공론장을 마련해 주는 미디어 모델을 보여 주고 싶다.

최근에 만들어 낸 콘텐츠 중에 저소득층 청소년들의 구조적 빈곤 문제를 다룬 '용돈 없는 청소년' 시리즈가 있다. 이 역시 영상만 송출한 것이 아니라, 실제로 취약계층 청소년이 양질의 문화자본 및 인적·물적 유대관계를 접할 방법을 고민했다. 고민의 결과물로, 그들이 직접 접근할 수 있게끔 '청소년 네트워크 가이드'라는 정보성 웹페이지를 만들었다.

이런 기조로 활동하는 우리 팀은 나를 제외하고 여자 PD 3명, 남자 PD 1명으로 구성되어 있다. 아직까지 레거시 부서에 비하면 신생이거나 소수 인력인 부서에서, 뉴미디어 PD라는 기존에 없던 직함을 받아 든 동료들과 함께 새로운 저널리즘을 고민하고 있다.

여성 기자로서 나의 개인적 커리어 여정이 이 팀까지 닿았다. 순간순간의 선택이 우연인지 필연인지 여기까지 오게 만들었다. 앞으로 이 팀이, 그리고 차후 또 다른 동료들이 만들어 갈 여정이 궁금하다. 물처럼 자연스럽게 우연의 기회들을 맞이할 수 있길 소망한다. 우리가 하고자 하는 일을 함에 있어, 그 이상의 '투머치' 결심이나 희생, 포기, 몰이해를 감당하는 일 없이 그저 도전할 수 있길 말이다.

기자가 아닌 언니, 누나가 되어

신정은(SBS 사회부 기자)

입사 후 1년쯤 지났을까. 갑작스레 본부장 면담이 잡혔다. 당시 심석태 SBS 보도본부장은 부서 지망에 뉴미디어부서를 쓴 것이 의아하다면서 그 이유를 물었다. 대화가 꽤 길어졌다. 언론이 맞닥뜨린 위기가 오히려 기회가 될 수 있다면서, 나는 여기서 무엇을 하고 싶다고, 그래서 기자가 되기로 했다고 열변을 토했다. 그때 내가 본부장에게 던진 질문이 있었다.

"저는 열심히 할 수 있는데, 회사는 어떤 준비가 되어 있나요?"

지금 생각해 보면 과거로 돌아가 "너 미쳤냐?"며 꿀밤 한 대 세게 콱 쥐어박고 싶을 정도로 얼굴이 화끈거린다. 그렇게 나는 입사 1년 만에 뉴스 콘텐츠 유통과 사업, 플랫폼 전략을 담당하는 뉴미디어뉴스부로 발령 났다. 갑자기 뉴미디어부서에 가는 여성 기자 중에는 결혼이나 출산을 앞둔 경우가 더러 있어 민망한 연락을 받았던 기억도 난다.

플랫폼에는 사람들이 모인다. 그러므로 사람들에게 뉴스를 전달하는 기자가 새로운 플랫폼에 관심을 갖고 뛰어드는 것은 당연한 일이었다. 당시 내가 '라이징 스타'였던 틱톡을 시작하게 된 계기도 그러했다. 우리 회사는 유튜브, 페이스북 등에서 나름대로 선도적 성과를 달성했다. 하지만 경쟁사가 빠르게 따라잡았고 시장은 순식간에 포화되었다.

이즈음 틱톡은 새로운 콘텐츠 문법과 소비습관을 창조하며 급부상했다. 틱톡의 주 이용자가 1020 세대로 조간신문이나 저녁뉴스 프로그램을 찾아보지 않는 점은 거대한 진입장벽이었다. 그럼에도 코로나 19 이슈로 빠르고 정확한 정보에 대한 수요가 분명히 드러났다. 게다가 개학 연기, 원격수업에 따른 교육 공백은 청소년이 주로 사용하는 소셜 미디어에서 뉴스의 역할을 고민하게 했다.

틱톡에서 만난 독자들은 나를 기자라는 타이틀만큼 언니 또는 누나라고 곧잘 부른다. 사실 기자생활을 하면서 들을 수 있는 흔한 호칭은 아닌데, 자연스럽고 친밀하게 맞아 주는 독자들 앞에서 나 또한 무장 해제되고 말았다.

새로운 독자들을 겨냥해 제대로 통(通) 하려면 플랫폼의 소통 문법에 맞게 콘텐츠 편집이나 구성부터 확 달라야 했다. 뉴스 콘텐츠를 전달하면서 퀴즈나 투표 참여를 유도할 때도 있고, 때로는 연기하거나 춤출 때도 있었다. 괜히 민망함이 느껴질 때도 있었지만 애초에 '제로베이스'에서 시작해 차근차근 관계를 쌓는 과정이라 생각하니 모두 유의미한 시행착오로 여겨졌다.

주요 활동 무대인 회사 계정에서는 1년 만에 10만 구독자를 일구었다. 시너지 효과를 위해 만든 개인 계정은 반년 만에 3만 구독자를 달성했다. 플랫폼의 다양한 기능을 활용해 스스럼없이 질문하고, SBS 뉴스 팬 계정까지 만들어 활동하는 열혈 독자들과 소통했다. 언론 매체와 독자, 기자와 독자 간의 거리를 뛰어넘어 성큼 다가가는 새로운 가능성을 엿볼 수 있었다.

"회사는 준비되어 있습니까?"

청소년 독자들은 거리낌 없이 질문하고 도움을 구했다. 특히 일상에 지대한 영향을 끼친 코로나 19와 백신에 대한 관심이 높았다.

한 가지 인상 깊었던 사례는, 2021년 10월 후배 김덕현 기자와 둘이서 진행한 청소년 백신 Q&A 틱톡 라이브 방송이었다. 정부가 발표한 청소년 백신 접종 계획에 대한 질문에 답하는 시간이었다. 질병관리청을 출입하는 김 기자가 당일 〈SBS 8 뉴스〉 리포트 제작을 마친 뒤 8시에 시작하는 틱톡 라이브 방송에 부랴부랴 참여했다. 그날 라이브 방송을 〈SBS 8 뉴스〉 리포트와 비교하면 내용과 소통 면에서 큰 차이가 났다.

청소년 백신의 당사자인 청소년들이 2분 남짓의 짧은 리포트 시청으로 해소하지 못한 궁금증을 여러 질문으로 쏟아 냈다. 질문은 "백신을 맞으려면 돈을 내야 하나요?"부터 시작했다. 곰곰이 생각하면 마땅히 궁금할 수 있는 것인데, 늘 틀에 박힌 기사를 쓰

틱톡 라이브 방송 중인
신정은 기자 (제공: 신정은).

다 보면 분명히 놓칠 수 있는 정보였다.

그날 라이브는 최고 2,100명이 동시에 접속했고 누적 2만 9천 명이 시청하면서 끝없는 질문과 답변으로 소통했다.

틱톡에서는 콘텐츠 제작의 주도권을 완전히 독자가 가지고 있다. 그래서 그들의 눈높이에 맞추어 쉽고 간결하고 친절하게 이야기한다. 독자로부터 받은 질문 중에는 TV 방송이나 지면에서 다룰 수 없을 만큼 황당한 가짜 뉴스와 헛소문도 많았다.

예를 들어, 국회에서 잠깐 등장한 모병제, 여성징병제 관련 논의가 틱톡에서는 '여자들도 곧 군대 간다'는 명제로 굳어져 확산되었다. 파편화된 정보가 영상으로 퍼지더니 서로 헐뜯고 비하하며 왜곡된 젠더 갈등으로 번졌다. 이때 최대한 쉽게 말을 풀어 촬영한

50초 팩트체크 영상은 소문의 근원부터 짚으며 생각할 거리를 던졌는데, 2천 개 넘는 댓글이 달리며 큰 호응을 받았다.

영상의 주요 내용은 다음과 같다.

"어쩌다 이런 이야기가 나왔는지가 더 중요한데요, 바로 저출생 문제입니다. 먼 미래엔 군대 갈 사람이 줄어 나라를 지킬 수 있는 여러 방법 중 하나로 여자도 군대를 가야 한다는 주장이 나온 겁니다. 즉, '남자 대 여자' 이렇게 싸울 것이 아니라 앞으로 군대와 저출생 문제를 어떻게 해결할까 고민하는 것이 더 중요하겠죠."

곰곰이 생각해 보면, 기자와 독자의 관계는 늘 멀찍이 떨어져 있었다. 직접적인 소통 창구인 기자의 업무 메일에서는 무차별적인 욕이나 성희롱이 아닌 진짜 독자 의견을 받아 본 것은 손에 꼽을 정도다. 포털이나 SNS를 통해 기사에 대한 독자 반응을 적극적으로 수렴하고 반영할 수 있는 것이 아니라 언론과 독자가 관계를 맺는 것은 어려운 과제처럼 여겨졌다.

따라서 플랫폼이 제공하는 기능을 십분 활용하여 새로운 독자와 새로운 관계를 실험한 것은 무척 의미 있는 경험이었다. 인근 소방서와 협업하여 온라인 현장체험학습 형태로 생중계하고, '정인이 사건' 1심 선고 현장에서 실시간 콘텐츠를 내보내기도 했다. 어렵고 복잡한 내용이 아니어도 독자들이 원하는 뉴스를 다양한 방식으로 전달하며 희열을 느꼈다.

중요한 것은 틱톡도 언론이 활용할 수 있는 여러 플랫폼 중 하나일 뿐이란 사실이다. 유튜브, 페이스북, 인스타그램, 트위터가 저마다 전성기를 거쳤듯이 또 다른 파괴적 플랫폼이 떠오르면 한낱 유행처럼 스러질 수 있다. 숨 돌릴 틈 없이 빠르게 변화하는 미디어 환경은 분명 위기다.

그러나 정말 행운이고 감사한 것은, 최근 디지털 혁신에 대해 공감하고 머리를 맞대고 고민하는 주변의 동료가 점점 늘고 있다는 것이다. 뉴스의 힘을 믿는다. 좋은 콘텐츠를 많은 독자들에게 전달하겠다는 일념으로, 언론과 기자에 대한 신뢰를 회복하고 지속가능한 여러 대안을 제시하고 싶다.

'엄마 기자'가 되어 보니 다시 보이는 것들

박정경 (문화일보 사회부 기자)

적성에 안 맞았다. 고된 뻗치기, 반복되는 술자리, 분초를 다투는 마감을 막상 기자가 되어 해 보니 힘에 겨웠다. 나 빼곤 다들 강했다. 밤마다 폭탄주를 마시고도 새벽 5시 반이면 어김없이 편집국에 앉아 출고표를 만지는 부장, 사지에 몰리는 마감을 하고 "이 쫄깃한 맛에 기자 한다"는 소리를 입버릇처럼 내뱉는 차장, 그 사이에서 우는소리 하는 사람은 단 한 명도 없었다.

초년기자는 온갖 것으로 '씹힌다'. 취재능력이 있는지, 글발이 있는지, 인사는 잘하는지, 인성 문제는 없는지, 심지어 폭탄주 건배사가 창의적인지도 도마 위에 오른다. 여성 기자는 체력도 의심받는다. 조직 입장에서는 노동자의 건강이 생산성에 영향을 주니 관심을 가질 법도 하다. 하지만 상대적으로 남성 기자보다 여성 기자의 몸 상태가 과도하게 평가의 대상이 된다고 느꼈다.

힘들어도 술자리를 먼저 뜬 적도, 지각하거나 보고를 누락한 적도 없었고, 기삿거리도 남자 동기들보다 잘 물어 왔지만, 선배들은 '약해 보인다'는 주관적인 이유를 들어 "약해 보이면 믿고 맡길 수 없다", "강해야 살아남는다", "이래서 결국 남성 기자들을 찾게 되는 것" 등의 말로 눈칫밥을 먹였다.

약골 체력으로, 심약한 마음으로 얼마나 버틸 수 있을지 의심하며 8년이 흘렀다. 그리고 임신과 출산으로 잠시 회사를 떠났다.

복직까지 1년 9개월이 걸렸다. 언론사마다 차이는 있겠지만, 요즘은 출산휴가 3개월과 육아휴직 1년은 보편화된 듯하다. 나는 여기에 무급휴직 6개월을 더했다. 육아휴직이 끝나갈 즈음에도 아이를 맡길 곳을 찾지 못했기 때문이다. 남편은 본인 회사에서 승진을 목전에 두고 있어 휴직이 어려웠고, 어린이집은 순번 대기 중, 양가 어머니들은 멀리 살았다. 그즈음 아이 돌보미 학대 뉴스가 끊이지 않았다. 돌봄 이모님 고용을 선택지에서 지우니 휴직을 연장하거나, 일을 그만두는 수밖에 없었다.

휴직 전에 속했던 부서장과 만나기 위해 오랜만에 정동길을 걷는데 심장이 오그라들었다. 아이 키운다고 조직은 뒷전인 무책임한 사람으로 보면 어쩌나, 더는 믿고 맡길 수 없는 사람이라고 생각하면 어쩌나, 입술이 바싹 탔다. 육개장 한 그릇, 이야기가 끝났다. 부장은 "위에 말해 볼 테니 걱정하지 마"라며 돌아섰다.

그동안 숱하게 저출산 대책 기사를 썼으면서도 돌봄 공백의 불안을 개인적 과제로 치부하면서 지레 겁먹고, 주눅 들었던 나 자신이 부끄러웠다. 조직은 상당 부분 경직되어 있고 부조리하지만,

예상 밖의 합리성과 유연함을 보여 주기도 한다. 매번 좋은 선례를 만들기 위해 고민하고, 좀 더 당당해져야겠다고 다짐했다.

다시 돌아온 편집국은 안팎으로 달라져 있었다. 미투 운동을 비롯한 젠더 이슈가 주요 사회 현안으로 거론되었다. 네이버와 카카오 등 플랫폼 기업이 위세를 드러냈고, 유튜버나 블로거 등 1인 미디어의 영향력이 커졌다. 외부의 흐름에 따라 젊은 기자들은 스타트업으로 대학원으로 적을 옮겼고, 인력 이탈이 심했다.

그럼에도 신입 공채는 해를 걸렀고, 경력기자들이 빈자리를 채웠지만, 업무 강도는 더 세져 있었다. 기성 언론인에 대한 '기레기' 조롱은 더욱 심해졌다. 2년 남짓한 시간이 짧다면 짧았지만, 편집국을 떠난 사이 기자 일은 전보다 더 힘들고 낡은 일이 되어 있었다.

언론 환경의 악화와 함께 나는 일도 하고 아이도 돌봐야 하는 '워킹 + 맘'이 되었다. 역설적이게도 워킹맘으로 신분이 바뀌면서 나는 이 업을 정말로 잘 버텨 내야겠다고 생각했다. 엄마가 된 후 정말로 좋은 기자가 되고 싶어졌다.

우선 육아 문제로 퇴사의 갈림길에 한 번 서 보니 일 자체에 대한 애착이 생겼다. 출산 전까지는 이 직업이 나와 잘 맞는지, 아닌지를 생각했을 뿐, 한 번도 일을 하지 못하는 상황을 고민하지 않았다. 현실은 나도 언제든 경력단절 여성이 될 수 있었다. 돌봄 공백은 철저히 계획해도 예상치 못하게 발생했다. 대체할 방법을 찾지 못하면 매번 '워킹'과 '맘'의 시험대에 섰다. 남편도 나 못지않게 고군분투했지만, 가사분담과 양육문제로 바람 잘 날 없이 싸웠다.

그런데도 매일 출근해 자판을 두드리고, 취재원들을 만나 인맥을 쌓고, 동료들과 시답지 않은 농담을 하며 웃는 일련의 것들이 좋았다. 사회생활은 몸은 고되어도, 마음에 자유를 줬다. 아이는 생각만 해도 가슴이 먹먹해지는 존재다. 세상 무엇보다도 귀하다. 그런 소중한 존재와 함께 살아가려면 나 자신도 소중하게 지키고, 행복해야 했다. 일과 가정은 선택의 문제가 되면 안 된다는 생각이 들었고, 둘의 병립 문제는 개인적 문제임과 동시에 사회적 문제로 풀어내야 했다.

"엄마는 매일매일 좋은 일을 한다"

아이는 주기적으로 '엄마 회사 가지 마' 타령을 한다. 그때마다 다시금 되묻는다. 내가 하는 일은 무엇인가? 이 아이에게 내가 하는 일이 뭐라고 설명할 수 있을까? 아이의 존재가 세상에서 제일 중요한데 그에 버금가는 중요한 일은 도대체 무엇일까?

육아하면서 아이들이 '당위'에 민감하다는 것을 알게 됐다. 우는 아이는 "회사에 나가 돈을 벌어야 너한테 과자를 사 주지"라는 말보다 "엄마가 코로나 소식을 사람들한테 알려 주어야 다들 건강해지지"라는 말을 잘 받아들인다. 엄마가 사회에서 올바르고 아름다운 일을 한다고 알려 주면 아이는 수용한다. 아이와 이야기가 잘 통한 날엔 "오늘 기사 잘 써"라는 배웅도 받는다.

돈과 힘에서 정의가 나오는 어른들의 세계에서는 당위가 코웃음 나는 일일 수도 있으나, 적어도 기자들은 매일 고민한다. 시시비비를 따지고, 옳고 그름을 생각한다. '기레기'로 매도되고 있으나, 여전히 대다수 동료들은 손톱만큼이라도 세상을 변화시키기 위해, 한 줄의 팩트를 쓰기 위해, 정신적으로나 육체적으로 고강도 노동을 하고 있다.

힘든 노동에도 금전적 보상이 비례하지 않는 것은 유감이지만, 일이 꼭 돈으로만 환산되는 것은 아니다. 김승섭 교수의 표현을 빌리면, "나와 직접적으로 관계가 없는 타인의 고통을 예민하게" 들여다보는 얼마 남지 않은 아름다운 집단, 그런 무리에 속해 있었다는 사실이 아이를 낳고 더 선명하게 다가왔다. 나의 아이에게 나는 매일매일 좋은 일을 하는 사람이다.

초년기자 못지않게 워킹맘도 비난받기 좋은 위치다. 일을 못하면 "애 때문에 집중을 못 한다", 일을 잘하면 "애 놔두고 독하다", 돌봄 문제로 휴직이나 연차가 길어지면 "자주 쉰다"는 말을 듣는다. 특파원 공모에 아이 있는 여성 기자가 지원하면 대번에 "애는 누가 봐주나?"라고 묻는다. 남성 기자에게는 절대 하지 않을 질문이다. 누군가는 모진 말로 워킹맘을 주눅 들게 하고, 또 누군가는 육아로 뺏긴 시간을 만회하기 위해 '명예남성'처럼 살라고 부추기겠지.

하지만 이제는 조금 알겠다. '꼰대 시선'은 내가 미혼이든, 기혼이든, 애가 있든, 없든, 나의 상태와 무관하게 존재한다는 것을. 나는 더는 비대한 자아를 가진 이들 때문에 흔들리지 않는다. 나 자신의 강인함을 의심하지도 않고, 적성을 고민하지도 않는다.

대신에 독박육아 중에 출입처의 기습적인 장관 인선 발표를 듣고 앞뒤 잴 것 없이 두 딸을 데리고 내정자 집 앞을 찾아갔다는 선배, 육아를 대신해 주는 시어머니에 대한 양가감정으로 힘들다고 호소하다가도 국회 취재 간다며 후다닥 자리를 뜨는 동기, 입덧을 하다가도 초판 기사에서 오탈자 발견했다고 교열기자에게 전화하는 후배의 모습에 자극을 받는다. 특별하게 강하지도 않지만 약하지도 않은 사람들, 특별히 즐겁지도 않지만 우울하지도 않은 사람들, 힘 빼고 열심히 이 직업을 밀고 나가는 동료들이야말로 쉽게 절망하지 않고 오래도록 좋은 기사를 쓸 사람들이다.

사랑을, 가정을, 여성성을, 다정함을 포기하지 않고도 아름답고 날카로운 기사를 쓸 수 있다고 믿는다. '노메달'에도 활짝 웃는 MZ 세대는 더더욱 그렇다. 지금보다 더 다양한 여성 기자의 모습이 필요하다. 이것저것 다 포기하고 일에만 올인하여 데스크 자리에 올랐다는 여성 기자의 성공사례보다는 아주 평범한 여성 기자들의 이야기가 많아지길 바란다.

다양한 부서에서, 다양한 모습으로, 다양한 자리를 지키는 여성 기자들의 목소리가 모이고 흩어지길 반복할 때, 그 풍부함만으로도 누군가는 이 업을 포기하지 않고 일터로 나올 용기를 얻을 수 있다. 일과 가정이 여성의 일방적 희생 없이도 양립 가능한 좋은 선례도 지금보다는 쉽게 만들어 갈 수 있다. 진부하지만, 강해서 살아남는 게 아니라 살아남는 것이 강하다는 사실을 기억하자. 끝까지 우아하게 버티자, 우리 모두.

네 번째 육아휴직, 나의 세상은 더 커졌다

심서현 (중앙일보 서비스3팀(팩플) 기자)

숙제하던 9살 아들이 물었다.

"엄마, 엄마는 커서 뭐가 될 거야?"

"어 … 그게 … 엄마는 이미 컸고, 기자가 되었어."

"뭐어?"

우리 둘은 잠시 침묵했다. '이미 컸고 무엇이 된 인간'이라는 개념이 9세 아동에게는 잘 와닿지 않는 듯했다. 우리 인간은 모두 어떠한 장래를 향하여 희망차게 자라고 있는 존재라는, 초등 공교육 인간으로서 익힌 인간관으로는 그랬으리라.

여진(餘震)이 나에게 왔다.

'그러네. 엄마는 이미 컸고 기자가 되었네.'

"나는 기자다!"라고 세상을 향해 포효하기는커녕 자식에게조차 또렷이 각인시킨 적이 없다. 이토록 옅은 정체성과 흐릿한 목표는 현대 한국인으로서 죄라면 죄겠다. 그러나 세상을 망치는 쪽은, 강한 정체성과 지나친 목표의식으로 무장한 사람들이 아니었던가?

그리하여 나는 기자생활 만 12년을 채우는 이 시점에 기자, 그리고 여기자라는 나의 존재를 성찰 혹은 관조해 본다.

'육아하는 여기자'를 관조하다

'여기자'라니, 요즘 시대에 걸맞지 않은 명칭이라고 여기는 이도 있을 것이다. 여기자라고 과도하게 자신의 정체성을 어필해 혹여 발생할 혜택만을 취하고 동료 여기자들에게는 박하게 구는 이도 조직마다 한둘은 실재(實在)한다. 그래서인지 스스로 여기자라는 깊은 인식은 없다. 그러나 자녀 세 명(현재 만 8세, 6세, 4세)에 육아휴직 횟수는 네 번이다 보니, '엄마인 여기자'라는 내 정체성을 수용하지 않을 방도는 없다.

그렇다면 '엄마 기자', 또는 '육아하는 기자'라는 정체성은 나에게 어떤 특성을 부여하였는가?

첫째, 기자 업무를 객관적으로 보게 해 주었다. 국가보육과 양가보육에 의지해 근근이 자녀 셋을 건사하다 보니, 기자는 내가 가진 여러 정체성 중 하나일 뿐이요 세상엔 기자 업무보다 중요한 일이 얼마든지 있음을 반복적으로 배운다. 이는 '언론 정의감'을 빙자한 자기중심성과 자아비대증을 막아 주는 좋은 예방약이 된다.

둘째, 인간을 탐구하게 해 주었다. 취재 노동은 대개 발생하여 수면 위로 올라온 사건에 대해 이루어진다. 그런데 육아 노동을 하면 한 인간의 드러난 행위보다 여기에 이르게 된 내적 동기에 관심

갖게 된다. 각자 개성을 지닌 세 자녀를 돌보면서 나는 인간 작동 기제의 다양성을 이해하게 되었다. 한 인간의 욕망을 비난하거나 외면하지 않고 포용하는 마음으로 바라보게 되었다. '세상에는 이런 동력으로 움직이는 사람도 있구나'라며 어쩌면 좀 더 인간을 사랑하게 되었다. 취재원과 인터뷰이를 대할 때, 그를 움직이는 동력을, 건강한 동력이든 파괴적 동력이든 찾아내고 싶어졌다.

셋째, '나만 할 수 있는 일'에 집중하게 해 주었다. 워킹맘은 타임푸어다. 시간이라는 실탄이 부족하니, 남이 나만큼 할 수 있는 일을 하면 불리하다. 대신에 나의 상대적 우위를 반드시 찾아내야 한다. 독특한 기획이든, 특정 분야 전문성이든, 개성 있는 문장이든. 내가 찾은 상대적 강점은 기획력과 자료분석력이었다. 첫 번째 육아휴직을 마치고 복직했을 때 디지털부서에서 인터랙티브 콘텐츠를 여러 건 제작하며 스토리텔링과 기획 등을 익혔다. 두 번째 복직 후엔 그 경험을 살려 2016년 올림픽 특집 디지털 콘텐츠를 제작했다. 세 번째 육아휴직에서 복귀해서는 여기에 더해 데이터저널리즘에 도전했다. 2018년 총선을 앞두고 전국 지방의회 예결산 자료를 분석한 '우리동네 의회살림'이라는 인터랙티브 콘텐츠를 만들었고, 한국기자협회 이달의 기자상과 데이터저널리즘어워드 대상을 받았다. 사내에서 데이터저널리즘 전문 코너 '데이터브루'를 론칭해 운영하기도 했다.

넷째, 미래에 관심을 갖게 해 주었다. 대부분의 인간은 '국가와 사회의 미래를 생각한다' 말해도 실제로는 관심이 없다. 내 한 몸

테크 뉴스레터 팩플 팀원들과 함께 만든 제페토 아바타 (제공: 심서현).

지금 편한 것, 내 자리 오래 지키는 것이 최고다. 그런데 작은 인간 셋을 키우다 보니 이들이 살아갈 한국 사회의 미래에 관심을 갖게 되었다. 4차 산업혁명, 디지털 트랜스포메이션, 긱워크의 앞날, AI와 인간노동, 스타트업 생태계 등을 이해하고 싶어졌다. 네 번째 육아휴직 직전 1년 반 동안에는 팩플팀의 일원으로, '미래를 검증하다'라는 슬로건의 테크 뉴스레터 런칭과 운영에 동참했다.

다섯째, 나를 가끔 사회의 약자로 만들어 주었다. 기자를 사회의 약자라고 할 수 없다. 강자들을 비판적으로 다루고 혹 이들에게 압박을 받는다고 하여 약자가 되는 것은 아니다. 강자도 약자도 아닌, 그냥 보통의 존재일 것이다. 그런데 육아는 나에게 약자의 경험을 종종 안겨 주었다. 아이들과 외출하면 나는 존재 자체가 죄송하였다. '민첩하고 교양 있게 행동하여 민폐를 끼치지 않는다'는 바람직한 한국인의 덕목 중 무엇 하나도, 어린애를 주렁주렁 매달고는 결코 갖출 수 없었다. 그간 내가 인간의 능력 유무와 교양 수준을 재단하던 시각은 강자의 것이었던가, 돌아보는 경험이 일상 중에도 몇 차례나 찾아왔다.

나의 세 자녀 중 한 명은 입양아다. 몇 년 전 어느 주말 내근 당번으로 취재 노동을 하다가, 젊은 여성이 어린 아들을 남기고 화재 사고로 사망한 사건을 접했다. 그는 미혼모의 자녀로 태어났고, 자신도 그렇게 아이를 낳아 키우다가 화재 중 아이를 보호하고 사망했다. 나는 끝내 자식의 울타리가 되어 주려 한 그의 마음과 나의 마음이 다르지 않음을 느꼈다. 그날의 마음이 계기가 되어 나와 남편은 한 아기를 법적 절차를 따라 입양했다.

정신없이 세 자녀 육아 쳇바퀴를 돌리다 보니 내가 입양 부모구나, 이 아이는 입양아구나, 하는 인식 없이 사는 게 현실이다. 그러다 간혹 뉴스의 사건·사고를 통해 '이 사회는 입양을 이렇게 보는구나, 그럼 우리를 보고도 그럴 수 있겠네'라고 문득 깨닫는 정도다. 입양으로 부모를 만났다는 것이 아이의 인생에 어떤 요소로 작용할지, 후에 아이가 이 때문에 사회적 소수자의 자리에 놓일지, 아직은 잘 모르겠다.

다만 그가 차차 깨닫게 되기를 바랄 뿐이다. 우리 각자의 인생에는 내가 선택할 수 없는 요소가 있으며, 이것까지도 받아들여 일구어 가는 것이 인생이라는 것을. 이는 육아 노동이 나에게 가르쳐 준 교훈이며, 취재 노동에서 잊지 않고자 하는 점이다. 저 사람 또한 자기가 고른 것과 고르지 않은 것 모두에 대한 책임을 지며 제 앞의 생을 받아들이는 의미 있는 싸움을 하고 있다는 것 말이다.

두 번째 육아휴직을 마치고 복귀했을 때였나, 회사에서 마주친 한 남자 선배가 인사인 듯 아닌 듯한 말을 건넸다.

"너, 결혼하고 나서 전투력이 좀 떨어진 거 같다?"

'그 전투력의 측정 기준이 뭘까? 남몰래 스카우터(만화 〈드래곤볼〉에 나오는 전투력 측정기)라도 달고 다니시나? 그런데 나와 같은 팀이었던 적이 없지 않나?'

이런저런 생각이 들었지만 그저 'How are you?'라는 안부를 조금 특색 있게 물은 것이라고 여기며 무언의 미소로 넘겼다. 'Fine, thank you'의 의미로.

묻고 싶었다. 누구의 전투이며, 무엇을 위한 전투인가? 육아인의 제한된 시간과 체력은 내게 선택과 집중의 훈련을 시켰다. 정의감과 인정욕구로 불타기보다는 한발 물러서서 '내가 참전할 가치가 있는 전투인가? 사회에 의미 있는 전투인가?' 의심해 보도록 만들었다. 주제넘은 말이지만 이런 과정이 없다면 그 미디어는 전투에서 승리하고 전쟁에서 패배할 수도 있지 않을까?

알다시피, '적자생존'에서 적자는 적합한 자(the fittest)다. 환경이 급변하면 적합한 자도 바뀐다. 육아하는 여기자가 부적합한 자로 여겨지던 때도 있었다. 그러나 미디어 환경이 변하고 있고, 우리의 특장점이 지금 발휘되고 있다. 앞으로도 기회는 더 많아질 것이다. 그러한 믿음을 품고 육아휴직 중인 오늘 하루를 감사한 마음으로 마감한다.

'육아 중인 여기자'라는 바이라인을 남기며.

둔감해서 행복했다

유인경 (전 경향신문 선임기자)

정년퇴직 후 6년이 지났고 엄혹한 코로나 시국을 맞았지만 나는 많은 일을 한다. 강의, 방송 출연, 칼럼 연재, 책 쓰기, 유튜브 운영 등 비정규직이지만 대부분 돈 버는 일이다.

나는 필명을 날린 신문기자도 아니었고, 운전면허증을 비롯해 아무런 자격증도 없다. 사교생활에 필요하다는 음주, 골프 등 취미는 물론 동호회에 가입한 적도 없다. 현재 기획사나 도와주는 비서도 없다. 알량한 대학 졸업장이 전부인 60대 할머니 (몇 달 전 외손자가 태어나 진짜 할머니) 를 아직도 곳곳에서 불러 주고, 기자 시절보다 더 많은 돈을 벌고 있으니 신기하다.

가끔 후배들이 "선배, 퇴직 후에도 잘나가는 비결이 뭐예요?" 라고 묻는다. 굳이 아름답게 포장하자면 의도하지 않았지만 기자 시절부터 나의 '파생상품'을 만들어 온 덕분인 듯하다. 요즘 유행하는 '부캐릭터'라고나 할까. 그리고 나의 애매모호한 정체성과 재능이 꾸준히 다른 우물을 판 원동력이 된 듯하다.

"왜 아줌마다우면 안 되는가?"

나는 대학 졸업 후 잡지기자로 일하다 결혼과 함께 퇴직했다. 3년
간 아이를 키우며 프리랜서로 글을 기고하던 중 1990년 2월, 경향
신문에 경력기자로 입사했다. 전업주부 생활이 지겹던 차에 육아
와 살림 경험이 있는 여기자를 찾는다는 말에 바로 지원했다.

자유분방한 분위기의 잡지사, 아이랑 혀짜래기 말만 하다가 불
쑥 재취업한 신문사는 엄숙하고 근엄하며 진지한 분위기였다. 다
들 애국지사처럼 결연한 기자정신으로 무장하고 있어 당혹스러
웠다. 나중에 들어 보니 동료들은 말이 많고 진한 화장에 난해한
옷차림의 내가 더 곤혹스러웠단다.

별다른 취미가 없는 나는 책과 영화, 드라마 등을 장르를 가리
지 않고 본다. 예전에는 기억력이 좋아 동료가 "이런 소설을 쓴
작가가 누구였더라?"라고 혼잣말을 하면 나도 모르게 "아무개 작
가예요"라고 나섰고, 조연급 배우의 이름까지 정확히 전했다. 검
색포털이 없던 시절, 자료조사실에 가기 귀찮은 이들에게 나는
요긴한 동료였다.

입사 다음 해에 출입처가 방송사로 바뀌었다. 마침 석간신문들
이 조간화되는 시점이라 경향신문도 조간으로 전환했다. 당시 방
송사의 아침 정보 프로그램에 조간신문 브리핑 코너가 있었는데,
KBS에서 우리 신문사를 통해 그 주의 방송가 소식을 전할 기자로
나의 출연을 요청했다. 별 고민 없이 응했다. 그것이 기자로서 첫

방송 출연이다.

그 프로그램으로 얻은 소득은 같이 패널로 출연했던 출판평론가 김영수 씨를 만난 것이다. 지금은 고인이 된 그분은 내가 수시로 "결혼하고 아줌마가 되니 마음이 편하다", "학생은 학생답고, 선생은 선생다워야 한다면서 왜 아줌마는 아줌마다우면 안 되는가?" 등의 이야기를 하니 "아줌마에 관한 책을 쓰면 출판해 주겠다"고 했다. 한 달 반 만에 뚝딱 원고를 썼다. 당시 '아가씨 같은 아줌마, 애인 같은 아내'를 표방한 미시 열풍이 불 때라 이에 반기를 든 이 책에 관심이 모아졌다.

1990년대 초반 각종 여성 관련법이나 여성 인권이 이슈가 될 때라 여성 관련 방송 프로그램에서 출연 요청이 왔다. 첫 방송 출연을 신문사에서 권했기에 그 후 별로 눈치 보지 않고 출연했다. 대부분 아침 프로그램이어서 근무시간에 별로 지장을 주지 않았다고 주장하고 싶다.

방송에 출연하고 책도 쓰는 여기자가 희귀하던 시절이라 잡지나 회사 사보에서 원고 요청이 들어왔다. 몇 년이 지나자 여성단체 등에서 강의를 해 달라고 했다. 처음엔 여성 관련 주제만 다루었지만 기자생활의 연수가 늘어날수록 주제가 확장되었다. 태도의 힘, 매력적인 사람들의 공통점, 소통과 공감력 등 다양한 강의를 정부기관, 기업, 지자체, 학교 등에서 했다.

나는 전공도 애매하기 짝이 없는 신문방송학인 데다가 공채 출신도 아니고 한 분야의 전문기자도 아니다. 30여 년간 수많은 기사를 쓰면서 가끔 상을 받은 적도 있지만, 대단한 특종을 보도하지도 못했다. 뼈를 깎고 혼을 담아 기사를 쓰지도 않았다. 동료들은 단어 하나를 선택하면서 머리를 쥐어뜯고 몇 번이고 문장을 고치고 또 고치고 신문이 나온 후에도 수정하는데, 나는 마감시간 전에 후다닥 써내고 돌아서면 잊었다. 물론 취재 전, 특히 인터뷰할 때는 주제나 상대에 대해 조사는 충분히 했다고 내 기억을 '조작'하고 있다.

30년 가까이 시사 프로그램부터 예능 프로그램까지 여러 방송에 출연해 왔다. 어떤 이는 내가 4년 가까이 시사지 편집장을 했음에도 시사평론가란 명칭에 토를 단다. 어떤 이는 기자가 왜 〈동치미〉 같은 오락 프로그램에 나와 사생활을 떠드는지 의아해한다. 또 기자들은 대부분 취재 분야와 관련된 연구서를 쓰는데 나는 에세이를 써서 언론인 대상 지원금 요청도 못 했다.

그런데 결국 나의 이 애매모호한 재능과 정체성은 다양한 분야에서 일하는 데 큰 동력이 되었다. 그것이 고마워 지치지도 않고 지금까지 재미있게 일하고 있다. 애매모호함을 캐치프레이즈로 기자부터 방송인, 작가, 강사를 병행하다 무사히 정년퇴직까지 했고, 지금은 기자직을 제외한 일을 계속하고 있다.

물론 기자생활 중에 딴짓을 했기 때문에 동료들의 곱지 않은 시선과 뒷담화에 시달렸다. 그 딴짓이 너무 눈에 띄는 방송이나 동네에 플래카드까지 걸리는 강의이고 엄청난 돈을 번다는 헛소문까지 났으니 당연하다. 〈100분 토론〉 등 시사 프로그램이나 관훈클럽 토론회에서 경향신문 기자라는 자막이 나가도, 어떤 이는 회사 홍보라고 호의적 시선으로 보지만 또 다른 이는 '사리사욕을 채우는 딴짓'으로 보였을 것이다.

그런데 정작 애사심이 불타고 기자라는 직업을 사랑하던 이들, 특히 나를 뒷담화하던 동료들이 조용히 박사학위도 따고 공기업 감사 등 또 다른 딴짓을 하다 나보다 먼저 신문사를 떠나 실속 있게 자신의 길을 찾았다. 괜히 그들에게 미안해했다.

애매함과 더불어 또 다른 나의 무기는 '둔감력'이다. 나는 남들의 평가나 뒷말에 별로 신경을 쓰지 않는다. 신문기자란 매일 시험 채점을 받는 잔인한 직업이므로 평가에 민감하면 버티기 힘들다.

타사 기자는 특종이나 단독기사를 썼는데 나는 물먹는 경우가 있다. 똑같은 인물을 인터뷰했는데 다른 기자의 인터뷰가 더 내용이 풍성하고 문장이 탁월하면 누가 욕하기 전에 나 자신이 너무 한심하고 부끄럽다. 또 대단한 특종을 보도해도 "수고했어" 정도의 칭찬으로 끝나지만, 조금 실수하거나 완성도 낮은 기사를 쓰면 "네 머리는 어깨에 달린 장식품이냐?"는 선배의 말이 자연스럽게 통용되던 시절이었다.

그럴 때 나는 남들이 위로해 주기 전에 내가 나를 다독거렸다. '할 수 없지 뭐. 내일은 내가 더 근사한 기사를 쓰면 돼'라고 나만의 정신승리를 했다. 집에 돌아오면 신문사 일보다 더 많은 할 일이 기다리고 있어 고민의 늪에 빠질 틈이 없었다.

나를 오징어처럼 잘근잘근 씹어대는 이들의 뒷담화가 가끔 내 귀에도 들렸지만, 직접 내게 "외부활동을 하지 말라"고 말한 이들은 없었다. 나 말고도 방송이나 저술 활동을 하는 이들이 점점 늘어나면서 나중엔 뒷말도 희미해졌다. 사람들은 남에게 지속적인 관심을 둘 시간이나 열정이 없다. 어쩌다 던진 말 때문에 내가 좋아하고 기자생활에도 도움이 되는 일을 포기할 이유는 없다고 판단했다.

확실히 다른 일로 만난 이들로부터 귀한 취재 정보를 얻었고 기자의 소중한 자산인 인맥도 넓힐 수 있었다. 그렇게 쌓은 인맥을 활용해 '알파레이디 리더십'이라는 특강 프로그램을 만들어 신문사의 수익 창출에 일조했다. 또 신문사에서 펴낸 내 책이 베스트셀러가 되면서 사리사욕을 채운다는 누명도 벗었다. 정년퇴직 무렵에는 경향신문 70년 역사상 최초로 정년퇴직한 여기자라고 신문사에서 거창한 파티도 열어 주었다. 감사하고 고마웠다.

수없이 실수도 하고 실패도 했다. 오해도 받고 모욕도 당했다. 너무 피곤하고 정신없어 어느 날은 신발을 짝짝이로 신고 출근했다. 화려한 장소에서 명사들과 만난 후 집에 돌아오면 딸과 놀아주고 치매 엄마의 기저귀를 갈고 목욕시켜 주는 나날이 이어졌다. 그것이 고생이나 시련이 아니라 기사나 책을 쓸 스토리가 많아지는 것이라고 스스로 위로했다.

계획하거나 의도한 바는 아니지만 기자생활을 하면서 유인경이란 이름이 알려졌다. 전문용어로 브랜딩이란다. 한 분야에서 이름이 어느 정도 알려지면 그 분야에서 '궤도'에 오른다. 핵심이 아니라도 궤도 안에 들어서면 사람들은 새로운 인재를 발굴하기

유튜브 채널 〈유인경 TV〉 촬영 현장 (제공: 유인경).

보다 이미 검증되거나 익숙한 사람, 궤도 안의 사람을 쉽게 선택한다. 꾸준히 길을 걸어가면 신기하게도 또 다른 길이 열렸다.

돌이켜 보면 나는 범죄와 같은 나쁜 일이 아닌 제안은 대부분 '예스!' 하고 받아들였다. 잘할 수 있을지, 이익이 있을지가 아니라 재미있을지가 판단 기준이었다. 재미있는 일은 잘 지치지 않는다. 이를 악물고 최선을 다한 일이 아니라 좀 실패해도 "할 수 없지" 하고 쉽게 잊는다. 너무 완벽하려 인정받으려 안간힘 쓰다 보면 자신은 물론 주변 사람들도 피곤해한다.

성공은 누구도 장담하지 못한다. 신문사 편집국장이나 사장이 되는 것 역시 실력뿐만 아니라 당시 분위기도 영향을 미친다. 나를 바라보는 시각이나 평가도 제각각이다. 확실한 것은 성장하는 것이다. 그것이 꼭 자격증이나 학위를 따는 것일 필요는 없다.

나는 점점 성장하고 있다. 아직도 호기심이 많아 책이나 영화, 유튜브, 넷플릭스 등으로 요즘 트렌드에 적응하려 한다. 코로나 탓에 주 수입원인 강의가 줄면서 올봄부터 내 이름을 건 유튜브를 시작했다. 제작사의 권유에 또 한 번 '예스!'를 외치고 영역을 확장했다.

예전엔 조급한 마음에 실수도 많이 하고 수시로 세상을 원망하기도 했다. 이제는 좀 느긋해져서 남들에게 칭찬이나 덕담도 많이 하고 일기에 감사의 글을 주로 쓴다. 무엇보다 늙어 가는 나를 친절하고 다정하게 대해 준다. 나는 이것이 진정한 성장이라고 믿는다.

여기자들은 너무 자기검열에 엄격하고 타인, 특히 동료의 시선에 연연해하는 경향이 있다. 나의 성공과 행복을 기도하는 이는 극히 드문데도 말이다. 남들이 만든 신호등에 따라 움직이기보다 내 마음의 북극성을 따라가는 것, 남의 비난을 두려워하기보다 나에게 미안하지 않게 사는 것이 나의 신조. 궁상떨거나 징징대지 않고 늙어 가는 것, 무슨 일이든 재미있게 하면서 돈도 버는 것이 나의 바람이다. 부디 말이 씨가 되기를 ….

펜은 놓았지만, 열정은 놓지 않았다

박경은 (경향신문·네이버 합작법인 아티션 대표)

광원산업 이수영 회장은 2020년 766억 원을 카이스트에 기부하며 세간을 깜짝 놀라게 했던 주인공이다. 서울경제 기자로 재직하다 언론통폐합으로 해직된 1980년 그는 40대 중반의 '독신 여성'이었다. 막막할 법한 상황에서 양돈업에 뛰어들어 이를 키운 뒤 부동산 사업으로 확장하기까지 그를 이끌었던 것은 시련을 맞닥뜨릴 때마다 활로를 찾아내는 집념과 끈기였다.

몇몇 언론과의 인터뷰를 보면 그의 기자 시절도 집념과 끈기로 유명했다. 기자 시절 그는 어느 누구와도 인터뷰하지 않았던 당시 삼성 이병철 회장과의 인터뷰를 해내는 등 강한 추진력으로 명성을 날렸다. 기자로 단련되었던 17년은 이후 그의 삶을 지탱했던 용기와 배짱, 집념을 단단히 다진 시간이었다.

이수영 회장처럼 기자생활의 경험과 훈련을 동력으로 삼아 새로운 분야를 개척하며 지평을 넓혀 간 여성 기자는 많다. 대표적인 이는 서명숙 제주 올레 이사장이다. 지금은 한국을 대표하는

이수영 카이스트 발전재단 이사장(왼쪽 세 번째)이 서울경제 기자 시절이던
1980년 전경련 회장단 회의에서 이병철 삼성그룹 회장(왼쪽 두 번째)과
정주영 현대그룹 회장(왼쪽 네 번째) 사이에서 기념촬영을 하고 있다.
이 회장이 웃으며 어깨동무를 하는데 이수영 이사장은
좀 빼며 엉거주춤한 모양새다 (제공: 이수영).

도보 여행길로 자리매김한 '제주 올레'는 서명숙의 '무모함'이 없
었다면 탄생하지 못했다.

　시사저널 편집장, 오마이뉴스 편집국장 등을 지낸 그는 20년
넘게 물불 가리지 않고 일만 해 온 일중독자였다. 여느 일중독자
들이 그렇듯 운동과 평생 담쌓고 살았던 그가 의사의 경고 끝에
선택한 운동은 걷기였다. 시간과 돈, 특별한 도구 없이 그저 운동
화 하나만 있으면 되는 걷기는 생각보다 쉽게 그의 습관이 되었
고, 어느새 그는 걷기의 매력에 푹 빠지게 되었다.

　산티아고 순례길 도보여행을 꿈꾸게 된 것도 그즈음이었다. 마
음속에 간직하던 꿈은 2006년 기자생활을 마감하며 바로 실행에
옮겼다. '길을 내야겠다'는 마음을 먹은 것도 이 여행에서였다.

현지에서 만난, 한국 체류 경험이 있는 영국인 친구는 그에게 이렇게 말했다. "한국은 일하는 것도 술 마시는 것도 미친 것 같다. 산티아고와 같은 길이 한국에도 정말 필요하다. 네가 그 길을 만들어 보는 건 어떻겠냐?"

그에게서 받은 영감을 갖고 한국에 돌아와 고향인 제주로 향했다. 제주 올레는 이제 전 국민이 가장 사랑하는 순례길이 되었다.

도쿄특파원에서 일본 오지의 의사로, 이영이

기자에서 의사로. 하나도 어렵다는 직업을 다 해 본 사람이 있다. 동아일보 전 도쿄특파원 이영이. 41세가 되던 해 그는 17년간 일하던 신문사를 그만두고 의학전문대학원 입학시험 준비를 시작했다. 기자생활을 하면서 품게 된 의사의 꿈을 이루기 위해서였다. 펜이 아닌 몸으로 의미 있는 일을 하고 싶다는 사명감은 저개발국가 문제에 천착하던 도쿄특파원 시절 구체화되었다. 몇 년 후인 2005년 네팔 의료봉사팀의 진료여행에 동행하면서 결심을 굳히고는, 돌아오자마자 바로 사표를 냈다.

재수 끝에 이화여대 의전원에 입학했다. 학과에서 가장 나이 많은 학생으로서 어려운 의학 공부를 하고 낯선 환경에 적응하는 것이 쉽지 않았다. 하지만 신문기자로서 몸에 익힌 순발력과 이해력이 큰 도움이 되었다. 인턴과 레지던트를 마친 뒤 강릉아산병원에서 새로운 인생을 시작했다. 이때까지만 해도 '평범하지

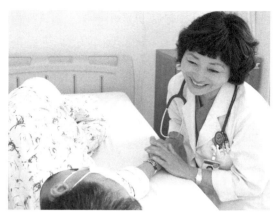
환자를 진찰 중인 이영이 의사 (제공: 이영이).

않은' 의사가 '평범한' 일상을 이어 가나 싶었다. 2017년 남편(김
창혁 전 동아일보 논설위원)이 동해와 일본 돗토리현을 오가는 크
루즈를 타고 여행하자는 제안을 하기 전까지는 말이다.

　그는 여행을 위해 지도를 검색하다 항구 가까이 있는 돗토리 대
학병원 홈페이지에서 인턴을 모집한다는 공고를 발견했다. 일찌
감치 일본 의사 국가시험도 치렀고 일본 벽지에 의사가 부족하다
는 뉴스도 자주 접했던 터라 이 소식은 그의 마음을 움직였다. 곧
바로 이메일로 서류를 접수했고 여행길에 면접까지 봤다. 국내
의사경력을 인정받아 8개월 만에 인턴과정을 끝낸 이후 그는 주
민의 절반이 65세를 넘는 시골의 작은 병원에 자리를 잡았다. 산
골 구석구석 방문진료를 다니며 노인들의 말벗까지 되어 준 한국
인 여성의사 이야기는 일본 현지 언론에 소개되기도 했다.

하지만 이 생활은 3년을 넘지 못했다. 한일관계가 악화하면서 요나고·인천 직항편이 없어졌기 때문이다. 게다가 코로나 19까지 겹쳐 가족과의 왕래도 힘들어지자 결국 일본 생활을 마무리하고 2020년 귀국했다. 현재 강릉아산병원에 돌아와 입원 전담의로 근무하며 환자들을 만나고 있다. 그는 말한다.

"한 가지 직업만 갖고 살기에는 인생이 길다. 기자생활을 하면서 자기가 몰랐던 적성, 혹은 진짜 하고 싶은 일을 만나는 기회가 생기면 도전해 보라고 권하고 싶다. 기자를 할 정도의 능력이면 다른 어떤 일도 잘할 수 있을 것이라고 생각한다."

의사 이야기가 나온 김에 빼놓을 수 없는 인물이 있다. 16년간 중앙일보에서 의학전문기자로 일했던 황세희 국립중앙의료원 건강증진예방센터장이다. 서울대 의대에서 소아과를 전공한 그는 전임의까지 수료한 뒤 1994년 중앙일보 의학전문기자로 전업했다. 의사의 길에서 기자로 방향을 튼 이유는 '언론의 영향력' 때문이었다. 2021년 4월 월간중앙과의 인터뷰에서 그는 이렇게 말했다.

"그때(1990년대 초)만 해도 지금보다 정보가 부족했고, 교육·문화·사회 수준이 낮았다. '뱀을 먹으면 어디에 좋다더라' 같은 근거 없는 속설을 믿다가 환자들이 실려 오는 것을 서울대병원 응급실에서 너무 많이 봤다. 사람들에게 제대로 된 정보를 주려면 언론의 영향력이 필요하다고 생각했다. 마침 중앙일보가 전문기자 제도를 도입한다고 해서 신문사로 들어왔다."

의사기자가 쓴 다양한 기사는 무엇보다 독자의 신뢰를 얻는 데 큰 기여를 했다. 펜을 통해 독자들과 소통하던 그는 2010년 기자 생활을 접고 현재의 자리로 옮겼다. 의사에서 기자로, 기자에서 의사로. 그의 남다른 기자 경험이 진료에 큰 도움이 되고 있다.

내가 한 모든 것은 기자 때 배웠다

기자생활을 통해 쌓은 경험과 전문성을 갖고 새로운 영역으로 보폭을 넓힌 여성 기자의 활약상은 정관계에서 두드러진다. 언론계에서는 오랫동안 '여성 기자 = 문화부'라는 공식이 통용되면서 남성에 비해 여성이 상대적으로 역량을 펼칠 분야가 한정되었다. 하지만 이런 현실에 안주하지 않고 문화분야에서 자신만의 독보적 영역을 개척한 이들이 적지 않다.

정재숙 전 문화재청장은 서울경제, 한겨레를 거쳐 중앙일보에서 30년간 문화부 기자로 일했다. 언론인 출신으로 첫 문화재청장이 된 그는 한국여성기자협회에 기고한 글을 통해 "준비된 언론계 후배들이 이 나라 정책 일선에 다양하게 진출했으면 한다"면서 "기자 경력이 큰 재산이었다"고 말했다.

"예를 들어 하루에 서너 군데 행사를 뛰며 인사말을 해야 한다고 치자. 보도자료 읽듯이 행사 성격 파악하고, 인터뷰하듯 현장 관계자들 얘기 듣고, 취재하듯 지자체 현황 파악한 뒤, 기사 쓰고 제목 뽑듯 즉흥연설 하면 분위기가 달라졌다. 기자생활에서 훈련받은 모든 것이 다 도움이 되었다. 빨리 읽고, 설명 잘하고, 사람

파악하고, 결론 내고, 리뷰하고 …. 문화유산 정책 전반을 이해하고 판단하며 전망하는 모든 단계에서도 기자정신은 유효했다. ”

1975년 한국일보에 입사해 40년 가까이 문화정책 및 문화재에 천착해 온 최성자는 현재도 국립중앙박물관 운영자문위원으로 활동하고 있다. 굵직한 기획기사를 발굴하며 2권의 전문서적(《한국의 미》, 《한국의 멋 맛 소리》)을 펴내기도 한 그는 유네스코 아태무형유산센터 이사, 문화재청 무형문화재위원회 부위원장도 지냈다.

여기자 출신으로 최초의 장관이 된 이는 노태우 정부 시절 입각했던 조경희다. 1988년 여성정책을 전담하는 정무 제2장관실이 신설되면서 초대 장관에 취임했다. 조선일보를 시작으로 서울신문을 거쳐 한국일보에서 정년퇴임을 할 때까지 40년간 언론인으로 활동했다. 한국 수필문학의 대모로 불렸던 그는 문화·언론계 및 정계에 큰 족적을 남겼다.

1993년 문민정부 출범과 함께 구성된 첫 내각에서는 동아일보 출신인 권영자가 정무 제2장관으로 발탁되었다. 1975년 동아자유언론수호투쟁위원회 위원장을 지내는 등 언론민주화 투쟁에도 앞장선 그는 한국여성개발원 창립멤버이기도 하다. 같은 해 장관으로 임명되었던 송정숙 전 보사부 장관은 한국일보를 거쳐 서울신문에서 논설위원으로 활동했다.

지금은 중견 정치인이 된 박영선 전 중소벤처기업부 장관과 논객으로 활동하는 전여옥 전 국회의원은 2004년 17대 총선을 앞두고 나란히 열린우리당과 한나라당 대변인으로 발탁되었다. 여성 기자 출신이 양당의 입으로 정치무대에 데뷔하면서 시청자와 유권자들의 관심을 끌었다. 전 전 의원은 1981년 KBS 기자로, 박 전 장관은 1982년 MBC 아나운서로 입사해 기자로 전직했다. 박 전 장관은 MBC 최초 여성 특파원, 경제부장 등을 거쳤고, 전 전 의원 역시 도쿄특파원을 지내는 등 각기 MBC와 KBS를 대표하는 여성 기자로 활약했다.

조은희 전 서초구청장은 영남일보를 시작으로 경향신문 기자로 일했다. 1998년 김대중 정부에서 대통령 행사기획비서관, 문화관광비서관으로 공직을 시작했다. 이후 서울시 여성가족정책관을 거쳐 2010년에 여성 최초로 서울시 정무부시장을 지냈다. 2014년부터 2021년 11월까지 8, 9대 서초구청장을 역임했다.

기자 출신 현직 국회의원으로는 국민의힘 김은혜, 조수진 의원이 있다. 김 의원은 MBC 기자로 일하다가 2008년 이명박 정부 출범과 함께 공직을 시작했다. 청와대 대변인을 맡고 이후 MBN 앵커로 방송계에 복귀한 뒤 2020년 21대 총선에서 당선되었다. 미래한국당 비례대표로 국회에 입성한 조 의원은 국민일보를 거쳐 동아일보 논설위원을 지냈다.

문경란 전 중앙일보 논설위원은 2008년 국가인권위원회 상임위원(차관급)에 임명될 때까지 20여 년의 기자생활 내내 젠더라는 화두 하나를 잡고 살아왔다. 중앙일보에서 오랫동안 성폭력, 가정폭력 등 여성문제를 발굴하고 공론화하는 데 주력해 왔다. 2003년 호주제 폐지를 단독 보도했고, 이듬해 성매매방지법 논의 당시 성매매 여성들의 자활에 초점을 맞추는 내용의 기사를 집중적으로 쓰며 여론의 흐름을 바꾸는 데 기여했다. 서울시 인권위원회 위원장을 거쳐 현재는 경찰청 인권위원회 위원장, 스포츠인권연구소 대표를 맡고 있다.

김희경 전 여성가족부 차관은 동아일보에서 20년간 기자생활을 했다. 2009년 퇴사하여 세이브더칠드런에서 활동했다. 기자 출신이 정계나 기업이 아니라 NGO로 간 것부터 큰 화제였다. 다수의 저서를 낸 저술가이기도 한 그는 2018년 문화체육관광부 차관보를 거쳐 2020년까지 여성가족부 차관을 지냈다. 박선이 전 영상물등급위원회 위원장은 조선일보 논설위원 출신이다.

이제 소설가로 더 익숙한 조선희는 1982년 연합뉴스에서 출발해 한겨레와 영화주간지 씨네 21에서 일했다. 씨네 21 편집장을 지낸 그는 2006년부터 3년간 한국영상자료원 원장을 역임했고 2012년 서울문화재단 대표이사에 취임해 4년간 활약했다.

박성희 여성신문 주간 겸 W경제연구소장은 일흔을 바라보는 현재에도 왕성하게 활동함으로써 후배들에게 새로운 롤모델을 제시하고 있다. 한국경제 수석 논설위원을 지내고 퇴직한 뒤 7년간 대학 강단에 섰던 그는 다시 현장으로 돌아왔다. 여성신문에서 굵직한 재계 인사 인터뷰부터 〈갯마을 차차차〉 같은 트렌디 드라마 리뷰에 이르기까지 종횡무진 기사를 쓰고 있어 후배들에게 큰 자극을 주고 있다. '평생 현역'이란 명제를 몸소 실천하고 있는 셈이다.

CHAPTER 4

세상을 담다

언론 내공 600단, 30년 차 여성 기자 20명 이야기

박성희(전 한국경제신문 수석논설위원)

노영민 대통령비서실장이 8일 세계여성의 날을 맞아 청와대 출입 여기자 40여 명에게 장미꽃을 보냈다.

2019년 3월 8일 자 보도다. 이 기사의 방점은 청와대나 장미꽃이 아니라 '40여 명'에 찍힌다.

청와대에 첫 여성 출입기자가 나왔다(세계일보, 황정미)고 화제가 되었던 때가 1999년이다. 20년 만에 1명이 40여 명으로 늘어났다. 국내뿐이랴. 2001년 단 1명이던 여성 워싱턴특파원 역시 2020년 11명으로 증가했다. 2005년 중앙 일간지 첫 여성 편집국장(한겨레, 권태선)이 나온 뒤로 11년 만인 2016년엔 중앙 일간지 3곳에서 동시에 여성 편집국장이 배출되었다. 2021년 10월 서울신문에서는 세 번째 여성 편집국장이 나왔다.

1980년대 중반까지 문화부나 생활부에 한정되었던 여성 기자들의 출입처 장벽은 21세기 들어 여지없이 무너지고 부서졌다.

'금녀 영역'으로 간주되던 정치·경제·사회부로 여성 기자들이 뛰어들어 경력을 쌓으면서 정치부장, 경제부장, 사회부장의 유리천장도 깨졌다.

여성 기자들은 금녀 구역에 도전했을 뿐 아니라 힘들고 빛은 덜나는 분야도 주저 없이 맡아 주류로 만들고 자신만의 전문영역을 구축했다. 관련 분야 지식을 넓히기 위해 석박사 학위를 받는 등 자기계발에도 힘썼다.

이처럼 영역을 확장하고 언론계든 밖에서든 여전히 활발하게 활동하는 여성 기자들의 이야기를 전한다. 현재 직함은 논설위원, 자문위원, 부국장, 국장, 대표이사 등 다양하지만 편의상 기자로 통일했다. 지면상의 한계로 혹은 필자의 실수로 이름이 빠진 이들에겐 머리 숙여 용서를 구한다.

정치

한국일보에서 일찍이 몇몇 여성 기자를 정치부에 배정한 적 있었지만, 본격적인 정치부 여기자 시대는 1990년대에 열렸다. 1996년 조선일보(손정미), 중앙일보(이정민), 세계일보(황정미)가 정치부에 첫 여성 기자를 배치했다. 이 '실험적 조치'는 여성 편집국장(중앙일보, 세계일보)을 배출하는 성과를 낳았다. 서울신문의 문소영 기자는 정치부 기자, 정치부장을 거쳐 논설실장이 되었다.

최근에는 지상파 방송 3사의 첫 여성 정치부장도 나왔다. KBS가 2021년 4월 인사에서 송현정을 정치부장으로 발령 냈다. 앞서 2019년 12월 한국일보(최문선)에서 여성 정치부장이 나왔고, 한겨레는 2020년 3월(이주현)에 이어 2021년 9월 인사에서도 여성 정치부장(최혜정)을 발탁했다.

이정민 기자는 1996년 정치부에 발령받은 후 피플팀 파견 기간 6개월을 제외하고 줄곧 정치부에 근무했다. 중앙일보 창간(1965년) 이래 1호 정치부 여기자였다. 첫 출입처는 신한국당. 이후 국민회의, 한나라당, 민주당 등 여야를 오가며 정당 취재를 전담했다.

"정치부에 여기자가 왔다고 하니 보좌관들이 구경하러 왔어요. 기자실로."

1996년은 대선을 앞두고 이른바 '한나라당 9룡의 전쟁'이 펼쳐지던 때였다. 계보 정치의 마지막 세대였다.

"기자와 정치인이 '계보'라는 틀 안에서 공생하는 구조였어요. 당내 유일한 여기자로 온통 남자 판(국회의원, 보좌관, 비서관, 기자, 당직자 등)에서 취재하는 게 힘들었죠. 새벽부터 다음 날 자정 넘어서까지 취재하고 주말도 없이 일했어요."

지금은 상상도 안 되는 환경에서 일과 육아, 가정을 병행하는 것은 큰 도전이었다. 그래도 정치기자로 오래 버틴 이유는 "세상 돌아가는 이치를 짧은 시간에 압축적으로 배울 수 있었기 때문"이라고 했다. 정치는 사회 각 분야의 갈등 이슈가 모여드는 곳인 만큼 어떤 과정을 거쳐 협상하고 차선, 차악의 해법을 찾아내는지를 어깨 너머로 배울 수 있었다.

당시만 해도 3김 등 굵직한 정치인을 만나 대화할 수 있는 여건이었다. 덕분에 국가란 무엇인지, 지도자는 어떻게 만들어지는지, 리더십의 요체는 무엇인지를 많이 생각하게 되어 보람 있었다고 털어놓았다.

"야당 당수에서 최초로 수평적 정권교체를 이룬 DJ와 독대시간을 많이 갖고 그의 일생과 사상, 국가관, 철학에 대해 많은 대화를 할 수 있었어요. 정치부 기자로 일하는 데 큰 도움이 된 것은 물론 대인관계를 풀어 가는 데도 많은 영향을 받았어요."

1988년 중앙일보 입사, 정치부 차장, JTBC 정치부장,
중앙일보 정치부장, 편집국장, (현) 중앙일보 논설실장

후배들에게 기자는 자신이 취재해 확인한 사실로서 존재를 입증한다. 구도자같이 온갖 위험과 유혹을 견뎌 내고 스스로를 성찰하는 자세를 잊지 말아야 한다.

경제

기부왕으로 유명한 이수영 광원산업 회장은 1970년대에 서울경제 전국경제인연합회 출입기자였다. 1980년대와 1990년대 초반에는 KBS 최춘애 기자, MBC 홍은주 기자, 국민일보 제정임 기자 등이 경제부에서 활약했다.

여성 경제기자 시대가 제대로 열린 것은 1990년대 중반 이후다. 국민일보 제정임 기자에 이어 1996년 조선일보가 재정경제원에 여성 기자(강경희)를 출입시키니 동아일보(허문명), 중앙일보(신예리)가 잇따라 여성 기자를 내보냈다. 이후 경제의 하드 뉴스 분야에 여성 기자가 전진 배치됐다. 동아일보(신연수·하임숙), 중앙일보(최지영) 등에서 여성 산업부장이 활약했다. 서울신문 안미현 기자는 경제부장과 산업부장을 지내고 편집국장이 되는 코스를 밟았다.

경제분야 장벽을 뚫는 것이 정치분야만큼이나 녹록지 않았다는 것은 경제지 상황만 보아도 알 수 있다. 주요 부서 여성 부장이나 논설위원 배출은 종합지보다 한참 늦다. 한국경제는 1998년 첫 여성 논설위원(박성희)이 나왔지만 2호는 2021년(박성완)에야 나왔다. 매일경제는 2011년(채경옥), 서울경제는 2019년(정민정)에 여성 논설위원 1호가 나왔다.

강경희 기자는 조선일보 101년 역사에서 1호 경제부 여기자, 1호 여성 경제부장이다. 당시 여기자 인사가 으레 그랬듯 수습 떼고 문화부로 발령 나 말단 출입처인 방송 2진만 4년간 했다. 야근과 허드렛일도 마다 않고 열심히 하는 것을 눈여겨본 옆 부서(경제부) 부장이 "혹시 경제부 올 생각 있냐?"고 운을 떼자 손 번쩍 들고 '금녀 부서'를 뚫었다.

첫 출입처부터 경제부 최전방 재정경제원에 투입되었다.

"처음엔 보도자료 '해독'도 안 됐어요. 새벽같이 출근해 데스크가 과외교사로 정해 준 재경원 과장에게 교육받고 경제정책에 대한 지식을 쌓았죠. 첫해는 생존 그 자체가 목표였어요."

그가 안착하니 "여자가 무슨 경제부냐?"고 하던 사람들이 "경제가 원래 여자에게 잘 맞는다"고 말을 바꿨다. 그에 따르면 경제기자는 엘리트 관료와 경제전문가, 기업인 등을 만나 우리 사회에서 가장 앞선 분야를 취재하는 덕분에 배움과 성장의 기회가 열려 있다는 점이 매력이다

막강 인맥, 막강 취재력의 '에이스 1진' 밑에 배치되어 '어떻게 하면 선배 그늘에 가리지 않고 독자적으로 생존할까?'를 고민한 끝에 '현장에 답이 있다'는 소신으로 돌파했다. 2000년대 초 민노총의 효성 공장 파업 때도 중앙 매체에서 혼자 내려갔다. 파리특파원 시절에도 교황 요한 바오로 2세 선종, 프랑스 초유의 이민자 소요, 런던 테러 등 일이 터질 때마다 제일 먼저 현장에 간 덕에 주목받는 단독기사들을 쏟아 냈다.

1991년 조선일보 입사, 파리특파원, 사회정책부장, 경제부장,
조선비즈 편집국장, 제26대 한국여성기자협회 회장, (현) 조선일보 논설위원

후배들에게 기자는 내가 곧 사장이자 주인인 '1인 기업', 꾸준히 성장하라. 만약 비전을 상실한 정체 기업이라면 미적대지 말고 가슴 뛰는 일 찾아 떠나라.

안미현 기자는 '어떻게 버텼느냐'는 질문에 "술과 미모로 버텨 온 한 세월"이라고 호탕하게 받아치는 여장부다. 경제부장, 금융부장, 산업부장을 다 거친 '경제통'이지만 스스로는 "고백하건대 나는 경제를 잘 모른다"고 큰소리친다. 재테크도 형편없고, 난수표 같은 보도자료를 처음 마주했을 때의 막막함은 지금도 잊을 수 없다고. 기댈 데라고는 '사람'뿐, 그래서 "많이 만났고 많이 마셨다"고 생존 비결을 털어놓는다. 단, 지금은 세월이 달라져 그다지 유효한 팁은 아니라는 설명과 함께.

2000년대 초반 한국은행을 출입할 때 능력 출중하고 인품도 훌륭한 한은맨이 그의 '개인교사'로 배정되었다. 잊을 만하면 그에게 전화해 "기삿거리 없냐"고 '고문'했는데 반년 넘게 "없다"만 되풀이하던 그가 어느 날 조심스럽게 '발제'를 했다. 통계가 하나 나왔는데 물가 상승분과 세금을 빼면 사실상 예금 이자가 0%대에 진입했다는 것이었다. "이런 것밖에 찾지 못해 미안하다"는 그의 사과 아닌 사과가 무색하게, '실질금리 제로시대'는 큼지막하게 지면을 장식했다. 예나 지금이나 모든 취재의 시작과 끝은 사람이라고 굳건히 믿는다.

1991년 서울신문 입사, 경제부장, 금융부장, 산업부장,
논설위원, 편집국장, (현) 서울신문 수석논설위원

후배들에게 출입처 사람들이 나를 알게 하라. 개인플레이보다 팀이 더 유리할 때가 많다.

채경옥 기자는 1991년 매일경제에 입사했을 때 15년 만의 공채 여성 기자였다. 회사 내에서만 '희귀 여기자'가 아니고 경제 출입처 가는 곳곳마다 그랬다. 경제기획원 말진을 거쳐 1992년 금융, 1994년 증권, 1996년 전국경제인연합회와 10대 그룹을 출입할 때마다 유일한 여성 기자였다. 매일경제 내 여성 부장(뉴스속보부장) 1호였고, 2011년 논설위원이 되었을 때도 창간(1966년) 이래 첫 여성 논설위원이었다. 경제지 출신으로 한국여성기자협회 회장(2016년)이 된 사람도 채 기자가 처음이었다. 매일경제 출신이 언론단체 장이 된 것도 처음이어서 경제지 위상을 드높이는 데 기여했다.

흔히 여자들은 인맥 쌓기에 약하다지만, 채 기자는 특유의 친화력으로 남성들을 압도하는 인맥을 다졌다. 당장 발등에 떨어진 기삿거리에 연연하기보다는, 취재원과의 신뢰를 중요하게 여긴 덕분이다. "취재원에게 '오프 더 레코드'를 약속하고도 당장의 기삿거리나 보고할 정보가 없으면 지키지 않는 경우가 허다해요. 전 그것은 아니라고 생각했어요."

비리를 파헤치는 일에는 그다지 소질이 없는 스타일이다. 기왕이면 남들이 잘되도록 돕고, 잘됐으면 좋겠다는 긍정적 사고방식의 소유자이기 때문이다. 호기심 넘치는 성격인데 경제·산업 분야에서 10~20년 인생을 더 산 훌륭한 분들에게 공짜로 정제된 지식을 얻는 것은 경제기자로 누렸던 엄청난 즐거움이었다고 한다.

1991년 매일경제 입사, 뉴스속보부장, 논설위원, 주간부국장,
제27대 한국여성기자협회 회장, (현) 삼일회계법인 전문위원

후배들에게 기자는 국가와 민족을 위해 '배고픈 소크라테스'를 자처하는 직업이다. 돈은 기자 그만두고 작심하면 벌 수 있으니 기자로 사는 동안에는 본분에만 충실하길.

박성완 기자는 경제의 핵심인 금융시장과 자본시장을 집중 취재했다. 편집기자로 입사해 문화부를 거쳐 1999년 경제부로 발령 났다. 한국경제신문에서 경제부로 발령 난 첫 여성 기자였다.

어려운 경제 기사를 쉽고 정확하게 풀어내기 위해선 기초부터 제대로 알아야 한다는 생각에 미국 유학을 떠났다. 텍사스대(오스틴)에서 MBA 과정을 마쳤고, 국제재무분석사(CFA) 자격증도 땄다. 이렇게 쌓은 전문 지식을 바탕으로 국제부, 경제부, 증권부에서 환율, 금리, 주가 등 시장분석 기사와 재테크 기사를 두루 썼다. 한국은행을 출입할 땐 타사, 특히 종합지 기자들로부터 "선배 기사를 보면서 공부해요. 제일 이해하기 쉬워요"라는 소리를 들었다. 독자가 잘 이해 못하는 글을 쓰는 건 기자의 게으름 때문이라고 믿고 있다. 기사에 궁금증이 남지 않도록 끝까지 물어보는 집요함 때문에 부장 시절 데스킹 당하는(?) 후배들은 조금 괴롭지 않았을까 싶다.

한국경제신문의 '첫 경제부 여기자'라는 것 외에도 가는 곳마다 새 영역을 개척한 '1호 여기자'였다. 국제부장, 생활경제부장, 증권부장 등 경제 분야 첫 여성 데스크였고 첫 편집국 여성 부국장이었다. 한국경제신문의 1호 여성 논설위원이었던 박성희 전 논설위원 이후 11년 만에 2호 여성 논설위원이 됐다.

경제교육연구소장도 겸임하면서 초중생 경제·논술신문 〈주니어 생글생글〉을 창간했다. 29년 경제기자 경험과 대학 때 교직을 이수했던 것이 이렇게 시너지를 내는가 생각하면서 '경제와 교육의 가교' 역할을 한다. 내일은 또 어떤 '새로운 길'에서 '새로운 도전'을 하게 될까 궁금해하면서.

1993년 한국경제신문 입사, 국제부장, 생활경제부장, 증권부장,
편집국 부국장, (현) 논설위원 겸 경제교육연구소장

후배들에게 버려지는 경험은 하나도 없다. 어느 부서, 어느 출입처에 가더라도 최선을 다하고 자신만의 '자산'을 쌓아라. 지식이든, 글쓰기든, 네트워크든. 언젠가 자신의 경쟁력이 되어있음을 느끼는 순간이 온다.

사회

1980년대 중반까지 여성 기자들에게는 경찰출입 훈련 기회가 제대로 주어지지 않았다. 그러한 여건에서도 환경(동아일보, 정성희)이나 젠더(여성신문, 김효선)라는 한 분야에 매진해 양성평등 시대를 앞당기는 데 기여한 이도 있다. '시경 캡'은 사회부 경찰기자의 꽃으로 불린다. 첫 여성 시경 캡은 동아일보(허문명)에서 나왔다. 이후로 각 사에서 여성 시경 캡, 여성 사회부장이 등장했

다. 캄보디아의 일본군 위안부 훈 할머니를 처음 인터뷰했던 한국일보 이희정 기자가 사회부장을 지냈다.

정성희 기자는 경제 개발에 밀려 뒷전이던 환경분야를 지면 전면으로 끌어올리는 데 앞장섰다. 1993년 환경처(현 환경부)에 배치되었다. 주니어 기자가 담당하는 작은 출입처를 9년 차 기자에게 맡긴 셈이다. 그러나 1991년 낙동강 페놀오염 사건 이후 환경에 대한 국민적 관심이 폭발하면서 상황이 변했다.

수질, 대기, 폐기물 등 무엇이든 쓰면 기사가 되었다. 서울 올림픽을 계기로 대기의 규제가 강화되어 천연가스 버스 등이 도입되었다. 상수원 보호구역이 지정되는가 하면, 폐기물 종량제도 시행되었다.

"사회부 내부에선 보잘것없는 출입처였는지 모르지만 새로운 정보를 전달하고 사회적 반응을 이끌어 낼 수 있다는 재미와 선한 영향력을 미칠 수 있다는 의미가 있었어요."

환경분야는 대표적인 주창 저널리즘(*advocacy journalism*)이다. 다루는 영역이 광범위하고 전문용어가 많아 공부가 필요했다. 뒤늦게 1년간 휴직하고 대학원에 다닌 이유다. 기후변화의 파괴력은 어마어마하지만 미래에 일어날 일이어서 기사를 게재하려면 내부부터 설득해야 하는 일도 장벽이었다.

"기자로서 폼 나는 영역이 아니고 뒷전으로 밀려나기 일쑤였어요. 세월이 흘러 탄소 중립이 국가의 중요 어젠다가 되고 모든 기업이 ESG 경영을 외치는 모습을 보면 격세지감을 느낍니다."

1985년 동아일보 입사, 교육생활부장, 논설위원, 미디어연구소장,
제25대 한국여성기자협회 회장, (현) 서울대 언론정보학과, 이화여대 윤세영스쿨 강의

후배들에게 현재 빛나는 일을 찾아다니지 말고 현재 하고 있는 일이 빛나
게 하라.

김효선 기자는 젠더 한 분야를 파고들어 우리나라의 양성평등 시대
를 앞당기는 데 기여했다. 여성신문을 경영하면서 양성평등문화
인상, 대한민국여성스포츠대상 등을 제정하여 시상했다. 여성차
별정년제 철폐, 여성결혼 퇴직제 관행 고발, 정계 여성할당제 제
안, 여성 성폭력 고발 등을 끈질기게 제기했다. 그러면서 여성문
제는 개인의 문제가 아닌 사회 구조적 문제라는 사실을 알리는 데
앞장섰다.

"모델이 없어 여성의 관점으로 본 뉴스가치 판단이 힘들었어
요. 매호 제작할 때마다 난감했지만 그 덕분에 새로운 시도마다
미디어 여성운동의 역사가 됐어요. 여성주의 실천과 상업적 생존
사이에서 '뜻이 있는 곳에 돈이 없고, 돈이 있는 곳에 뜻이 없다'
는 말을 실감해 온 33년이었어요."

여성운동이라는 명분이나 사명감만으로 생존을 해결할 수 없는
가운데 경영 책임자로서 엄청난 부담 속에 살았다는 고백이다. 그
래도 33년이란 긴 세월 동안 여성주의 미디어의 정체성을 유지할

수 있었던 것은 아무 대가 없이 기꺼이 돕고 협력한 후원자들 덕분이라고 한다. 지금도 직접 칼럼을 쓰고 있는 '김 기자' 발행인이다.

1989년 여성신문 입사, 편집국장, 비즈우먼 대표, (현) 여성신문 대표이사 사장

후배들에게 뜻이 있는 곳에 돈이 있는 세상이 왔으니 좋은 뜻 맘껏 펼치며 살기를.

허문명 기자는 국내 언론사상 첫 여성 시경 캡(사건기자 팀장)이다. 여성 기자는 지방 출장도 잘 보내지 않던 시절, 갓 수습 딱지를 뗐거나 만 1년 남짓 기자생활을 한 후배 6명을 이끌고 3년간 경찰서를 출입하며 거친 사건·사고 현장을 누볐다.

"후배들은 매너리즘과 게으름에 빠진 나를 열정과 에너지로 끌어올린다. 그들로부터 얼마나 많은 것을 배우는지 모른다. 세상에 대한 호기심, 열리고 발랄한 시각, 어떻게 하면 훌륭한 기자가 될 수 있는가 하는 고뇌 등…. 오랫동안 잊고 지냈던 내 안의 또 다른 모습을 그들 속에서 발견한다. 이 얼마나 가슴 뛰는 일인가."

여성 기자는 매년 한 명만 뽑는 것이 당연시되던 시절 입사해 '첫 여성 ○○'라는 타이틀도 많지만 그런 얘기가 이제 젊은 후배들에게는 와닿지 않는 시대가 된 것이 기쁘다. 기자로 30여 년, 권력과 명예를 가진 다양한 직업의 사람도 만났고, 삶의 나락에 빠졌다가 다시 힘을 내서 원하는 것을 성취한 사람도 만났다. 그들로부터 자극도 받았지만 모든 것은 영원하지 않다는 삶의 지혜

도 얻었다. 그래서 기자를 '정말 고마운 직업'이라고 생각한다.

글의 힘이 갈수록 무력해지고 기자 개개인의 존재감이 약해지는 시대가 혼란스럽다. 그래도 '세상에 어쩌면 이런 직업이 있나?' 생각하면서 아직도 취재현장에 가거나 인터뷰할 사람 만나면 설레고 두근거리는 '뼛속까지' 기자다.

1990년 동아일보 입사, 오피니언팀장, 국제부장, 논설위원,
저서 《김지하와 그의 시대》, 《경제사상가 이건희》 등, (현) 동아일보 출판국 부국장

후배들에게 이 나이 되어 보니 후배에게 메시지를 주어야 한다는 것 자체가 꼰대짓. 그냥 마음 터놓고 수다 떨고 싶어요.

김영희 기자는 "모자란 곳에 물을 채우는 역할이라 생각하고 물 흐르듯 살았다. 살다 보니 이 자리더라"고 언론생활을 돌이켰다. 입사 당시, 5년 만에 들어온 유일한 여성 취재기자에게 선배들은 "문화부 같은 데 관심 있는 티 내지 말라"고 신신당부했다. 선배들 조언과 달리 정당이나 법조 같은 하드한 곳은 피해 다녔단다. 일찍 낳은 두 아이의 독박육아를 피해 남편 따라 연수와 휴직도 꽤 길게 한 '워라밸'(일과 가정의 양립) 이력의 소유자다.

상대적으로 양성평등에 앞서간 한겨레이지만 법조 출입 경험 없는 첫 여성 사회부장(사회에디터)은 파격이었다. 소통과 협력이 강조되기 시작한 때라 가능한 일이었다. 국정 교과서에서부터 강남역 사건, 국정농단과 촛불까지 우리 사회의 가장 뜨거운 시

기에 보도를 주도해 나갔다. 태극기와 촛불의 갈등이 치닫던 때 편집회의 결정으로 사회부장으로서 직접 현장에 나가 1면 톱기사를 썼다.

사회부장과 논설위원을 거치고 12년 만에 현장에 복귀했다. 인기 없어도 꼭 필요한 분야를 맡는 것이 모두에게 윈윈이 될 것이라는 생각에서 경험 없는 미디어 담당을 자원했다.

"기자가 어느 정도 존중받던 때와 지금 현장은 너무 달라졌더라. 딱 한 가지만 같다. 아침 발제, 주간 발제가 괴롭다는 것!"

1993년 한겨레 입사, 국제부장, 문화부장, 사회에디터,
논설위원, 총괄부국장, (현) 한겨레 문화부 선임기자

후배들에게 힘들어도 스스로를 학대하거나 너무 주변을 원망하지 마라. 초조함은 본인을 갉아먹고 분노는 함께 일하려는 사람들을 줄인다.

국제

1985년 여성 특파원 1호(조선일보 윤호미, 파리), 1991년 2호(KBS 전여옥, 도쿄)가 나왔다. MBC는 1995년 LA에 첫 여성 특파원(박영선)을 내보냈다. 이후 이정옥, 전복수(KBS), 권태선(한겨레), 김은주, 현경숙(연합뉴스), 함혜리(서울신문) 기자 등 여성 특파원 숫자가 늘어나기 시작했다. 특파원의 마지막 관문인

워싱턴은 2001년(조선일보, 강인선) 열렸다. 이후 문화일보의 이미숙, 서울신문의 김균미 기자 등이 워싱턴을 누볐다. 2021년 현재 도쿄, 파리, 베이징 등 지역 가리지 않고 여성 특파원이 파견되고 워싱턴특파원의 30%가량이 여성이다.

강인선 기자는 여성 워싱턴특파원 시대의 깃발을 들었다. 워싱턴에서 두 차례, 10년 가까이 근무한 국제통이다. 첫 발령 때는 2001년부터 2006년 3월까지 5년간 일했다. 당시만 해도 회사에 특파원 지원 제도가 따로 없었다. 미국 하버드대 연수 중 특파원 발령이 났다. 국제정치학을 전공하고 국제문제를 많이 다루어 선발된 것으로 생각했다고 한다. 두 번째 부임은 2016년이었다. 회사의 단기 연수특파원 제도로 워싱턴에 갔다가 지국장으로 발령나 2020년 3월까지 있었다.

"2001년 처음 부임했을 땐 워싱턴에 여성 특파원이 혼자여서 악전고투했어요. 2016년에 다시 가서는 여성이 3분의 1이 넘는 것을 보고 나름 뿌듯함과 보람을 느꼈지요."

워싱턴특파원으로 일한 전 과정이 다 중요하지만, 이라크 전쟁 당시 종군기자로 현지에 가서 40일간 전쟁 보도를 한 것은 특히 잊을 수 없다고 한다. 무엇보다 힘들었던 것은 체력 문제였다. 워싱턴과 서울의 시차 때문에 매일 밤새워 하는 일은 육체적·정신적 한계를 시험하는 수준이었다. 그래도 워싱턴특파원으로 오래 근무한 덕분에 "국제정치학 전공자로서 국제사회와 한반도 주변

정세에 대한 취재와 공부를 커리어의 축으로 삼을 수 있는 중요한
계기가 됐다"고 했다.

1990년 조선일보 입사, 워싱턴특파원, 국제부장, 주말뉴스부장,
워싱턴지국장, (현) 조선일보 디지털콘텐츠기획 및 외교담당 에디터

후배들에게 더 멀리, 더 크게 보라. 남의 말보다 자신의 목소리에 귀 기울여라.
몸, 돈, 글 관리는 지독하고 철저하게.

이미숙 기자는 주니어 시절 문화부 클래식음악 담당일 때 정치부
의 통일부 출입 선배(김승현, 작고)가 문화부를 희망해 부장들 승
인하에 부서를 맞바꿨다. 이후 통일부, 외교부, 청와대 등을 출
입하면서 외교·통일·국제 분야에서 줄곧 커리어를 쌓았다. 전
·현직 당국자들, 미·일·한반도 전문가들과 네트워크를 유지
하며 외국 신문과 저널을 꾸준히 읽은 것이 외교·안보 분야 저널
리스트로 커 나가는 데 도움이 됐다고 한다.

'내가 쓴 글이 세상을 바꿀 수 있다'는 신념으로, '역사의 기소
장을 쓴다'(문화일보의 이용식 주필 표현)는 결연함으로 시시비비
를 가리며 사설을 쓰고 칼럼을 쓴다. 새벽 3시 40분에 일어나 출
근하는 석간 기자의 삶은 고단하지만 조간신문과 차별화된 시각
과 분석으로 사설과 칼럼을 쓰고 그 글이 공감을 얻으며 세상을
움직일 때 보람을 느낀다고 한다.

2009년 3월 외교안보팀장 시절, 미국 여성 기자 로라 링, 유나

리 북한 억류사건을 특종 보도했다. 전직 고위 당국자가 저녁 자리에서 들은 얘기라며 무심코 건네준 한 토막의 뉴스를 외교소식통 및 청와대 외교안보수석실에서 크로스체크해 보도할 수 있었다. 첫 보도 후 8월 빌 클린턴 전 미국 대통령의 평양 방문으로 두 여성 기자가 석방될 때까지 문화일보가 뉴스를 주도했다. 전직 인사들의 한 마디, 한 마디가 훌륭한 뉴스 소스가 된다는 평범한 교훈을 잊지 않은 덕분이다.

1991년 문화일보 입사, 워싱턴특파원, 국제부장, (현) 문화일보 논설위원

후배들에게 저널리스트는 '사회의 퍼블릭 마인드'라는 생각으로 어려움이 있을 때마다 '글로 승부하고, 글로 세상을 바꾼다'고 되뇌면 신기하게도 평정심을 찾게 된다. 치열하게 읽고, 메모하고, 토론하고, 썼으면 한다.

김수정 기자는 기자생활 30년 중 20년을 외교·안보 분야에서 보냈다. "1991년 12월 남북고위급회담 전후 판문점에서 만난 노동신문 기자들의 헤진 와이셔츠 소매가 강렬한 인상으로 남았다"고 한다. "야근하는 국제부엔 여기자 못 받는다"던 '꼰대' 데스크가 물러난 뒤부터 국제부 근무를 거쳐 외교부와 통일부, 국방부를 출입했다.

"조각난 팩트를 '왕건이'로 완성하는 퍼즐 맞추기에 엔도르핀이 돌았다. 점심 먹었는데도 식사하러 나가는 핵심 취재원을 만나면 한 마디라도 더 들으려고 짜장면을 한 그릇 더 비웠다."

이산가족 취재 중 기사 작성이 힘들 정도로 눈물 쏟은 감성파다. 북핵 등 한반도 문제는 터지면 대형 이슈라 늘 머리카락 뜯는 스트레스 속에 살면서도 한번 쓰면 온 세상을 얻은 듯한 단독기사의 마력에서 헤어나질 못했다.

1년 해외연수에서 돌아온 지 며칠 안 돼 베이징 6자회담(2005년) 취재차 출장 갔다. 회담 파국 원인이 북한의 BDA 제재 반발 때문임을 확인하고 특종기사를 송고한 뒤 뿌듯하게 귀국했다. 그런데 고작 그 2주 만에 아이들의 영어 말문이 닫힌 것을 보고는 허탈했다고 한다. 얼굴 찌푸린 채 기사 쓰는 엄마를 보고 자란 아들이 초등학교 때 장래 희망을 "아무 일도 안 한다"고 적어 냈다. 그 충격에 집에서는 기사 안 쓴다는 (지켜지지 않은) 철칙을 세웠다. 푸근한 품성 덕에 중앙일보 첫 여성 행정국장을 맡은 그를 동료, 후배들은 '무터(독일어로 엄마) 국장'으로 따랐다.

1990년 서울신문 입사, 중앙일보 외교안보팀장, 행정국장, 정치국제담당(부국장), 논설위원, (현) 중앙일보 콘텐트제작 Chief 에디터, 제29대 한국여성기자협회 회장

후배들에게 우리의 글쓰기는 사익이 아닌 사회 진보를 위한 것. 세파 몰아쳐도 자긍심을 잃지 마라. '기사는 내가 아니라 시간이 막아 준다.' 여유를 가져라. 자신을 갉아먹지 말라는 얘기다.

2005년 중앙 일간지 첫 여성 편집국장(한겨레, 권태선)에 이어 2013
년 황정미(세계일보) 국장이 두 번째로 천장을 깼다. 2016년 한 해
에 김균미(서울신문), 김민아(경향신문), 황정미(세계일보) 등 여
성 3명이 편집국장으로 활약했다. 2017년 중앙일보에서도 첫 여성
편집국장(이정민)이 나왔다. 서울신문은 김균미 국장에 이어 2019
년 안미현 국장이 기자 투표로 두 번째 여성 편집국장에 선출되었
고, 2021년 황수정 국장이 세 번째 여성 편집국장으로 취임했다.

   아직 지상파 방송에서는 여성 보도국장이 나오지 않았지만, 종
합편성채널에서는 2020년 강수진 채널A 뉴스본부장이 1호 타이
틀을 달았다. 2021년 통신사 연합뉴스에서 조채희 기자가 첫 여
성 뉴스총국장이 되었다.

김균미 기자는 32년 동안 사회, 문화, 정치, 경제, 국제부에서 두
루 일했지만, 6~7년을 빼고 경제부와 국제부에서 주로 취재했
다. 서울신문 첫 여성 종군기자와 워싱턴특파원으로 활약했다.

   2003년 3월 사진부 남자 후배와 이라크전을 취재하러 쿠웨이트
에 급파되었다. 도착 다음 날 이라크 접경지대로 향하는 미군 행
렬을 취재하다 미군과 현지 경찰에 붙잡혀 몇 시간 동안 가슴 졸
였던 일이 아직도 생생하다. "한국으로 돌아가는 것 아닌가 걱정
했는데 풀려나 다음 날 1면에 사진과 르포 1신을 보냈다"고 한다.

총알과 포탄이 날아다니는 전장은 아니었지만, 종군기자로 거의 한 달간 크고 작은 위기 상황에 대응하면서 기자로서 역할과 한계를 고민하는 계기가 되었다.

워싱턴특파원을 다녀온 뒤 2016년 남자 동기와 편집국장 후보로 지명되어 투표로 편집국장에 선출되었다. 서울신문 112년 역사상 첫 여성 편집국장이었다. 주변의 축하와 기대도 버거웠지만 "역사의 무게 못지않게 변화하는 미디어 환경에 어떻게 대응해 나갈 것인지가 더 큰 과제이고 부담이었다"고 한다. 2016~2017년 편집국장 시절은 국정농단 사건과 촛불시위, 대통령 탄핵과 조기 대통령 선거 등으로 정신없이 지나갔다.

"계획했던 일을 다 해 보지 못했다는 아쉬움도 남지만, 이라크에서도 미국에서도 세종대로 내다보는 사무실에서도 가장 중시한 것은 현장이고 균형이었다."

1989년 서울신문 입사, 워싱턴특파원, 국제부장, 문화에디터, 편집국장, 수석논설위원, 젠더연구소장, 제28대 한국여성기자협회 회장, (현) 서울신문 편집인

후배들에게 취재하거나 뭔가를 결정할 때 가능하면 찬반 이유 3가지를 꼽아 보라. 생각이 정리되어 실수와 후회를 줄이고 전력 질주할 수 있다.

조채희 기자는 수습 떼고 스포츠부에 발령 났다. '회사 최초의 스포츠부 여기자'라는 시선에 "좀 촌스러운 동네에 입사했나 봐"라고 구시렁거렸던 나름 신세대였다. 사회부 경찰기자를 하고, 교육부를

맡아 입시 기사를 쓸 때도, 문화부와 국제뉴스부를 거쳐 사회부 데스크를 할 때도 여기자임을 의식하지 않고 살았다고 한다. 문화부장, 국제뉴스부장, 사회부장 등을 거친 뒤 편집총국장 자리까지 뚫고 올라갔다.

신임 사장이 사원 투표를 거쳐 임명하는 편집총국장(편집국장) 후보자로 조 기자를 지명했을 때 '연합뉴스 최초의 여성 편집총국장이 되는 것'이라고 주변에서는 대단한 의미를 부여했다. 하지만 정작 그 자신은 평소 말투대로 손사래를 치면서 "뭐 그걸 강조해"라며 쿨하게 반응했다.

'취재 열심히 하자, 팩트 꼼꼼히 확인하자, 단독기사 많이 쓰자, 호기심을 갖자, 조직에서 쓸모 있는 사람이 되자'는 생각으로 열심히 했다. 그런데 29년 차인 지금 아쉬움은 남는다고 한다. '기사 잘 쓰고 데스킹 잘하려고 노력했지만, 남자 동료들과 비교해 네트워킹 능력이나 이른바 정무 감각, 사업 감각은 부족하구나', '편집국 아닌 분야, 사업분야에서 일하면서 시야를 더 넓혀볼걸' 하면서 자신을 끊임없이 되돌아본다.

1993년 연합뉴스 입사, 국제뉴스부장, 문화부장, 사회부장,
콘텐츠평가위원, 논설위원, 외국어에디터, (현) 연합뉴스 편집총국장

후배들에게 수습기자 3분의 2가 여성이다. 이제 '여기자'라는 별도 종족은 없는 듯하다. 다양한 업무에 도전하고 자신의 긍정적인 면을 많이 세일즈하길. 너무 겸손할 필요 없다.

주필과 논설실장은 편집국장과 함께 신문사를 끌고 가는 기둥이다. 여성 기자에게는 높고도 먼 산이었다. 1998년 장명수 주필(한국일보)이 처음 벽을 깬 뒤 2005년 임영숙(서울신문)이 두 번째로 중앙 일간지 주필이 되었다. 2018년 서울신문(문소영)에 이어 2020년 중앙일보(이정민), 2021년 경향신문(김민아)이 각각 여성 논설실장을 임명했다. 방송사에는 해설실장이 있다. KBS에서는 도쿄특파원, 경제부장을 거쳐 전복수 기자가 2013년 해설실장을 지냈고, 도쿄특파원, 국제부장 등을 지낸 김혜례 기자가 2018년 바통을 이어받았다.

김민아 기자는 사회부 법조팀과 정치부 정당팀에서 주로 커리어를 쌓았다. 경향신문 첫 여성 사회부장과 편집국장에 이어 논설실장을 맡고 있다.

여성 기자가 드물었던 시절, 법조와 정당기자로 뛰었다. "모든 출입처는 낯설다. 하지만 신참의 설움을 딛고 6개월만 버티면 어느새 익숙해져 있는 나 자신을 발견하게 된다. 물론 그 6개월이 6년처럼 느껴진다. 자괴감과 스트레스도 디폴트값이다. 그래도 '시간이 해결해 줄 것'이라 여기며 담당 분야의 기본을 익히는 데 주력했다"고 '비결'을 풀어놓았다.

기자는 자신의 생각을 펼칠 공간과 채널이 있어 좋다. 하지만 기사를 위해 가까운 취재원에게도 냉정해지고 때로는 절연할 각오까지 해야 한다는 점이 30년 지난 지금도 그에게는 어렵다. 진료 중 환자가 휘두른 흉기에 찔려 숨진 고 임세원 강북삼성병원 정신건강의학과 교수가 '의사자'(義死者)로 인정되는 데 조금이나마 기여한 게 보람 있다고 했다. 선고를 앞두고 토요판 커버스토리로 '의사 임세원이 남긴 질문: 의로운 죽음의 조건'이라는 기사를 썼다. 법원에서 유족의 손을 들어 줬고, 보건복지부도 의사자로 결정했다.

셀 수 없이 많은 취재원을 만났지만 "문학적 평가와 대중적 인기를 함께 누리는 시인 박준과 아들보다 더 시인 같았던 덤프트럭 운전기사 출신 아버지 박상수 씨가 가장 기억에 남는다.

1990년 경향신문 입사, 정치부 차장, 특집기획부장,
사회부장, 논설위원, 편집국장, (현) 경향신문 논설실장

후배들에게 타인의 시선에 지나치게 휘둘리지 마라. 남들은 내가 생각하는 것만큼 나한테 관심이 없다.

문소영 기자는 2018년부터 3년 5개월간 서울신문의 '최장수 논설실장'을 지냈다. 몇 개 부서만 빼고 편집국 부서 대부분을 섭렵했다. 오래 있었던 부서는 정치부와 경제부이지만, 30여 년의 기자생활 중 제일 의미 있는 부서로 겨우 8개월간 일했던 체육부를 꼽는다.

"한 부서에 2년 이상 장기 체류하는 기자의 특징은 둘 중 하나

이다. 하나는 아주 유능해서, 다른 하나는 아무도 데려가고 싶어 하지 않아서다. 1년을 못 채우는 인사이동이 적지 않았는데 내 경우는 앞의 두 특징에 해당사항은 없고 그저 적잖게 미움받았다고 추정한다." 귀엽고 싹싹한 후배는 아니었다고.

문화부 보직차장 1년 만에 체육부에 발령 난 건 "불분명한 이유로 당시 편집국장 눈 밖에 났기 때문"이라고 생각했다. 관훈클럽에서 지원받은 저서 《못난 조선》을 출간하면 회사를 그만두어야지 모질게 마음먹었는데 한 달도 안 돼 다짐을 잊었단다.

"탁구, 사격, 바둑, 배구 같은 비인기 종목 출입기자를 하면서 스포츠와 선수들의 순수한 기쁨을 알게 된 덕분이지요."

각별한 즐거움도 있었다. 세계탁구대회로 출장 간 모스크바에서 미라가 된 레닌을 친견한 것, 이명박 정부 시절 청와대 정책실장으로 발탁된 김대기 문화체육관광부 2차관과 '우정'을 쌓은 것 등이다. 기사만 안 쓰면 기자도 할 만하다는 선배들 말을 믿지 않았다. 살 만한 세상을 만들려면 좋은 기사 발굴하는 기자가 정말 중요하다. 어느 상황에서도 '기자'라는 인식을 잃지 않았다고 자부한다.

1992년 서울신문 입사, 사회2부장, 금융부장, 정치부장, 논설실장,
《못난 조선》 등 저서 2권, (현) 서울신문 논설위원.

후배들에게 물먹은 인사 이후 욕하며 술자리에서 허송세월할 것인지, 기자 일의 즐거움을 새로 찾을지는 각자 세계관에 달렸다. 다만 중요한 사실 하나는, 나를 물먹인 분들이 나보다 먼저 회사를 떠난다는 것이다.

김혜례 기자는 1년 차 회사원인 아들이 "엄마는 어떻게 30년 넘게 버텼어?"라고 물었을 때 "돈 벌기 힘들지?"라며 위로를 건네면서도 내심으로 가소로운 생각도 들었다고 한다. 주 6일 근무에 하루 평균 13~14시간 동안 일하면서 매 순간 놓친 기사는 없는지 확인하는 긴장된 나날을 만 34년 보낸 덕에 차분하고 부드러운 외양과 달리 내면은 무쇠처럼 단단한 '철의 여인'이 되었기 때문이다.

정치부와 특집부 빼고 보도국 내외근 부서는 다 돌았다. 1990년대 초반까지 대입 학력고사는 전 언론을 도배하는 큰 뉴스였다. '9시 뉴스 톱 아이템을 여기자가 방송하면 안 된다'는 납득 못 할 이유로 교육부 1진이 쉽고 간단한 발표기사를 제작하고, 2진이던 김 기자가 되레 심층 해설기사를 제작하는 시절도 보냈다. 걸프전 당시 국제부에 근무 중이었는데 "전쟁 리포트를 여기자가 만들 수는 없다"며 아침 뉴스의 해외토픽 코너를 떠맡기는 바람에 만삭 때까지 TV에 출연해야 했다.

지금도 가끔 방송사고 나는 악몽을 꿀 때가 있다고 한다. 20여 년 전 TV 편집부에서 9시 뉴스 진행 PD를 맡았을 때의 긴장감이 뼛속까지 각인되었기 때문이다. 그런 긴장 속에 만 34년을 버틴 비결은 "내 자신에 부끄럽지 않도록 밥값은 하자"는 단순한 생각 때문이었다. "남성 기자의 2배는 일해야 비슷한 평가를 받는다"는 여성 기자 선배들의 충고를 자주 떠올렸다.

1987년 KBS 입사, 〈뉴스광장〉 앵커, 도쿄특파원, 국제부장, 해설실장, 춘천방송총국장, (현) KBS 심의위원

후배들에게 회사일이건 결혼, 육아건 일단 저질러라. 아무리 힘들어도 죽지 않는다.

방송·종편

고희경 기자 역시 어디에 가나, 뭘 하나 '최초'란 수식어가 따라다니던 시절을 거쳐 방송에서 여성 기자가 메인 뉴스를 단독 진행하는 시대까지, 취재와 뉴스 진행을 오가며 30년을 잘 버텼다고 자평한다.

1996년 말 서울지검 기자실로 출근했더니 검찰 출입기자로 방송 여기자는 처음 본단다. 2007년 〈SBS 나이트라인〉 앵커를 맡으니 여성 기자가 마감 뉴스를 단독 진행하는 것은 또 처음이란다. 2015년 11월 'SBS 창사 이래 첫 여성 보직부장'이 되었고, 2017년 말엔 아예 처음 생기는 부서를 맡게 되었다.

" '전략뉴스부'라는 신설 부서를 맡았는데 그야말로 저의 리더십이 시험대로 오른 시기였죠. 부원 7명 전원이 저보다 나이가 많았거든요. 부원의 언론 경력을 합치니 자그마치 200년이 넘더라구요. "

처음엔 '조직이 나를 시험하는 건가?', '아무도 안 맡으려고 하니깐 만만한 여성에게 떠맡긴 건가?', 별별 생각이 다 들었다. 그런데 '내가 아니면 안 되는 일인가 보다'라고 생각을 바꿔 그야말로 계급장 떼고 팀원들과 열심히 소통해 성과를 냈다.

"지금은 각자 다른 부서로 뿔뿔이 흩어졌지만 요즘도 한 달에 한 번씩 모여 같이 점심을 먹어요. 물론 모임 총무는 나이가 가장 어린 제가 하죠."

1991년 SBS 입사, 기획취재부장, 뉴스제작부장, 전략뉴스부장,
〈주말 SBS 8뉴스〉, 〈나이트라인〉, 〈토론공감〉 진행, (현) 일반뉴스부 부장

후배들에게 때때로 삶이, 조직이 그대를 속일지라도 버팁시다. 결국 버티는 자가 이기는 거니까요.

신예리 기자는 신문기자로 20년, 방송 언론인으로 10년간 일했다. 속칭 '펜기자'로 20년 군은살이 박였는데도 방송으로 옮긴 뒤 첫 5년간 보도국 부장 역할과 앵커를 병행했다. 그 후 5년간 시사교양 프로그램을 제작하는 국장과 앵커 역할을 동시에 해내고 있다.

신문기자와 방송기자, 앵커와 PD 업무를 모두 경험한 남다른 경력의 소유자가 될 수 있었던 것은 변화를 두려워하지 않고 새로운 분야에 뛰어드는 적극성 덕분이다. 낯선 임무가 주어져도 '잘할 수 있을까?' 의구심 품기보다는 '일단 해 보지, 뭐' 하고 겁 없이 일을 벌이는 스타일이다.

그래서 개국 이전에 보도국을 세팅하는 TF 일원으로 참여해 신입·경력 기자들을 뽑고, 뉴스 포맷을 만들고, 각종 계약을 진행하는 등 말 그대로 무에서 유를 창조하는 일을 했다. 이후 후배들과 함께 JTBC 뉴스룸의 성가를 높이는 데 기여할 수 있었던 것이

큰 보람이었다고 한다.

앵커로서 장장 7년 3개월간 〈JTBC 밤샘 토론〉을 진행했다. 4년 7개월째 방송되는 〈차이나는 클라스: 질문 있습니다〉를 기획·제작하는 것 역시 자타가 공인하는 자랑스러운 성과다.

1990년 중앙일보 입사, 사회부·국제부·경제부·문화부 기자, 논설위원, JTBC 국제부장, (현) JTBC 보도제작국장 겸 보도컨텐트혁신위원장

> **후배들에게** 피할 수 없으면 즐겨라. 새 업무를 할 기회가 주어질 때 빼지 말고 용감하게 뛰어들길.

강수진 기자는 시원한 성격과 달리 '어떻게 살아남았나?'라는 질문에 며칠을 끙끙댔다. "내 30년 기자 삶을 어떻게 짧은 분량에 갈아 넣으란 말인가?" 의외로 그가 내린 결론은 간단했다. "내가 살아남은 것이 아니었다. 긴 세월 함께한 선배, 동료, 후배들이 나를 살·렸·다. 그냥 나는 그들과 30년을 유쾌 발랄하게 전력 질주했을 뿐이었다."

강 기자를 좀 아는 사람은 '유쾌 발랄'에 방점을 찍을 것이다. 강 기자를 잘 아는 사람이라면 '전력 질주'에 고개를 더 끄덕여 준다. 그리고 유심히 지켜본 사람이라면 혼자 뛰어 나가는 대신 함께 달리려는 보이지 않는 노력도 알아채지 않았을까.

여성 기자는 늘어나지만 여성 간부 비율은 여전히 저조하다. 홀로 빛나던 기자도 함께 일하는 순간 냉혹한 평가를 받기도 하는

것을 수차례 목도했다. 그래서인지 자신의 이야기 대신에 후배들과 나누고 싶은 팁에 더 많은 지면을 할애하고 싶다고 했다.

1992년 동아일보 입사, 동아일보 문화부장, 편집국 부국장,
채널A 문화과학부장, 국제부장, 보도본부 부본부장, (현) 채널A 보도본부장

후배들에게 첫째, 훌륭한 리더에 앞서 좋은 팔로워부터 되라. 과연 내가 긍정적이고 헌신적으로 함께 일할 수 있는 '원픽' 동료인지 생각해 보라. 둘째, 정답이 아닌 솔루션을 찾아라. 여성 기자들은 똑똑하다. 하지만 똑똑하다고 현명하게 판단하는 것은 아니다. 셋째, 소탐대실하지 마라. 힘든 일은 나만 한다고 착각하지 마라. 선배가 리더일 때는 선배에게, 내가 이끈 업무는 함께한 후배에게 공을 돌려라.

날카롭게 파헤치고 따뜻하게 안아 주다

김정수(사회복지학 박사·전 중앙일보 기자)

"김 기자님은 제가 어떻게 대답하길 원하세요?"

2005년 9월, 나이아가라 폭포를 둘러보던 기현 씨의 태도가 갑자기 싸늘해졌다. 대자연의 웅장함을 시각장애인으로서 어떻게 느끼는지 물어본 것이 문제였다.

우리는 한국장애인재활협회가 주관하는 '제1회 장애청년드림팀, 6대륙에 도전하다'라는 프로젝트의 캐나다 연수팀 소속으로, 귀국 직전 휴일을 이용해 팀원들과 현지 관광을 하던 중이었다. 당시 중앙일보 보건복지 담당 기자였던 나는 언론계 전문가 겸 장애청년 활동보조인 자격으로 프로젝트 참가 기회를 얻었다.

기현 씨는 '중증장애인의 고용'을 살펴보러 온 캐나다팀의 장애청년 5명 중 한 명이었다. 명문대 입학 직후 의료사고로 전신마비에 이르렀다가 재활에 성공했지만 시각은 찾지 못한 '중도장애인'이었다. 특수대학원 재학 중인 30세의 신혼 여성이기도 했다. 신문기자로서는 한마디로 '얘기가 되는 취재원'이었다. 하지만, 그는 장애인에 대한 비장애인들의 일상적 태도에 아직 적응하지 못한 상태였다. 사람들의 호기심이나 동정적 태도, '(시각) 장애인은 어떨 것이다'라는 식의 선입견에 매우 민감했다. 내가 괜히 취재 욕심을 부리다가 그의 예민한 부분을 건드린 것이다.

동행취재를 겸한 7박 8일의 연수 기간 내내 나는 실수 연발이었다. 고 3 때 사고로 하반신이 마비되어 전동휠체어를 타고 다니는 남성 팀원에게 화장실 문을 열어 주려다가 "먼저 도움을 요청하기 전까지는 그냥 스스로 할 수 있도록 놔두는 게 예의예요"라는 말을 들었다. 청각장애인 팀원에게 이야기할 때에는 얼굴을 보면서 입 모양을 좀 더 크게 하는 게 좋다는 것을 자꾸 잊었다.

사실 나는 복지 서비스나 지원 정책에 대한 장애인의 욕구가 장애 유형이나 정도만으로 단순화할 수 없다는 것, 각자 살아온 과정이나 상황에 따라 다를 수 있다는 것을 그 연수 전까지는 생각해 볼 기회가 없었다. 한국에서는 그 많은 장애인이 어디에 숨어 지내기라도 하는 듯, 일상에서 마주칠 일이 별로 없었기 때문이다.

어떤 대상에 대한 개인 또는 사회적 인식이나 태도는 그 대상을 얼마나 잘 아는지와 관련이 있다. 그 지식의 정확도와 깊이는 그 대상에 대해 얼마나 관심을 가지고, 얼마나 많이 접하느냐에 따라 달라질 수 있다. 《사피엔스》의 저자 유발 하라리의 표현을 빌리면, 인본주의 사회에서 지식 (knowledge) 은 감수성 (self awareness) 과 경험 (experiences) 의 상호 강화과정을 통해 축적된다.

기자라는 직업의 매력 중 하나가 다양한 사회적 이슈에 항상 민
감해야 하고, 취재를 위해 각계각층의 사람들과 만나며 많은 직
간접 경험을 할 수 있다는 것이다. 그렇게 축적한 지식을 기사화
함으로써 독자들에게 또 다른 간접 경험과 감수성 개발의 기회를
제공하고, 나아가 특정 대상이나 문제에 대한 사람들의 인식이나
태도를 바꾸는 데 기여할 수 있다.

우리가 흔히 사회적 약자나 소수자라고 부르는 이들은 사회 구
성원 다수의 무관심 또는 무지로 인해 소외되거나 차별받곤 한
다. 그래서 언론의 중요한 역할 중 하나가 이들의 인권에 관한 적
극적인 관심과 이슈화다.

한국기자협회가 2011년에 제정한 '인권보도준칙'의 내용은 이
러하다.

언론은 모든 사람이 사람답게 사는 세상을 위해 인류 보편적 가치인
인권의 증진을 목표로 삼는다. 언론은 이를 위해 인권문제를 적극
발굴·보도하여 사회적 의제로 확산시키고 인권보장을 위한 제도가
정착되도록 여론형성에 앞장선다.

구체적으로는 장애인, 이주민, 노인, 어린이와 청소년, 성적
소수자, 그리고 북한 이탈주민 등을 차별과 소외의 대상이 되지
않도록 언론이 지켜야 할 사회적 약자와 소수집단으로 꼽았다.

이 보편적 사명 앞에 남녀 기자의 구분이 있을 리 없다. 그럼에

도 이 글에서는 여성 기자들의 기록을 따로 짚어 보고자 한다. 불과 10여 년 전까지만 해도 한국 사회에서 대표적인 사회적 약자 집단이던 여성으로서의 직간접적 경험이 소외계층에 대한 여성 기자들의 관심과 보도 태도에 의식적으로든 무의식적으로든 영향을 미쳤음을 알 수 있을 것이다.

자료는 여성 기자 선배들과의 인터뷰와 빅카인즈, 국립중앙도서관, 네이버뉴스, 조인스 등 뉴스 빅데이터에서 조사했다. 수십 년간의 자료에서 여성 기자들의 기사를 따로 분류하기란 쉽지 않았다. 2000년대 이전 기사는 선배 기자들과의 인터뷰, 2000년대 이후의 기사는 언론 보도 관련 여러 상의 심사위원으로 활동한 정성희 전 동아일보 논설위원과 아동인권문제 전문가이자 여성가족부 차관을 지낸 김희경 전 동아일보 기자 등의 추천 및 수상자들의 언론전문지 인터뷰 기사를 토대로 살펴보았다. 아쉽게도 시간과 수집자료, 지면 등의 한계로 인해 중앙 일간지 기사들을 중심으로 소개한다.

여성·가정면이 있던 시대

1990년대까지만 해도 신문사 여성 기자 대부분은 입사 후 한 번쯤 문화부나 생활부를 거쳤다. 문화부에서 대중문화나 문학, 영화 등의 분야를 담당하더라도 대부분 가정면에 들어갈 기사를 함께 맡았다. 패션, 음식 등 여성 독자용 생활 정보 제공은 물론 가족 구성원들과 관련된 이야깃거리 발굴이 주요 업무였다. 여성, 아동, 청소년, 노인 등 수적으로는 소수가 아니더라도 차별 혹은 소외의 대상이던 사회적 약자 집단이 여기자 전담 취재영역이었던 셈이다.

그러나 이들은 신문 지면에서도 소외계층이었다. 그나마 가장 많이 실린 여성 관련 기사도 가부장적 관점에서의 미담, 선도적 여성의 성공담이 주를 이루었다. 담당 여기자의 의도가 아닌 경우가 많았다. 1988년 한국언론연구원 주최 한국여기자클럽 세미나에서 박금옥 당시 중앙일보 문화부 차장이 발표한 내용은 1980년대까지의 상황을 잘 보여 준다.

연구 결과 6개 종합일간지의 여성가정란이 가장 빈도수 높게 취급한 주제는 '여성'으로 평균 30% 정도였다. 그 밖의 70%는 전통적으로 여성의 담당 분야로 생각되어 온 의식주 및 육아·미용·소비자운동을 주제로 한 기사들로, 여성가정란이 아직도 성역할에 근거한 기사에 치중하고 있음을 알 수 있다. …

기자들에게 주어진 정보가 기사화되기 위해서는 기자·차장·부장·국장, 때로는 주필·사장에까지 이르는 복잡한 게이트키핑 과정을 거쳐야 한다. 특별히 여성가정란 기사 중 여성의식 변화와 관련된 기사는 그 내용을 잘 알지도 못하는 성차별적인 의식의 남성 게이트키퍼에 의해 자주 의도와 목적이 변질되거나 완전히 거부되는 경우가 있다.

열악한 상황에서도 여성 기자들은 열심히 노력하여 취재영역을 스스로 넓혀 갔다. 1980~1990년대에 중앙일보 문화부와 생활부 등에서 활동했던 홍은희 전 명지대 교수는 "사회부 기자들이 주로 '장애인의 날' 같은 기념일에 맞춰 기사를 썼다면, 여성기자들은 가정면을 이용해 평소에도 소외계층을 많이 다루려고 노력했다"고 말했다.

그는 기억에 남는 기획으로 '비바! 노년시대'를 꼽았다. 1999년 9월 30일 고령화 사회에 대한 의식조사를 포함한 3개 기사로 31면 전면을 채우면서 시작한 '비바! 노년시대' 시리즈는 12월 2일까지 10회에 걸쳐 연재되었다. 노인의 성 문제나 죽음 준비 등 이전의 노인 관련 기획에서 좀처럼 다루지 않았던 소재까지 세밀히 취재·보도해 큰 호응을 얻었다. 취재팀에는 남녀 기자 여럿이 있었지만 당시 생활과학팀장이던 홍 교수가 처음 아이디어를 내고 LG상남언론재단의 기획취재보도 지원을 받아내 직접 취재에도 참여했다.

그는 "가정면을 담당했던 문화부 기자 시절부터 조손가정에서 양육을 도맡았던 할머니들에 관한 논문이나 이중 약자라 할 수 있는 노년 여성의 복지 관련 세미나 내용 등을 기사화했다. 그 결과 노인문제를 더 다양한 관점에서 볼 수 있게 되었고, 노년의 삶에 대해 다각적이고 심층적인 기획을 주도할 수 있었다"고 회상했다.

1980년대에 '가정폭력'이나 '성폭력'이라는 단어를 전면에 내세우고 기사화한 것도 대부분 여성 기자였다. 여성학자 겸 방송인인 (사) 누구나의 오한숙희 이사장은 "1983년 창립한 한국여성의 전화가 가정폭력피해 상담통계를 처음 발표하기 전까지는 우리나라에 '가정폭력'이라는 단어 자체가 존재하지 않았다"고 밝혔다. "'부부싸움은 칼로 물 베기'라고 넘기거나, 심한 폭력에도 '여자가 맞을 짓을 했겠지'라고 남성의 가해를 두둔하는 가부장적 분위기에서 그 피해 실상을 기사화해 준 이들은 여성단체를 출입처로 하는 여기자들이었다"고 말했다.

여성 고유의 시선, 공감대 그리고 연대

한국기자협회의 '한국기자상'을 보면 1967년 제정된 이래 2000년대까지만 해도 사회적 약자나 소수자 집단, 혹은 그들의 인권에 방점을 둔 기사가 대상 또는 취재·기획보도 부문 수상 목록에 오른 경우는 10번도 되지 않는다. 주로 정치부·경제부·사회부의 권력감시형 특종기사나 대형 사건·사고 관련 보도가 수상작으로 선정되었다. 언론계의 다른 상들도 대부분 마찬가지였다. 이것은 각 언론사 편집국 내부의 분위기를 반영하는 것이기도 했다.

2010년대 들어서서 그러한 분위기는 크게 바뀌었다. 2011년 한국기자협회 인권보도상이 신설된 영향도 있을 것이다. '장애인 킨제이 보고서'(한겨레, 2010년), '환경미화원 인권보고서'(CBS,

2010년), '간접고용의 눈물: 노무사들과 함께 하는 현장보고서' (경향신문, 2014년), '부끄러운 기록, 아동학대'(한겨레, 2015년), '간병살인 154인의 기록'(서울신문, 2016년), '대한민국 요양보고서'(한겨레, 2019년) 등이 장애인, 비정규직 노동자, 아동학대 피해자, 노인 등의 문제를 다루어 기획보도부문 한국기자상에 선정되었다.

대부분 범사회부 기자들이나 특별취재팀의 산물이기에 여성기자의 역할을 따로 논하기 어려울 수도 있다. 하지만 사회 전반적으로 높아진 인권의식, 기자직 전체의 30%에 이를 만큼 늘어난 여성 기자 수, 여성 기자들의 다양한 취재부서 진출 등은 여성 기자 스스로는 물론이고 각 언론사도 여성 기자를 '기자 - 여성'이 아닌 '기자 × 여성'으로 보며 더 적극적으로 활용하도록 만들었다.

취재팀 4명 중 3명(정환봉 기자를 제외한 권지담·이주빈·황춘화 기자)이 여성 기자였던 한겨레의 '대한민국 요양보고서'가 대표적이다. 2019년 5월 13일부터 6월 7일까지 총 8회에 걸쳐 연재되며, 2008년 장기요양보험제 도입 후 급격하게 커진 우리나라 노인 돌봄서비스 현장의 암울한 인권 실태를 생생하게 보여주었다.

직접 요양보호사 자격을 따서 요양원에 취업해 그 경험을 날것 그대로 보도한 권지담 기자의 역할이 무엇보다 컸다. 요양보호사들의 열악한 노동환경과 제대로 된 돌봄서비스를 받기 어려운 노인들의 모습을 직접 체험하고 기록할 수 있었던 것은 8개월에 걸친 취재 과정을 기다려 준 편집국의 결단 덕분이었을 것이다. 하지만 돌봄서비스 시장이 여성 기자의 접근을 더 자연스럽게 받아들이는 사회적 약자들의 생태계라는 점, 그리고 권 기자가 여성으로서 느꼈을 요양보호사들과의 공감대도 빼놓을 수 없는 요인이다.

미혼모 문제는 최근 10여 년간 각 언론사 여성 기자들이 가장 많이 보도한 주제 중 하나일 것이다. 그 가운데 2013년 1월 국민일보의 김유나·정현수·김미나 기자가 보도한 '입양특례법 때문에 아기를 버립니다'는 선한 입법 취지와 현실의 괴리 위험을 보여 주며 저출산 시대에 영아 유기를 줄일 수 있도록 정책적·사회적 노력을 촉구한 기획이다.

기존의 '입양촉진 및 절차에 관한 특례법'이 국외 입양을 부추긴다는 지적에 따라 국내 입양을 활성화하고 사후관리를 더 철저히 하도록 개정한 '입양특례법'이 2012년 8월부터 시행되었는데, 친부모의 출생신고를 의무화한 새 규정 때문에 신원 노출을 꺼리는 미혼 부모의 아기가 베이비박스 등에 더 많이 유기되는 듯 보이는 실태를 보도했다. 입양특례법 개정 논의와 베이비 박스 찬반 논쟁을 뜨겁게 달구는 등 반향이 컸다. 이 기사로 김유나 기자는 2014년 한국여성기자협회가 수여한 올해의 여기자상을 수상했다.

제9회 인권보도상(국가인권위원회·한국기자협회 공동 주최)을 받은 서울신문의 '열여덟 부모, 벼랑에 서다' 역시 미혼 부모에 관한 기획이다. 청소년보호법상 청소년(24세 이하) 때 아이를 낳은 부모들이 겪는 어려움을 입체적으로 분석하고 법적·제도적·사회적 대안을 제시했다. 2019년 5월 8일부터 총 4회에 걸쳐 연재된 이 기획은 전국 청소년 부모 100개 가정과 대면·비대면으로 인터뷰하고, 한 커플과는 일주일간 동행취재하며 당사자들의 목소리를 가감 없이 보여 주었다는 점에서 의미가 컸다.

기자 시절 나는 구세군이 운영하는 미혼모 보호시설인 애란원에서 청소년이자 미혼모라는 이중적 약자의 사회적 낙인에 힘들어하는 10대 미혼모들을 만나 취재한 적이 있다. 당시 경험에 비추어 볼 때, 그 많은 10대 미혼 부모의 마음을 열고 인터뷰하는 데 취재기자 3명(정치부 이하영, 사회부 김정화·이근아 기자) 모두 여성 기자였다는 점이 적지 않은 역할을 했을 것이다.

2017년 5월 17일부터 23일까지 동아일보에 3회에 걸쳐 연재된 '그림자 아이들' 시리즈는 '엄마 기자'의 마음에서 취재가 시작된 경우다. 당시 국제부 조은아 기자가 우연히 접한 미등록 이주아동 문제에 마음 아파하며 아이들을 직접 만나러 나섰던 것은 그 역시 아이 엄마였기 때문이다. 외신을 단순 번역하는 데 머물지 않고 발로 뛰는 취재를 독려하는 국제부 분위기도 한몫했다.

조 기자는 부모의 불법체류 낙인 탓에 최소한의 보살핌조차 받지 못하고 그림자처럼 살아가야 하는 아이들의 참상과 인권문제를 사진부 김재명, 사회부 김예윤 기자와 함께 기사화했다. 조 기자에게 이 취재 경험은 무엇보다 휴머니즘을 구현해 보겠다던 기자로서의 초심을 다지고 사회적 약자들에 대한 책임감을 더욱 크게 만드는 계기가 되었다고 한다. 그는 이듬해에도 '이주여성들, 외칠 수 없는 미투' 시리즈를 기획, 이주여성들이 인권을 유린당한 채 겪고 있는 성폭력·성매매 실태를 고발했다.

공립특수학교인 서울서진학교가 7년의 우여곡절 끝에 2020년 3월 문을 열고 이듬해 그 설립과정을 담은 다큐멘터리 영화가 개봉되었다. 이때 각 언론사 여성 기자들이 적극적으로 학부모와 영화 제작진 인터뷰에 나섰던 것도 그 학교 설립을 위해 무릎까지 꿇었던 엄마들의 마음을 더 공감할 수 있었기 때문일 것이다.

발달장애학생 139명의 새로운 배움터가 된 이 학교는 2013년 11월 서울특별시교육청이 예고한 설립계획에 따르면 2016년 3월 개교할 예정이었다. 그러나 인근 마곡지구로 이전한 공진초교 부지를 활용하려던 계획은 주민들의 반대로 하염없이 연장되었다. 지역구 국회의원이 그 터에 국립한방병원을 짓겠다고 공약하면서 반대 목소리는 더 커졌다. 그러던 중 2017년 9월 주민설명회에서 장애학생 부모들이 무릎을 꿇고 학교 설립을 호소하는 영상이 SNS에 퍼지면서 이들을 지지하는 여론이 형성되었고, 마침내 학교 설립의 결실을 맺었다.

귀 기울여야 할 더 많은 이야기

이 밖에도 우리 사회의 다양한 소외계층을 다룬 보도에서 여성 기자가 주목할 만한 성과를 보여 준 사례는 적지 않다. 한겨레의 박유리 기자가 2014년 8월 30일부터 10월 11일까지 3회에 걸쳐 연재한 '형제복지원 대하 3부작'은 부랑인 집단에 대한 대규모 인권유린 사건을 재조명해 큰 반향을 일으켰다. 부랑인이란 "일정하게 사는 곳과 하는 일이 없이 떠돌아다니며 방탕한 생활을 하는 사람"을 뜻한다.

1975년에 설립된 형제복지원은 1986년까지 부랑인 선도라는 명분하에 시민 수만 명을 불법 감금하고 강제노역과 구타·학대·성폭행 등을 일삼았다. 복지원 자체 기록으로만 12년간 513명이 이곳에서 사망했다. 심지어 수용자 중 상당수는 사전적 의미의 부랑인도 아니었다. 하지만 부랑인을 복지원 등에 감금하는 것은 당시 합법적 행위였다(내무부 훈령 410호). 따라서 일부 확인된 피해 사실조차 그에 대한 가해자는 없는 미제사건으로 남아 있었다.

국가와 사회의 직간접적인 묵인하에 발생하고 묻힐 뻔했던 이 사건을 박 기자는 과감하게 소설 작법을 빌려 생생하게 상기시키며 진상규명을 위한 법적·사회적 논의를 재점화했다. 박 기자는 이 기사로 제32회 관훈언론상 저널리즘 혁신 부문상과 제12회 올해의 여기자상 등을 수상했다. 그는 당시 취재기록을 토대로 2021년 《은희》라는 소설을 출간하기도 했다. 형제복지원 사건에 대한 진상조사는 우여곡절 끝에 2021년 2기 진실·화해를 위한 과거사정리위원회로 넘겨졌다.

또한, 이혜미 한국일보 기자는 2018년 '단칸방에 갇힌 아이들' 시리즈로 아동의 주거복지 문제를 제기했다. 이어 2019년 '지옥고 아래 쪽방' 시리즈와 '대학가 신쪽방촌' 기획을 연달아 보도하면서 주거빈곤 문제를 이슈화했다. 이 주거 3부작을 토대로 2020년 《착취도시, 서울》이라는 책을 냈다.

2018년 5월 장애인먼저실천운동본부가 '이달의 좋은 기사'로 선정한 경향신문 이영경 기자의 '학대받는 장애아 보호망 없는 국가'는 아동학대가 심각한 사회 이슈로 떠오른 요즘, 비장애아동보다 더 심각한 장애아동에 대한 학대 실태를 잘 보여 준 기획물이다. 이 기자는 2017년 '퀴어 백일장'을 기획하는 등 성소수자 문제에도 관심을 보인 바 있다.

서울신문의 이근아·김정화·진선민 기자는 2020년 11월 보도한 '소년범, 죄의 기록'에서 평범한 소년이 어떻게 범죄의 굴레에 갇히는지를 다각도로 짚어 냈다. 1990년부터 30년간 소년범죄를 다룬 언론기사 1만 2천여 건을 분석한 것은 물론, 보호처분을 받은 79명의 남녀 소년범을 만나고, 심층그룹 인터뷰의 단어 추출을 통해 소년범 심리를 조명하는 등 다양한 취재방식을 동원한 결과다.

사회적 약자와 소수자에 대한 언론의 태도는 이렇게 변화하는 중이다. 하지만 기자들이 아직 전하지 못한 이야기는 많다. 오한

숙회 이사장은 "기자에게 마이너리티적 시각은 후각과 감수성 역할을 한다. 그런 점에서 여전히 사회적 약자인 여성은 기자로서 유효하고 잠재성이 크다"고 말했다. 성소수자와 난민 등 주류 언론이 아직 본격적으로 이슈화하지 못한 우리 사회 구성원들의 목소리를 조만간 여성 기자들을 통해 듣게 되길 기대한다.

여성이기에 주목했고, 여성이기에 행동했다

김혜림 (매일산업뉴스 대기자·전 국민일보 국장 대우)

수요일은 너무 덥지 않았으면, 비가 오지 않았으면, 따뜻했으면, 눈바람이 불지 않았으면 … . 요즘도 가끔 이런 생각을 한다. 왜 수요일의 날씨에 신경이 쓰일까? 1990년대 중반부터 꽤 오랜 기간 생활과학부 기자로 여성 이슈를 담당한 나는 수요일을 '일본군 위안부 문제 해결을 위한 수요집회'를 하는 날로 기억한다.

힘없는 나라에서 태어난 죄로 모진 일을 겪은 소녀들. 할머니가 된 그들이 일본 정부를 상대로 '잘못했다'는 공식적 사과와 그들의 범죄에 따른 피해 배상을 요구하고 있다. 1992년 1월 8일 서울 종로구 일본대사관에서 시작된 수요시위는 지금도 이어진다.

1944년 당시 이화여전 1학년생이던 윤정옥 씨 (전 이화여대 영문과 교수). 그는 학교에서 '정신대 자원서'에 지장을 찍었으나 자퇴해 끌려가는 것을 모면했다.

1981년 윤 교수는 전쟁이 끝난 뒤에도 돌아오지 않은 '또래들'의 흔적을 찾아 일본 오키나와를 찾았다. 이때 한국일보가 취재비를 지원했다. 매우 이례적인 일이었다. 출장자가 기자가 아니었고 당시 뉴스로서 가치를 인정받지 못한 정신대와 관련한 것이었기 때문이다.

숨겨진 역사, 위안부 문제 알려

그 특별한 일을 가능하게 한 것은 장명수 이화여대 이사장이었다. 당시 한국일보 차장이던 장 이사장은 부장회의에 들어가 "윤정옥 교수의 오키나와행 취재비를 대자"고 제안했다. 장 이사장은 "편집국장 이하 부장들 모두가 '몰지각하다'고 몰아붙였다"면서 "'한국 여성의 수치를 들추어내는 일에 취재비를 대 준다는 게 말이 되느냐'는 것이 이유였다"고 회상했다. 그는 "전시 중 성폭력을 자행한 일본인들이 잘못을 인정하지 않는 것이 더 큰 수치"라고 맞섰다고 했다.

결국 취재비를 지원한 한국일보는 그해 광복절 특집으로 윤정옥 교수의 정신대 취재기 '끌려간 사람들'을 실었다. 8월 15일 '한국과 일본 역사의 피안을 찾아 나선 여교수의 현지취재'라는 문패를 달고 시작해 총 8회에 걸쳐 게재되었다.

한 여성 학자의 '양심적 책임감'으로 파헤쳐진 정신대 문제는 한 여성 기자의 젠더의식에 힘입어 '뉴스'가 되었다. 그 뉴스는 국제적 공감대를 이끌어 냈다. 2000년 UN 안전보장이사회는 '전시하의 여성 성폭력 근절'을 골자로 한 결의안 1325호(UN Security

가고시마 변두리에 있는
고려교비 (제공: 한국일보).

Council Resolution 1325) 를 채택했다.

　당시 정신대가 얼마나 반인륜적인 문제인지 알지 못했을까? 1991년 8월 14일, 김학순 할머니 (당시 67세, 1997년 별세) 가 공개 기자회견을 가졌다. 그는 '일본군 위안부 피해자 김학순'이라고 밝히면서 "정부가 일본에 종군위안부 문제와 관련한 공식 사과와 배상 등을 요구해야 한다"고 주장했다. 일간지들은 이 회견을 다루지 않거나 사회면 박스기사로 처리한 게 고작이었다.

　정신대 문제는 현재 종군위안부 문제로 이름이 바뀌었지만 2021년 현재에도 한일 관계의 현안이다. 대한민국 정부가 수립되면서, 아니 1981년 르포가 나간 직후에라도 이 문제에 관심을 갖고 해결에 나섰다면 지금처럼 헝클어진 실타래가 되지는 않을 것이다.

노동 현장의 성차별 파헤쳐

남성 기자들은 알아채지 못하거나 무시하는 성차별적 팩트들. 이것들이 여성 기자들 눈에는 보일 수밖에 없다. 여성 기자들은 1단짜리 기사에 담긴 성차별적 팩트도 그냥 지나치지 않았다. 조선일보의 박선이 기자는 "1983년 사회면에 실린 기사를 보고 사내외 여자 선배들과 문제점을 공유한 뒤 여성단체를 찾았다"고 했다. '이경숙 씨 사건 판결 결과'였다.

봉제수출업체 영업부 외무사원이었던 이경숙 씨는 24세에 교통사고를 당해 회사까지 그만두게 되었다. 이 씨는 당시 법정 퇴직연령인 55세를 기준으로 계산, 3,600만 원의 손해배상금을 청구하는 소송을 냈다. 1심 재판부는 여성은 평균 26세에 결혼하고 퇴직하므로 25세까지만 수입을 인정하고, 26~55세는 도시 일용노동자 임금에 준해 일 4천 원으로 책정, 850여만 원을 지급하라고 판결했다.

결혼을 이유로 퇴직을 강요하는 것은 불법임에도 법원이 이를 전제로 손해배상금을 책정했고, 가사노동 가치를 '최하위 생계유지 노동' 임금으로 계산한 것이다.

박선이 기자에게 판결 결과를 들은 여성단체는 '부당하다'는 성명서를 냈다. 박 기자를 비롯한 여성 기자들은 이를 기사화했다. 이후 이 사건은 '여성 조기 정년제'의 부당성을 알리고 가사노동의 가치를 평가하는 계기가 되었다. 여성 기자들이 나서지 않았으면 그대로 묻혔을 수도 있는 사건이었다.

이경숙 씨 사건은 전화교환원 김영희 씨 사건과 함께 노동 현장의 남녀차별 현실을 바로잡는 계기가 되었다. 김 씨는 1982년 여성이 대부분인 전화교환원의 정년을 43세로 규정한 것에 대해 '헌법과 근로기준법에 위반된다'며 한국통신을 상대로 소송을 냈다. 1, 2심 모두 패소했지만, 1989년 4월 최종 판결에서 승소했다.

두 사건의 소송을 도운 여성단체들이 중심이 되어 1987년 남녀고용평등법 제정을 이끌어 냈다. 이 법은 모성보호관련법, 성희롱방지법, 육아휴직 등을 아우르고 있다.

김영희 씨를 적극 후원했던 한국여성단체협의회의 당시 간사 김금례 전 여성가족부 장관은 "이 문제뿐만 아니라 사회 전 분야에서 벌어지고 있던 성차별 현안에 대해 여성 기자들은 여성단체와 동지의식을 갖고 파헤쳤다"면서 "여성단체들이 펼치는 활동을 여기자들이 기사화해 사회적 반향을 일으키는 데 큰 도움을 줬다"고 말했다.

1980년대는 여성 관련 업무 전담 부서들이 잇달아 설립되면서 여성 이슈들이 정책적으로 확장되는 시기였다. 1983년 한국여성개발원(한국여성정책연구원 전신), 1988년 여성정책 전담 정부 행정기구인 정무장관 제2실이 신설되었다. 한국여성의 전화(1983년), 한국여성민우회(1987년) 등과 이들이 연합한 한국여성단체연합(1987년)이 출범하면서 여성 인권 향상을 위한 운동은 더욱 활기를 띠었다.

남녀고용평등법이 제정되었지만 노동 현장에서의 남녀평등은 요원했다. 은행에서는 1990년대 들어 '여행원제 철폐'를 위한 투쟁을 벌였다. 1992년 폐지되었으나 은행들은 고용과 해고가 쉬운 비정규직 제도를 도입해 교묘한 차별을 이어갔다.

1990년대 여성 이슈를 담당했던 신연숙 당시 한겨레 차장은 "산업은행을 마지막으로 여행원제가 폐지되었으나 직제를 종합직과 일반사무직 2개 직렬로 만들고 여성은 대리까지만 승진 가능한 일반사무직으로 포괄적으로 묶어 여전히 남녀를 차별했다"고 지적했다. 그는 "당시 여기자들은 성차별 문제를 비롯해 노동 현장의 여성 인권, 성폭력 문제, 여성 정치참여 확대 등을 이슈화하기 위해 열심히 뛰었다"고 말했다.

게토였던 여성 인권 기사

1990년대 들어 다양한 여성 관련 이슈들이 폭발적으로 등장했다. 특히 여성 정치참여 확대를 위한 운동의 불길이 뜨겁게 타올랐다. 여성계는 1991년 실시되는 지방자치제가 여성 정치참여 확대의 기회라고 보고 총력을 기울였다. 그러나 1991년 최초의 지방의회 선거에서 여성은 시·도 의회에 8명(1%), 시·군·구 의회에 40명(0. 1%)이 진출하는 데 그쳤다.

1995년 지자체 선거를 앞둔 1994년 8월 56개 여성단체가 '할당제 도입을 위한 여성연대'를 구성했다. 여성연대는 공천자의 20%

를 여성에게 할당해 줄 것을 각 당에 촉구했다. 여성계의 할당제 요구가 거세지자 정당들은 인물난을 내세웠다. 몇몇 여성 기자는 정치에 뜻이 없으면서도 여성단체 발굴 유망 후보자군에 이름을 내주기까지 했다.

유권자로서의 여성 존재를 각인시키는 데도 여성 기자들은 열심이었다. 문화일보 여성전문기자였던 유숙렬 80년해직언론인협의회 대표는 1992년 3월 14일 1면에 젠더 개념을 도입해 투표 향방을 분석한 '여성 표를 잡아라'를 게재했다. 유 대표는 "여성 유권자에 대한 대중의 인식이 희박했던 당시 투표에 젠더 개념을 도입해 여성 표를 분석한 최초의 기사였다"면서 "다음 날 거의 모든 신문이 이 기사를 받아 유사한 기사를 썼던 것으로 기억한다"고 말했다.

여성담당 기자들은 약간 과장을 보태면 '작은 편집국'이라 할 수 있다. '여성면' 또는 '생활면' 1~2개 면을 기획, 취재, 출고한다. 면 구성에서도 재량권을 어느 정도 누릴 수 있었다. 윤호미 전 조선일보 국장은 "여성면은 다른 면에 가기 어려운 여성 인권 관련 기사를 쓸 수 있는 게토(*Ghetto*)"라면서도 "이 사회에 성차별이 없어져 게토가 사라지는 날이 빨리 오길 바란다"고 후배들에게 이야기하곤 했다.

여성담당 기자의 단점은 부처나 기업 출입기자들과 달리 보도자료가 거의 없다는 점이다. 그래서 늘 바쁘다. 그럼에도 나를 비롯한 여성담당 기자들은 여성할당제 관련 현장을 '사수'했다. 기자

(press) 가 압력단체(*pressure group*) 역할을 자청하고 나선 셈이다.

그로부터 10년 뒤인 2005년. 마침내 국회의원 및 지방의원 선거에서 비례대표 여성 50% 의무할당제와 지역구 여성 30% 권고 조항이 공직선거법에 반영되었다. 하지만 아직도 한국의 여성 국회의원 비율은 2020년 4월 현재 19.0%로 OECD 국가 중 35위다. 정치부문의 성평등은 요원한데도 최근 일부 정치인들은 여성할당제 폐지를 들고 나오고 있다.

1990년대는 피해자인 여성들이 오롯이 고통을 끌어안아야 하는 성폭력 문제가 사회문제로 떠오른 시기이기도 하다. 1991년 김부남(당시 30세)은 9세 때 자신을 성폭행했던 이웃집 남성 송백권(당시 55세)을 살해했다. 아동 성폭행의 후유증이 조명된 사건이었다. 1992년 20대 김보은 씨가 자신을 성폭행해 온 의붓아버지를 남자친구 김진관과 함께 살해하고 강도사건으로 위장했다. 이 사건으로 가족 내 성폭행 문제가 수면 위로 불거졌다.

두 사건이 연이어 일어나면서 1992년 4월 한국여성의 전화, 한국성폭력상담소, 김부남대책위원회 등 10개 단체로 구성된 성폭력특별법 제정추진특별위원회가 결성되었다. 형사사건이었지만 여성단체들이 적극 나서면서 자연스럽게 여성분야를 담당했던 여성 기자들이 다양한 기획기사를 썼다. 1994년 '성폭력 범죄의 처벌 및 피해자 보호 등에 관한 법률' 제정은 이런 기획기사들이 한몫한 결과다.

"아가, 미안해"

산아제한이 국가정책이었던 1990년대, 당시의 보육 및 탁아 상황
은 매우 열악했다. 보육과 탁아야말로 여성 기자들에게도 '우리
들의 일'이었다. 출퇴근 시간이 불규칙한 여성 기자들에게 자녀
키우기는 가장 큰 걱정거리였다.

　김미경 한겨레 여성전문기자는 "1980년대 말부터 빈민 지역의
탁아시설, 공동육아 등에 관한 기사를 쓰면서 공공보육의 필요성
을 강조했다"면서 "특히 1990년 3월 망원동 남매 화재 사건으로 탁
아시설 확충의 필요성이 제기되면서 탁아는 여성면의 주요 아이
템이 됐다"고 말했다. 망원동 남매 화재 사건은 경비원과 도우미
일을 하는 부모가 출근하면서 4세, 5세 남매가 밖에 나가 길을 잃
을까 봐 문을 잠가 놓고 가는 바람에 화재로 질식사한 사건이다.

　일하는 기혼여성들은 크게 늘었으나 탁아소의 숫자는 절대 부
족했고, 그나마 대부분 만 3세에서 취학 전 어린이들을 대상으로
하고 있었다. 2세 이하의 영유아들은 맡길 곳이 거의 없었다. 조
선일보는 1993년 4월 6일 자 1면 톱으로 박선이 기자의 '맞벌이
시대 / 탁아시설 비상 현장 특집'("아가, 미안해" 1)을 내보내는 파
격을 단행하기도 했다.

　21세기 들어서야 정부는 출산율 저하 수준이 심각함을 깨닫고
"아이를 낳으면 나라가 키워 주겠다"고 나섰지만 때는 이미 늦었다.
2020년 합계출산율은 0.837명, OECD 국가 중 최하위 수준이다.

여성단체와 손잡고 호주제 폐지

소프트한 여성의 능력이 빛을 볼 것이라는 새천년. 여성계에는 경사가 잇따랐다. 2001년 1월 정부 각 부처에 분산된 여성 관련 업무를 일괄해 관리하고 집행할 여성부가 신설되었다. 2008년 남녀차별의 상징이었던 호주제가 폐지됐다.

성차별적 요소들이 수두룩했던 가족법. 이태영 변호사를 중심으로 한 여성단체들은 1950년대부터 가족법 개정운동을 펼쳤다. 여성운동가들의 끈질긴 노력 끝에 5차에 걸쳐 개정되었으나 호주제만큼은 살아남아 있었다. 2000년 9월 137개 여성·시민사회단체가 참여한 '호주제 폐지를 위한 시민연대'가 결성되면서 호주제 폐지 국회 청원을 시작했다.

여성면 또는 생활면으로 불리는 지면을 담당했던 여성 기자들은 호주제 폐해를 드러내는 기획기사들을 발굴해 호주제 폐지의 당위성을 공론화하는 데 앞장섰다. 재혼가정에서 성이 달라 마음고생하는 자녀들('남녀차별의 극치 호주제 … 폐해 너무 크다', 국민일보, 2000. 10. 20), 갑작스럽게 남편이 죽은 뒤 나타난 혼외 아들이 호주가 되어 황당한 아내의 이야기('아내는 흑싸리 껍데기: 호주제 폐지 운동 확산 … 혼외 아들보다 못해', 동아일보, 2000. 5. 7) 등이 그 예이다.

한국가정법률상담소 곽배희 소장은 "호주제는 남녀차별의 뿌리였다"면서 "여기자들의 호주제 폐해를 알리는 기사는 호주제 폐지를 이끌어 내는 데 큰 도움이 됐다"고 말했다.

사회 분위기가 바뀌고 정부도 호주제 폐지로 가닥을 잡아 갈 즈음 한 여성 기자의 특종기사가 이를 가속시켰다. 중앙일보 2003년 8월 22일 자에 '호주제, 이르면 2006년 폐지, 남성우위 시대 법적으론 끝'이라는 기사가 게재되었다. 이 기사를 쓴 문경란 기자는 "중앙일보 21면과 4면 톱기사를 장식한 이 뉴스를 다음 날 모든 신문·방송에서 일제히 그대로 옮겨 보도했다"고 말했다.

문 기자의 특종기사는 '호주제 폐지는 시대의 대세'란 관점을 확고히 했다. 여성 기자가 아니라면 불가능한 접근이다. 당시 대다수의 스트레이트기사는 호주제 폐지에 대한 찬반 의견을 실었다. 여성계와 유림을 대칭에 놓고, 호주제도 문제지만 호주제가 폐지되면 가정이 붕괴될 것이라는 주장도 나란히 전달하는 식이었다.

2005년 3월 호주제 폐지를 골자로 하는 민법 개정안이 국회에서 통과되었다. 호주제 폐지는 상징성은 컸지만 일상생활에서의 체감은 그리 크지 않았다.

한국 양성평등 문화 확산에 기여

1993년 10월 서울대 신 모 교수의 조교 우 모 씨는 서울민사지방법원에 신 교수와 서울대 총장 등을 상대로 5천만 원을 배상하라는 손해배상 청구소송을 냈다. 신 교수가 업무상 불필요한 신체접촉을 해 왔고, 이를 거부하자 재임용을 탈락시켰다는 것이다.

1심에서는 승소했으나 1995년 항소심에선 패소했다. 1999년 6월 서울고등법원에서 "피고는 원고에게 500만 원을 지급하라"며 원고 일부 승소 판결을 내렸다.

　신 교수 사건으로 1999년 남녀고용평등법과 남녀차별금지 및 구제에 관한 법률에 성희롱 금지가 더해졌다. 법은 제정되었지만 현실에서의 성희롱은 안타깝게도 근절되지 않았다. 몇 년 전부터 들불처럼 타오르고 있는 '미투'를 보면 말이다.

　2004년 3월 제정되어 그해 9월 시행된 성매매방지특별법에 대해 '남자들의 생리를 모르는 두 여성 장관이 만든 것'이라는 비아냥이 적지 않았다. 반은 맞고 반은 틀리다. 강금실 법무부 장관과 지은희 여성부 장관이 산파역을 한 것은 확실하다. 아마도 두 곳 중 한 곳의 수장이 여성이 아니었다면 반대 여론을 헤쳐 나가지 못했을 것이다.

　여성계는 성매매가 가부장적 사회에서 빚어진 성차별적인 억압의 극단으로 '절대악'이라고 규정했다. 이에 반해 대부분의 남성들은 성매매를 '필요악'으로 봤다. 여성 기자들은 '성매매 경험 여성들, 동료 위한 활동가로'(한겨레, 2003. 5. 16) 등 집창촌에서 벗어나 새 삶을 찾은 여성들의 기사를 통해 성매매방지특별법의 '선한 힘'을 보여 주는 데 주력했다.

견고하게 버티고 있던 대기업의 유리천장을 뚫은 것도 여성 기자들의 조력이 있었기에 가능했다. 자본시장법 일부 개정안이 2020

년 초 국회를 통과해 2022년 8월부터 시행된다. '자산 규모 2조 원 이상 상장사의 이사회는 특정 성으로만 구성해서는 안 된다'는 조항을 포함하고 있다. 이사회에 여성이 사외이사로 진입할 수 있도록 문턱을 낮춘 법 개정에는 채경옥 당시 한국여성기자협회 회장이 힘을 보탰다.

자본시장법 개정에 앞장선 것은 세계여성이사협회(WCD) 한국지부다. 법안 발의 당시 WCD 한국지부 회장을 맡고 있던 손병옥 고문(전 푸르덴셜생명 회장)은 "우리나라 대기업의 여성 임원 숫자는 부끄러울 정도로 소수"라면서 "채경옥 한국여성기자협회 회장이 없었다면 자본시장법 개정안은 발의조차 어려웠을 것"이라고 말했다.

채 회장은 "법사위 국회의원들에게 법 개정의 필요성을 설득하면서 여성임원할당제라고 하면 반감을 살까 봐 글로벌 이슈로 자리 잡은 다양성(diversity)의 필요성을 강조했다"고 말했다.

영국 시사주간지 이코노미스트가 해마다 발표하는 유리천장지수에서 우리나라는 2021년 100점 만점에 24.8점으로 조사 대상 29개국 중 29위를 했다. 벌써 9년째 꼴찌다.

호주제가 폐지되면서 양성평등이 완성되었다는 착시현상이 널리 퍼졌다. 남성들은 역차별 논란을 제기했다. 2001년 출범한 여성부는 일을 시작하기도 전에 홈페이지가 마비될 만큼 남성들의 공격을 받기도 했다.

여성가족부의 영어 표기는 'Ministry of Gender Equality and Family'다. 직역하면 양성평등가족부 정도가 된다. 남성들에 비해 상대적으로 사회적 약자인 여성의 권익을 향상시켜 양성을 평등하게 만드는 것이 여성가족부의 목표이다.

요즘 정치인들이 앞장서서 여성가족부 폐지를 주장하고 있다. '여성가족부를 폐지하고 그 예산으로 의무 복무를 마친 청년들을 지원하겠다'는 대선 후보까지 등장했다. 여성과 청년을 편 가르기 하는 정치인들. 젠더 갈등을 부추기는 이런 행위들이 정권 창출, 나아가 국익에 도움이 될까? 젠더 갈등이 확대되면 사회적 비용도 커질 뿐이다. 결국 청년들이 짊어질 빚의 무게를 더하게 될 것이다.

그리고 무엇보다 양성평등은 과연 이루어졌는가를 되짚어 봐야 한다. 은행가는 1990년대에 여행원 제도를 없앰으로써 남녀차별을 철폐했다. 하지만 금융감독원 전자공시시스템에 따르면, 2019년 국내 4대 은행(KB국민은행·신한은행·하나은행·우리은행)의 남성 직원 평균 연봉은 1억 원을 훌쩍 넘겼으나 여성 직원의 급여는 남성 직원의 66% 수준에 불과하다. 어디 이뿐이겠는가.

우리 사회에 남아 있는 성차별을 기사화해 양성평등의 성숙한 사회로 나아가도록 하는 일이 결코 여성 기자들만의 일은 아니다. 하지만 남성 기자보다 좀 더 잘할 수 있는 일은 아닐까! 후배들의 건투를 빈다.

여성 기자들이 선정한 수상작 10선

함혜리(전 서울신문 논설위원)
장지영(국민일보 문화부 선임기자)
신보영(문화일보 국제부장)

한국여성기자협회 60년 동안 많은 여성 기자들은 남다른 소명의식과 기획력, 취재력으로 무장하고 현장을 누볐다. 비판적 감시자로서 우리 사회의 그늘을 파고들었다. 전쟁터도 불사했다. 그렇게 보도한 기사들은 우리 사회가 더 나은 방향으로 변화하는 데 기여했다.

여성 기자들의 활약을 보여 주는 '10대 보도'를 선별했다. 집필팀은 고심했다. 우열을 가리기 힘든 그 많은 기사들 중에 어떻게 추릴 것인가? 객관성을 담보하기 위해 한국기자협회, 관훈클럽, 최은희 여기자상, 한국여성기자협회 등 권위 있는 언론단체가 주는 상을 받은 기사들을 1차 대상으로 삼았다. 그 가운데 파급력, 기획력, 창의력에서 돋보이는 보도를 골라 실었다.

1997 – 일본군 위안부 훈 할머니

1997년 6월 13일 캄보디아 영자신문 프놈펜 포스트에 놀랄 만한 기사가 실렸다. 태평양전쟁이 한창이던 1943년 일본에 의해 위안부로 끌려온 한국 여성이 프놈펜 교외의 한 마을에 생존해 있다는 보도였다. AFP 통신 뉴스로 국내 신문사 와이어룸에 타전되었다.

한국일보가 국내 언론 중 가장 먼저 훈 할머니 사연을 6월 14일 자 1면 톱기사로 실었다. 바로 다음 날 한국일보 이희정 기자가 프놈펜 현지에서 훈 할머니를 단독 인터뷰한 기사를 내보냈다.

"입사 7년 차 때였습니다. 일단 출장 준비를 해서 출근하라는 얘기를 듣고 작은 배낭에 속옷 몇 벌, 티셔츠 한 벌, 세면도구, 여권만 챙겨 아침 9시 전에 출근했더니, 당장 12시 반 비행기로 가라는 거예요."

이 기자는 6월 14일 밤 프놈펜에 도착했다. 현지에서 사업하는 황기연 씨가 공항에 마중 나와 한 호텔로 데려갔다. 허름한 호텔에는 자그마한 체구에 머리를 짧게 자른 할머니가 기다리고 있었다. 캄보디아어를 못하는 황 씨가 한국말을 전혀 못하는 할머니에게 중간 통역자의 말을 빌려 "한국에서 할머니를 만나러 온 기자"라고 소개했다. 할머니가 다가와 주름진 두 손으로 기자의 뺨을 감싸 쥐고 떨리는 목소리로 말했다.

"당신은 내가 50여 년 만에 처음 만나는 한국 여자입니다."

노트북도 가져가지 않아 팩스로 기사를 써 보내고, 사진 전송하

훈 할머니와 이희정 기자
(1997. 6. 20, 제공: 한국일보).

는 데 1시간은 걸리던 시절이었다. 어렵사리 할머니의 첫 인터뷰 기사와 사진이 실린 특종기사를 6월 15일 자에 내보냈다. 16일 자부터 5회 시리즈로 '버려진 50년, 훈 할머니의 가시밭길 인생'을 연재했다.

이 기자는 할머니의 요청으로 6월 18일 밤을 함께 보냈다. '버려진 50년' 시리즈의 마지막 회(6. 20)에 맥주병 뚜껑으로 공기놀이도 하면서 할머니와 보냈던 하룻밤의 소회를 이렇게 남겼다.

"훈 할머니와 보낸 하룻밤은 짧고도 길었습니다. 할머니의 잃어버린 50여 년 전 기억을 수렁 속에서 건져 올리기에는 하룻밤은 너무 짧았죠. 하지만 손을 잡고 누워 깊은 상념에 젖은 채 새벽녘까지 전전반측했던 그 밤은 할머니에게도, 기자에게도 무척이나 길게만 느껴졌습니다."

이 기자는 2주간의 출장에서 돌아온 후 할머니의 혈육 찾기를 진행했다. 할머니는 1997년 8월 4일 고국 떠난 지 50여 년 만에 한국에 초청받아 왔다. 검은색 손가방에서 비뚤비뚤한 글씨체로 '내 이름은 나미입니다. 혈육과 고향을 찾아 주세요'라고 적힌 분홍색 도화지를 꺼내 기자들에게 펼쳐 보였다. 혈육을 찾아야 하지만 고향이 '진동'이었다는 사실 외에 별다른 기억이 없어 애를 먹었다.

2004년 6월 9일 자 한국일보의 '이희정 기자 특종담: 아! 그리운 훈 할머니'에서 이 기자는 당시 상황을 이렇게 회고했다.

"할머니를 한국으로 초청, 가족을 찾기까지는 숱한 고비를 넘겨야 했습니다. 엉뚱한 이들을 놓고 가족을 찾았다는 오보도 나왔고, 일부 언론이 '한국인이 아니다', '사기극이다'라는 기사를 쓰는 통에 '특종에 눈이 어두워 소설을 쓴 여기자'로 비난받는 수모를 겪기도 했습니다."

이 기자는 할머니에 대한 믿음을 버리지 않았지만 자다가도 벌떡 일어나 엉엉 울 정도로 고통받았다고 한다.

세간의 관심이 시들해지고 할머니 역시 혈육 찾기를 포기하고 캄보디아로 돌아가려던 무렵 경남매일이 8월 26일 자에 할머니의 혈육을 찾았다고 단독 보도했다. 8월 29일 친여동생 이순이 씨와 올케 조선애 씨 등 가족을 극적으로 만났고, 대검찰청의 유전자 검사를 통해 혈육임이 확인되었다. 이남이라는 본명과 한국 국적도 되찾았다.

훈 할머니를 최초로 인터뷰하고 '버려진 50년' 시리즈를 연재해 위안부 문제에 대한 범국민적 관심을 이끌어 낸 공로로 이희정 기자는 제15회 최은희 여기자상을 수상했다.

2003 - 이라크전 종군보도

2003년 이라크전을 계기로 국내 언론에 본격적인 종군기자 시대가 열렸다. 이라크전이 임박하면서 방송 3사가 각 10~20명씩, 통신사 연합뉴스와 신문들도 현지와 인근 요르단에 특파원을 파견했다. 대부분은 안전문제로 전쟁 발발 직전 요르단으로 대피했다.

하지만 걸프전 당시 종군기자였던 이진숙 MBC 기자는 요르단으로 피했다가 2003년 3월 23일 바그다드로 돌아왔다. 전쟁 개시 이후에도 한국 기자로는 유일하게 바그다드에 남아 있었던 이 기자는 같은 날 MBC 〈뉴스데스크〉에 1신을 보냈다. 제목은 '여기는 바그다드'였다.

이라크전에 앞서 이 기자는 1991년 걸프전 당시 바그다드 현지 보도로 '여성 종군기자 이진숙'의 이름 석 자를 국내 시청자들에게 강하게 남겼다. 1991년 1월 17일 새벽 1시 30분쯤 이라크 수도 바그다드에 공습경보가 울렸다. 이라크 전역에 단행된 다국적군의 첫 공습이었다. 조지 H. W. 부시 당시 미국 대통령이 TV 특별연설에서 개전을 선포했다.

같은 시각 MBC의 이 기자와 취재팀은 한국 취재진으로는 유일하게 바그다드에 남아 있었다. MBC 팀은 폭발이 빗발치는 바그다드를 카메라에 담은 뒤 곧바로 호텔 지하 1층 대피소로 향했다. 문제는 어떻게 테이프를 전송하느냐였다. "방송 테이프 송출 불가능, 국제전화 불가능, 취재 불가능"이라는 이라크 측 공식 입장을 전달받았기 때문이다.

MBC 취재팀은 국경을 넘어 요르단 수도 암만까지 1,000km의 사막 길을 달렸다. 18일 밤 11시 암만에 도착해 곧바로 생방송에 들어갔다. 생생한 현장이 TV를 통해 국내에 처음 보도되었다. 이 보도로 이진숙 기자와 MBC 취재팀은 1991년 한국기자상 장려상, 1992년 최병우 국제보도상, 1993년 취재보도 부문 한국기자상을 수상했다.

걸프전이 한국 종군기자의 새로운 장을 열었다면, 2003년 이라크전은 그야말로 종군기자 전성시대였다. 이라크전 당시 미 국방부는 이른바 임베드(embed) 종군기자 프로그램을 운용했다. 전 세계 기자 625명이 이 프로그램에 참여했다. 한국에서는 조선일보, 중앙일보, 연합뉴스, SBS 등이 참여했다. 여기에 여성 기자가 있었다.

조선일보의 강인선 기자는 2003년 3월 13일 쿠웨이트에 위치한 미군 제5군단 캠프 버지니아에서 이라크 진입 직전의 훈련 내용을 담은 '종군기자 생존수칙을 아십니까?'를 보도했다. 이어 바그다드 남쪽 160km 나자프까지 진입한 미 5군단의 긴장된 분위기를 담은 3월 25일 자 기사 '미군들 웃음도 말도 사라져'를 전송했다.

이후 미군이 바그다드에 진입하고 다시 쿠웨이트로 복귀한 같은 해 4월 18일까지 6차례에 걸쳐 '강인선 기자의 종군기'를 썼다. 강 기자의 종군기는 전황뿐 아니라 기자 개인의 감정 등을 수필 형식으로 엮어 새로운 형식의 종군기로 평가받았다. 이 보도로 2004년 올해의 여기자상과 최병우 국제보도상, 최은희 여기자상을 받았다.

2009 – 김정일 후계자 김정은 보도

2008년 8월 김정일 북한 국방위원장이 뇌졸중으로 쓰러진 이후 한미 정보 당국은 프랑스 의료진의 발언과 진료 사진 등을 분석해 "김 위원장이 3~4년 안에 다시 쓰러질 가능성이 있으며, 이 경우에 사망할 가능성이 높다"고 예측했다. 김 위원장이 3~4년 내에 사망한다면 후계자는 누가 될 것인가. 김정일의 후계자가 누구인지는 외부에 알려지지 않았다.

이런 상황에서 2009년 1월 15일 연합뉴스가 김정일 전 북한 국방위원장의 후계자로 김정운(김정은)이 내정되었다는 단독기사를 타전했다. 정보 소식통을 인용해 "김정일 위원장이 1월 8일쯤 노동당 조직지도부에 세 번째 부인 고영희 씨와의 사이에서 난 아들 정운을 후계자로 결정했다는 교시를 하달한 것으로 안다"고 보도했다. 김정은 후계자 지정 및 3대 세습 결정 사실을 최초로 보도한 것이다. 하지만 이 기사는 보도 당시 큰 반향을 일으키지 못했다. 그 누구도 이를 확인할 수 없었고, 북한의 공식 확인만이 유일한 방법이었기 때문이다.

이 특종은 최초 보도 이후 1년 반이 지난 2010년 9월에야 확인되었다. 44년 만에 소집된 제3차 노동당 대표자회에서 김정일 국방위원장 옆에 선 김정은의 사진이 북한 노동신문 1면에 게재된 것이다. 같은 날 김영남 최고인민회의 상임위원장도 APTN 인터뷰에서 "이제 우리는 청년대장 김정은 동지를 모실 영예를 얻게 됐다"고 '후계자 김정은'을 처음으로 공개적으로 언급했다. 오랫동안 묵혀 있던 특종이 확인된 것으로, 그해 이 기사는 한국기자상 대상과 올해의 여기자상(취재부문), 관훈언론상 등 국내 유수의 언론 관련 상을 거머쥐었다.

　이 특종 작성자는 연합뉴스의 최선영·장용훈 기자다. 이 중 최선영 기자는 탈북자 출신 여성 기자다. 북한 최고 엘리트 코스인 김일성대의 조선어문학부 문학과를 졸업한 뒤 '문학신문'과 '현대조선문학' 등에서 7년간 기자생활을 했다. 캠퍼스 커플로 만난 남편도 북한 외무성에서 일하다가 1996년 함께 탈북했다. 최 기자는 국가정보원 산하의 북한전문매체였던 내외통신을 거쳐 연합뉴스로 옮겨와 북한 전문기자로 20년 넘게 일했다. 1세대 탈북자 기자인 셈이다.

　최 기자는 특종을 인정받지 못한 상황에서도 '김정은에 대한 김대장 호칭', '김정은 찬양가요 보급' 등 김정은이 후계자가 된 사실을 뒷받침하는 팩트를 끊임없이 취재해 보도했다. 최 기자의 끈기 있는 보도는 2010년 한국기자상 심사평에도 드러난다.

　"2008년 8월부터 전문기자팀이 북한의 동향 추적과 각종 자료

분석을 통해 장장 2년 연속보도 끝에 건져 낸 대작이다. 국내외 언론이 장남 김정남, 또는 차남 김정철을 지목하거나 저울질할 때 흔들림 없이 각종 근거로 3남 김정은을 지목해 결국 국정원도 막바지에 확인해 주었고 많은 해외 유력언론들이 이를 전재했다."

2010 - 천안함 폭침

2010년 3월 26일 밤 백령도 인근 해상에서 해군 제2함대 소속 1200t급 천안함에 강력한 폭발이 일어나면서 선체가 절단되어 침몰했다. 천안함에는 승조원 104명이 탑승하고 있었다. 해군 경비정 두 대가 구조작업을 벌여 58명을 구조했다. 당일 구조하지 못한 46명은 이후 수색과정과 천암함 인양 등을 통해 40명은 시신으로 수습했지만 6명은 발견하지 못했다.

천안함 침몰이 알려진 후 그날 밤부터 보도가 쏟아졌다. 청와대와 군 당국은 사고 발생 몇 시간 후인 3월 27일 새벽 천안함 침몰과 승조원 구조 소식을 발표했지만 구체적 침몰 원인은 밝히지 못했다. 3월 31일 '천안함 침몰사고 민군 합동조사단'이 진상 규명에 나섰다. 합동조사단은 4월 16일 1차 발표를 통해 선체 절단면과 선체 안팎에 대한 육안검사 결과 선체 외벽의 절단면이 크게 변형된 점 등을 들어 외부 폭발의 가능성이 크다고 발표했다.

미국과 호주, 영국, 스웨덴, 캐나다 등 5개국 출신의 전문가 24명이 합동조사단에 합류해 조사를 실시했다. 합동조사단은 5월 20

일 조사 결과 발표에서 "천안함은 가스 터빈실 좌현 하단부에서 감응 어뢰의 강력한 수중폭발 때문에 선체가 절단되어 침몰되었다"고 밝혔다. 천안함을 공격한 어뢰는 프로펠러 등 수집된 파편들로 볼 때 북한이 만든 것이라고 밝혔다. 북한이 수출용으로 배포한 어뢰 설계도와 일치했으며, 추진부 뒷부분에 '1번'이라는 한글 표기가 북한의 어뢰 표기방법과 일치했기 때문이다.

군 관련 보도는 정보 통제가 심하고 취재가 제한적이어서 특종이 되기 어렵다. 그런 여건에서도 최현수 국민일보 국방전문기자는 전문지식과 남다른 취재 네트워크를 바탕으로 여러 차례 단독기사를 썼다.

최 기자는 천안함 선체와 사고해역에서 화약성분인 RDX 검출과 한글이 쓰인 어뢰 파편의 수거 등 침몰사고의 원인 규명과 관련된 일련의 특종보도를 했다. 폭발물 제조에는 톨루엔과 질산·황산의 혼합 화합물인 TNT가 많이 쓰인다. 백색·결정성·비수용성 강력 폭약 성분인 RDX는 TNT보다 위력이 훨씬 강해 어뢰 등의 제조에 사용된다. 그리고 한글이 새겨진 어뢰 스크루 파편은 북한 소행임을 확신하게 만드는 증거가 되었다.

최현수 기자는 2002년 국방부 출입 첫 여성 기자로 군사 사안을 다루기 시작한 뒤 2009년부터 첫 여성 군사전문기자로 활동해왔다. 언론계에서 '금녀의 영역'과 같았던 군사분야를 개척한 공로와 함께 천안함 침몰 관련 단독기사로 2011년 올해의 여기자상과 제28회 최은희 여기자상을 수상했다. 군사전문기자의 역량을

인정받아 국방부 첫 여성 대변인으로 발탁되었고 현재는 국방정
신전력원 원장으로 재직 중이다.

2014 – 세월호 참사

2014년 4월 16일 세월호 침몰은 나라 전체에 깊은 충격과 슬픔을
남겼다. 무리한 선박 개조와 과다 인원 승선, 이준석 선장 등 선원
들의 부당한 선내 대기 지시 방송과 안전 책임 회피, 구조 당국의
무능, 인천항만공사의 부실 감독, 지휘 계통의 혼선, 정치권의 책
임 회피 등 한국 사회의 부조리를 한꺼번에 보여 준 비극이었다.
　세월호 참사 당시 언론 보도도 거센 비판에 직면했다. 첫 단추
부터 오보였다. 경기교육청의 문자를 근거로 "전원 구조"라고 보
도했지만 사실이 아니었다. 언론사 간 속보 경쟁이 부른 또 다른
'참사'였다. 이후에도 세월호 구조작업 중 산소 공급이 진행 중이
라는 등 오보가 잇따랐다. 과잉 취재 경쟁과 유족의 아픔을 헤아
리지 못한 취재 관행, 언론사 내부의 부당한 지시 등이 원인이었
다. 당시 진도 세월호 침몰 현장에 머물던 실종자 가족들은 카메
라를 든 기자들에게 "카메라를 들이대면 가만 안 둔다"면서 취재
를 거부하기까지 했다.
　추락한 신뢰도는 역설적으로 세월호 참사 후속 및 탐사보도를
통해 회복의 발판을 마련하게 된다. 여기서도 여성 기자들의 활
약이 두드러졌다. JTBC 특별취재팀의 이지은 · 한윤지 · 박소연

기자는 신속하고 정확한 보도로 2014년 한국기자상 대상을 수상했다. 유가족들이 넋을 잃고 희생자들을 기다리던 팽목항 현장에서 '릴레이 보도'를 이어갔고, 유족들을 지속적으로 찾아가 증언을 들었다. 한국기자상 심사위원단은 "희생자들의 편에서 끈질기고 일관된 자세로 다수의 특종보도를 하면서 언론의 신뢰 회복에 중요한 역할을 했다"는 심사평을 냈다.

같은 해에 전문보도 부문(온라인)에서 한국기자상을 수상한 오마이뉴스의 박소희·김지혜 기자는 생존자들의 증언을 채록해 당시 참사 상황을 재구성해 알리는 데 공헌했다. 오마이뉴스 특별기획 '4월 16일, 세월호: 죽은 자의 기록, 산 자의 증언' 취재팀은 서울과 안산, 인천, 부천, 제주도까지 전국 곳곳을 찾아다니며 생존자 172명의 증언을 들었다. 개발자·디자이너와 협업해 세월호 도면에 당시 상황을 한눈에 볼 수 있도록 시각화하는 작업도 했다. 배 위 공간과 시간, 배의 각도 등의 다양한 관점에서 사실을 전달하는 동시에, 말 그대로 '희생자가 남긴 기록과 생존자의 증언'을 엮어 내면서 '기록 전달자'인 언론의 역할을 충실히 수행했다.

한겨레 21의 정은주 기자는 세월호 참사 이듬해인 2015년부터 1년간 입법·행정·사법부가 만든 자료 3테라바이트(TB), 재판 기록 15만 페이지를 단독 입수해 분석했다. 같은 해 1월 '누가 살아온 아이들의 눈물을 쏟게 하는가?'로 시작된 세월호 기획보도는 1년간 진행되었고, 《세월호, 그날의 기록》이라는 단행본으로도 출간되었다. 2015년 한국기자상을 수상한 정 기자는 "진실의 조각만 맞추었을 뿐"이라고 겸손하게 말했다. 이 탐사보도는 초동 구조에 실패한 혐의로 기소된 해경 김경일 정장의 판결에 영향을 미치는 등 세월호 참사 진상 규명에 일조했다.

2014 - 윤 일병 폭행 사망

군대 내 고질적인 인권 침해를 드러낸 윤 일병 사망사건은 KBS 윤진 기자의 2014년 7월 30일 '상상초월 군 가혹행위 … 물고문, 치약고문까지'라는 단독보도로 뒤늦게 세상에 알려졌다. 그해 4월 7일 당시 21세였던 윤승주 일병이 사망하고, 4개월이 다 되는 시점이었다. 이 사건이 더욱 공분을 산 것은 윤 일병이 이송된 4월 6일 가톨릭대 의정부 성모병원에서 촬영된 신체 사진에 복부와 가슴, 옆구리에 멍이 가득한 참혹한 모습이 담겨 있었기 때문이다.

가해자는 육군 제28보병사단 포병여단 977포병대대 의무대의 선임 병사들이었다. 군은 일회성 우발적 폭력 사건으로 규정했다. 하지만 수사가 진행될수록 윤 일병이 지속적 폭력 때문에 사망했다는 사실이 드러났다. 군 검찰은 이찬희 병장 등 피고인 4명을 상해치사죄로 기소했고, 1심 재판부도 폭행치사로 인정했다. 이후 비난이 잇따르자 2심인 군 고등법원은 4명 전부에게 살인죄를 적용했지만, 2015년 10월 29일 대법원에서 이 병장에게만 살인죄 적용 취지의 파기 환송이 되었다. 결국 이 병장에게만 살인죄가 적용되어 징역 40년이 확정되었다. 나머지 3명은 상해치사

죄로 징역 5~7년이 선고되었다.

윤 일병 사건은 윤진 기자의 끈질긴 취재가 없었다면 그냥 묻혀 지나갈 수도 있었다. 2014년 한국방송기자대상(뉴스부문) 수상소감에서 윤 기자는 "(같은 해) 6월에 발생했던 동부전선 GOP 총기 난사 사건을 취재하면서 총기난사 군인이 '관심병사'였다는 군 당국 발표가 사실이 아니었음이 드러났다. 이처럼 왜곡되었거나 묻혀 버린 사건이 더 있겠다"고 생각했다. 인권 관련 시민단체와 군 사건 전담 변호인 등을 찾아다닌 덕분에 군 법무관 출신 변호사로부터 "'더 황당한 사건'이 있다"며 윤 일병 사건을 듣게 되었다.

첫 보도 이후에도 후속 보도를 이어 갔다. 8월 4일 현장검증 사진을 보도했다. 1년이 지난 2015년 7월 16일 윤 일병 사건 현장검증 영상도 공개했다. 2019년 4월 7일에는 윤 일병 검시 동영상을 단독 입수해 보도하면서 "군의관이 복부 멍이 '폭행 피해'일 가능성을 외면했다"는 의혹을 제기했다. 동시에 윤 일병 유가족의 국가 상대 손해배상 소송이 2년째 지지부진한 점도 짚었다. 보도가 나온 날은 윤 일병이 폭행과 구타로 사망한 지 5주년 되는 날이었다.

윤 기자는 2014년 관훈언론상 수상소감에서 "가장 큰 어려움은 '군이라는 특수성 때문에 다른 기준과 잣대로 판단해야 하는 것인가?'라는 생각이 들 때였다"고 했다. 그때마다 취재한 팩트에 자신이 있다면 '성역은 없다'는 선배들의 충고에 따라 보편적 상식으로 판단해 용기 내서 보도했다고 한다.

2017 – 최순실 국정농단

최순실 국정농단 사태는 대한민국 역사상 최초로 현직 대통령 파면이라는 결과를 불러온 정치 스캔들이다. 2016년 당시 박근혜 대통령의 비선 실세인 최순실 씨가 국정에 개입했다는 의혹이 보도되면서 시작되어 2017년 박근혜 전 대통령의 탄핵과 구속으로까지 이어졌다. 당시 국정농단 보도에 보수와 진보 언론의 구분은 없었다. 모든 언론이 뛰어들어 퍼즐 맞추듯 기사를 쏟아 냈고, 수많은 기자들의 취재는 보이지 않는 선처럼 연결되어 대통령 탄핵으로까지 이어졌다.

이때 여성 기자 역할도 적지 않았다. 미디어오늘은 최순실 국정농단 사태와 관련해 주목받는 보도를 한 평기자 13명을 선정했다. 이들 가운데 김은지(시사 IN), 김포그니(중앙일보), 서영지(한겨레), 김수진(YTN), 온누리(JTBC), 하누리(TV 조선), 이세영(SBS) 등 7명이 여성 기자였다. 최순실의 태블릿 PC에 관한 특종을 보도한 심수미 기자는 2017년 올해의 여기자상(취재부문)을, 심수미·신혜원·하누리 기자는 2016년 관훈언론상(권력감시부문)을 수상했다.

심수미 기자는 올해의 여기자상 수상 소감에서 "여자가 뭐 이렇게 위험한 것을 취재하느냐?"며 섣불리 최고 권력자를 건드렸다 화를 입을까 봐 걱정해 주는 취재원들도 만났지만, "그저 '썰' 말고 '팩트'에 접근하고 싶어" 겁 없이 취재에 파고들 수 있었다고 했다. 각계의 취재원을 접촉하다 이성한 미르재단 전 사무총장과 통화가 닿았다.

좀처럼 경계를 풀지 않는 이 씨를 계속 설득하면서 첫날 3시간 가량 대화를 나누었고, 다음 날 다시 찾아가 밤 12시까지 9시간 동안 이야기를 나누었다. 이런 끈질긴 사전 취재 중에 들은 얘기를 단서로 텅 빈 사무실을 제일 먼저 찾아가 남아 있던 책상에서 태블릿 PC를 발견했다. 2016년 10월 19일 '최순실이 대통령 연설문을 고친다'는 보도는 이렇게 탄생했다.

하지만 심 기자는 태블릿 PC 보도를 둘러싼 음해성 괴소문에 시달렸고, 심 기자를 비롯한 JTBC 취재팀은 특수절도나 사기 등 혐의로 검찰과 경찰에 고발되었다. 욕설과 협박이 담긴 이메일을 수차례 받았고, 그의 사진에서 눈알을 파낸 항공우편도 받았다. 심 기자는 "이렇게 겨울을 버티면서, 누군가 일찌감치 경고했던 '위험한 취재'라는 말을 내내 곱씹었다"고 했다. 그러면서 이런 취재 단상을 남겼다.

"돌이켜 보면 몰라서 다행이었다. 무식해서 용감했다. 물론 알았어도 다르지 않았을 것 같다. JTBC 특별취재팀원 모두는 눈앞에 펼쳐진 비상식적인 현실에 의문을 품고, 밤낮없이 머리를 맞대고, 더 많은 현장을 돌아다녔다. 정말 전형적으로 앞만 보고 달렸던 사회부 스트레이트성 취재의 결과였다. 가장 답답했던 게 바로 '정치적 목적'을 갖고 취재하고 보도한 것 아니냐는 일부의 시선들이었다."

2018 – 데이터 기반 주거권 사각지대 보도

한국일보가 2018년 12월부터 2019년 10월까지 연재한 '주거 3부작'은 주거빈곤 문제를 다각도로 분석한 기획기사다. 주거빈곤 상태에 놓인 아동들의 실태를 짚은 '단칸방에 갇힌 아이들', 도시 빈민의 마지막 보루인 쪽방촌 문제를 다룬 '지·옥·고 아래 쪽방', 청년층 주거의 열악한 현실을 지적한 '대학가 新쪽방촌'으로, 취재부터 출고까지 1년 가까이 걸렸다.

이 기획이 빛을 발했던 것은 사회문제에 대한 증거를 데이터로 찾아내고, 나아가 해결책을 모색하는 데이터 기반 보도의 진수를 보여 주었기 때문이다. 취재팀은 2018년 9월 기준 서울시 쪽방 현황자료를 토대로 쪽방 건물 등기부 등본을 전수 조사해 실소유주를 추적했다. 318채 쪽방 건물 가운데 등기가 되어 있는 건물 243채의 등기부 등본을 조사했다.

그 결과, 전체 소유주의 69.62%가 쪽방촌 밖 다른 지역에 살고 있었다. 건물주 중에는 강남구 도곡동 타워팰리스 등 고급 주거단지에 사는 사람이 적지 않았다. 강남 건물주 가족, 중소기업 대표 등 재력가도 상당수였다. 지방 큰손이 재테크를 위해 쪽방촌을 사들인 사례들도 드러났다.

청년 주거의 심각성을 진단하는 '대학가 新쪽방촌' 보도를 위해 취재팀은 2019년 7~9월 한양대 학생들의 대학촌인 성동구 사근동 일대 원룸 건물의 '불법 쪼개기 실태'를 파악했다. 원룸으로 사용되는 건물 751채 가운데 10가구 이상 거주하는 79채를 들여다 보았더니, 그중 65채(82%)가 불법 쪼개기를 한 것으로 나타났다. 월세를 더 걷기 위해 방 한 칸을 세 칸, 네 칸으로 쪼개면 결국은 쪽방이나 마찬가지 크기가 된다. 인터뷰를 요청하는 편지글 전단지 천 장을 복사해 일일이 우편함에 꽂아 두고 답변을 받는 방식으로 대학가의 방 쪼개기 실태와 열악한 주거 환경을 실거주자 육성으로 전했다.

'주거 3부작'은 도심 쪽방촌에 대한 공공주택 개발 등 관련부처의 종합대책을 이끌어 냈다. 이혜미·김혜영·박혜영·박소영 기자 등 4명은 2019년 올해의 여기자상과 올해의 데이터 기반 탐사보도상을 받았다.

2019 – 인간답게 늙어 갈 권리 보도

2019년 5월 한겨레는 창간 기획으로 3부 8회에 걸쳐 '대한민국 요양 보고서'를 연재했다. 장기 요양기관에 입소한 노인들의 실태와 이들을 보살피는 요양보호사들의 열악한 처우를 파헤친 기획 시리즈였다.

권지담 기자는 직접 요양보호사 자격증을 따고 인천과 부천의 요양원에서 한 달 동안 일하면서 노인요양원의 실태를 생생하게 그려 냈다. 취재팀은 또 재가 요양보호사 14명을 심층 인터뷰하고 200명을 대상으로 설문조사를 하면서 방문요양 서비스의 현실을 짚었다.

요양원 비리에도 접근했다. 국민건강보험공단과 지방자치단체 직원들이 2018년 836곳의 장기요양기관을 현지 조사한 결과를 기동민 더불어민주당 의원실을 통해 입수해 분석했다. 정부가 고발한 장기요양기관 중 확정판결이 난 판결문 30건을 분석해 장기요양기관의 구조적 문제와 노인돌봄 실태를 총체적으로 진단했다.

기사는 큰 반향을 일으켰다. 보건복지부는 노인장기요양보험 수급자와 요양보호사 등 직원 수를 가짜로 등록해 국민건강보험공단으로부터 급여를 가로챈 요양원, 방문요양센터 등에 대한 형사처벌 규정을 신설했다. 비리 장기요양기관 명단도 공개하기로 했다. '대한민국 요양 보고서'를 취재 보도한 권지담·이주빈·황춘화 기자를 포함한 한겨레 24시 팀은 2019년 한국기자상(기획보도부문)과 관훈언론상(사회변화부문)을 받았다.

2019년 9월 KBS〈시사기획 창〉과 뉴스를 통해 턱없이 부족한 간병인들 사이로 약물 남용에 노출된 고령 환자들의 모습이 보도된 뒤 제보가 쏟아지자 KBS는 전담 취재팀을 구성했다. KBS 취재진은 전국 1,500여 개 요양병원에서 2019년 11월부터 2020년 4월까지 6개월 치의 처방 결과를 확보해 분석했다. 처방된 약은 233만 개였는데 약의 투여 목적에 맞는 환자, 정신질환자는 3.7%에 불과하다는 사실을 밝혀냈다. 약물로 노인 환자들을 '관리'하는 실태를 고발하고 정신병약 과잉처방의 구조적 배경을 밝혀냈다. 이를 보도한 모은희·홍혜림·우한솔 기자는 2020년 한국기자상(기획보도부문), 2021년 여기자상 (기획부문) 을 수상했다.

   이에 앞서 서울신문 탐사기획부 신융아·이혜리 기자가 보도한 '간병살인 154인의 고백'도 남다른 문제의식과 취재기법으로 가족 간병의 고통과 후유증을 적나라하게 보여 준 역작이었다. 두 기자는 법원의 판결문 방문 열람 등을 통해 2006년부터 2018년까지 10여 년간 간병살인 관련 판결문을 모두 확보했다. 이 기간 '간병살인'에 희생된 사람 (동반자살자 포함) 은 213명이었다. 이 가운데 114명은 가족의 손에 생을 마감했다. 가족을 살해하고 스스로 목숨을 끊거나 동반자살을 선택한 이도 89명이었다. 환자를 남기고 자신만 극단적 선택을 한 이도 10명이었다. 기자들은 간병살인 가해자 154명을 인터뷰했다. 직접 만나지 못한 경우 주변 친인척과 지인을 대상으로 사실관계를 확인했다. 이들은 2018년 한국기자상 (기획보도부문) 과 관훈언론상 (사회변화부문) 을 수상하며, "탐사보도가 무엇인지 보여 주는 교과서 같은 역작"이라는 심사평을 받았다.

2020 – n번방 사건

2020년 한국 사회를 뒤흔든 키워드 두 개를 꼽으라면 '코로나 19'와 'n번방 사건'이다. n번방 사건은 모바일 메신저 텔레그램을 통해 미성년자를 포함한 여성을 대상으로 성착취 영상을 제작·유포한 디지털 성범죄를 말한다.

n번방 범죄를 처음 세상에 드러낸 주역은 기자 지망생인 두 여대생으로 이루어진 '추적단 불꽃'이었다. 이후 한겨레와 국민일보가 각각 특별취재팀을 꾸려 n번방과 박사방 등 다양한 파생방을 추적해 디지털 성범죄의 추악한 실태를 고발했다. 상상을 초월하는 디지털 성범죄에 대한 범국민적 공분은 270만여 명의 국민청원으로 이어졌다.

경찰은 특별수사본부를 설치해 n번방과 파생방 등의 주요 운영진을 포함해 1,400여 명을 검거하고 145명을 구속했다. 국회는 인터넷 사업자에 불법 촬영물 유통 방지를 의무화하는 'n번방 방지법', 성폭력처벌법, 범죄수익은닉규제법, 청소년성보호법 개정안을 통과시키면서 디지털 범죄에 대한 처벌을 강화했다.

n번방의 존재를 알린 추적단 불꽃은 대학 같은 과 선후배로, 2019년 6월 뉴스통신진흥회의 제1회 '탐사·심층·르포 취재물 공모전'을 준비하면서 수천 명이 모인 채팅방에서 불법 촬영물과 품평 수만 개가 오가는 것을 목격했다. 두 대학생은 놀이처럼 벌어지는 성폭력과 이를 관전하는 참가자들에 충격을 받고 경찰에 신고했다. 공조 수사를 요청받고는 하루에 4~5시간씩 n번방을 모니터링하면서 단서가 될 만한 자료와 화면을 채증해 경찰에 넘겼다. 불꽃팀이 심층 취재해 쓴 기사 '미성년자 음란물 파나요? … 텔레그램 불법 활개'는 공모전에서 우수상을 수상했다.

두 달 뒤인 2019년 11월 한겨레가 n번방 취재에 뛰어들었다. 김완 사회부 기자가 '청소년 텔레그램 비밀방에 불법 성착취 영상

활개'라는 제목으로 인천의 10대 고등학생이 텔레그램에 비밀 채팅방을 개설해 2만 개의 성착취 영상을 유포하고 있다고 보도했다. 단발성 보도에 그칠 사안이 아니라고 판단해 특별취재 보도에 나섰다. 'n번방 사건' 특별취재에서는 여성 기자들이 주도적 역할을 했다. 한겨레는 오연서 기자가 김완 기자와 함께 특별취재팀을 꾸렸다. 제보로 텔레그램 안에 불법 성착취 영상을 유통하는 방이 수천 개 있고, '박사'가 중심인물이라는 것을 파악했다. 한겨레는 4회에 걸쳐 '텔레그램에 퍼지는 성착취' 시리즈를 내보냈다.

n번방 보도로 큰 반향을 일으킨 것은 2020년 3월 국민일보 보도였다. 추적단 불꽃도 직접 취재에 참여했다. 불꽃팀과 박민지 기자를 주축으로 구성된 특별취재팀이 협업을 통해 'n번방 추적기'라는 이름으로 5회에 걸쳐 실태를 폭로했다. 기사를 읽는 독자가 가해자 시점에서 피해 상황을 바라보지 않도록 기사 작법과 시점에 변화를 주었다. 취재 과정에서 경험한 심리적 고통을 반복해 강조하고 가해자의 추악함을 알리는 데 주력했다. 취재를 마친 뒤 불꽃팀과 박 기자는 트라우마 심리치료를 받았다. 연이은 n번방 특종과 보도로 한겨레와 국민일보는 2020년 주요 언론상을 휩쓸었다.

부록

한국 여성 기자의 업무 실태 및 직무에 대한 인식 조사
한국여성기자협회 60주년 기념 설문조사

한국여성커뮤니케이션학회 (이나연 연세대 언론홍보영상학부 부교수)

1. 조사 개요

1) 조사 절차

'한국 여성 기자의 업무 실태 및 인식'에 대한 조사는 한국여성기자협회가 설립 60주년을 기념하여 한국여성커뮤니케이션학회에 의뢰해 진행했다. 이번 조사를 위해 학회 소속 연구진은 협회 이사회로부터 조사 취지를 듣고 ① 과거 협회의 실태 조사, ② 학계의 선행연구, ③ 여성 기자들의 기고문 등을 참고해 설문문항의 초안을 설계했다. 이후 협회 소속 직급별 기자 6명을 인터뷰해 설문문항을 보완·수정했으며, 한국여성기자협회 이사회가 최종 설문문항을 최종 승인·확정했다.

설문조사의 진행은 여론조사 전문업체인 마켓링크가 담당했다. 마켓링크는 협회로부터 회원들의 휴대전화와 이메일 등을 제공받아 2021년 5월 25일부터 6월 9일까지 온라인으로 조사를 진행했다. 이 기간 설문조사에 참가한 여성 기자는 협회 소속 31개 언론사 기자 1,464명 중 693명으로 47.3%의 높은 응답률을 보였다.

2) 조사 내용

이 조사는 여성 기자의 업무 실태와 이에 대한 인식을 알아보기 위한 것으로, 설문문항의 내용은 ① 직업 선택의 동기 및 충족 그리고 이직 의도, ② 직장 내외에서 겪는 고충과 차별, ③ 여성으로서 겪는 일과 가정의 양립, ④ 기자로서의 역량 및 직무 스트레스 등이다. 구체적으로 살펴보면 다음과 같다.

첫째, 언론 환경이 갈수록 열악해지는 상황에서 기자라는 직업을 선택한 동기(직업 매력도)와 실제 업무를 수행하며 충족된 만족감은 무엇인지를 조사한 뒤, 충족도와 이직 의도와의 관계를 분석했다.

둘째, 남성 중심의 언론 문화에서 여성 기자의 업무 고충과 차별의 실태를 파악하고 이를 세대별로 비교했다. 아울러, 2018년 이후 국내에서 본격화한 '미투 운동' 이후 성희롱·성추행 관련 인식이 어떻게 변화했다고 인식하는지를 조사했다.

셋째, 전통적으로 일과 가정의 양립이 쉽지 않은 직종으로 구분되는 기자직에서 여성 기자가 인식하는 고충의 정도와 이를 해결하기 위한 방안에 대해 알아보았다.

넷째, 여성 기자가 인식하는 직무 스트레스와 직급별로 이러한 직무 스트레스에서 차이가 있는지를 조사했다. 또한, 여성의 언론계 진출이 늘어나면서 주요 이슈로 부각되는 여성 리더십에 대한 인식을 분석했다.

3) 조사 대상의 특징

(1) 회원사별 설문조사 참가자

이번 조사 대상의 특징을 언론사별, 직급별, 근무부서별로 정리하면 다음과 같다.

언론사별 분석 결과, 회원 수가 가장 많은 언론사는 KBS로 122명

표-1 언론사별 회원 수 및 설문조사 참가자 수

언론사	회원 수	참가자 수(%)
국민일보	46 (3.2)	24 (3.5)
경향신문	58 (4.0)	26 (3.8)
내일신문	6 (0.4)	3 (0.4)
동아일보	83 (5.7)	37 (5.3)
문화일보	36 (2.5)	19 (2.7)
서울신문	50 (3.4)	29 (4.2)
세계일보	32 (2.2)	21 (3.0)
조선일보	61 (4.2)	23 (3.3)
중앙일보	69 (4.7)	24 (3.5)
한겨레	63 (4.3)	26 (3.8)
한국일보	53 (3.6)	22 (3.2)
연합뉴스	93 (6.4)	39 (5.6)
뉴스 1	72 (4.9)	40 (5.8)
채널A	37 (2.5)	22 (3.2)
JTBC	59 (4.0)	28 (4.0)
MBN	26 (1.8)	9 (1.3)
TV조선	35 (2.4)	8 (1.2)
CBS	21 (1.4)	14 (2.0)
KBS	122(8.4)	46 (6.6)
SBS	43 (2.9)	29 (4.2)
YTN	35 (2.4)	17 (2.5)
연합뉴스TV	23 (1.6)	9 (1.3)
매일경제	49 (3.4)	38 (5.5)
머니투데이	50 (3.4)	34 (4.9)
서울경제	60 (4.1)	28 (4.0)
스포츠조선	10 (0.7)	5 (0.7)
아시아경제	61 (4.2)	23 (3.3)
코리아타임스	14 (1.0)	7 (1.0)
파이낸셜뉴스	37 (2.5)	16 (2.3)
한국경제	55 (3.8)	27 (3.9)
합계	1,459 (100.0)	693 (100.0)

(8. 4%) 이었으며, 다음은 연합뉴스 93명(6. 4%), 동아일보 83명(5. 7%), 뉴스 1 72명(4. 9%) 등의 순서였다. 조사 참가자 숫자가 가장 많은 언론사도 KBS로 46명(6. 6%) 이었으며, 다음은 뉴스 1 40명(5. 8%) 등이었다. 일반적으로 언론사별 참가자 숫자의 비율은 전체 응답률과 유사하였으나, 회원 수에 비해서 참가자가 많은 언론사는 국민일보, 문화일보, 서울신문, 세계일보, 뉴스 1, CBS, SBS, YTN, 매일경제, 머니투데이, 한국경제 등이었다. 단, 회원사인 MBC는 협회 활동 중단 상태로 이번 설문에는 참여하지 않았다.

한편, 응답자들의 근무 지역을 조사한 결과, 서울 및 수도권이 678명(97. 8%) 으로 대다수를 차지했으며, '비수도권'은 15명(2. 2%) 에 불과했다. 따라서 이 조사 결과는 서울 및 수도권 근무자의 응답으로 볼 수 있다.

(2) 응답자의 직급별 비율 및 근무 부서

조사 대상자를 경력별·직급별로 분석한 결과, 기자 경력의 경우 11~15년 차가 184명(26. 6%) 으로 가장 많았으며, 다음은 4~7년 차 145명(20. 9%), 8~10년 차 135명(19. 5%) 등의 순서였다. 10년 차 이하가 333명(48. 0%), 10년 차 초과가 360명(52. 0%) 으로 경력별로 고르게 응답한 것으로 나타났다.

기자 직급별로는 평기자가 473명(68. 3%), 차장급과 부장급이 193명(27. 8%), 부국장과 국장급, 그리고 논설위원이 24명(3. 5%) 이었다. 직급이 높아질수록 전체 기자 중 여성 기자의 비중이 낮아지는 것을 감안하면 직급별 응답의 비중도 적절한 것으로 판단된다. 한편, 연령별로는 30대가 387명(55. 8%) 으로 절반 이상을 차지했으며, 40대는 207명(29. 8%), 20대는 64명(9. 2%), 50대는 35명(5. 0%) 등이었다.

조사 대상자의 근무 부서를 분석한 결과, 경제 관련 부서(경제, 산업, 금융, 소비자경제 등) 가 159명(22. 9%) 으로 가장 많았으며, 다음은 사회(지방부 포함) 148명(21. 4%), 정치 73명(10. 5%) 등이었다. 따라서, 정치, 경제, 사회 등 이른바 주요 부서에서 근무하는 응답자가 전체의

54.8%로 절반 이상에 달하였다. 한편, 근무 희망부서는 경제 관련 부서(경제, 산업, 금융)가 총 185명(26.7%)으로 가장 많았으며, 다음은 정치 125명(18.0%), 문화 관련 부서(문화, 생활, 과학) 120명(17.3%) 등이었다.

표-2 응답자 중 경력·직급·연령별 비율

경력	명(%)	직급	명(%)	연령	명(%)
1~3년 차	53 (7.6)	평기자	473 (68.3)	23~29세	64 (9.2)
4~7년 차	145 (20.9)	차장급	152 (21.9)	30~34세	204 (29.4)
8~10년 차	135 (19.5)	부장급	41 (5.9)	35~39세	183 (26.4)
11~15년 차	184 (26.6)	부·국장급	18 (2.6)	40~44세	152 (21.9)
16~20년 차	108 (15.6)	논설위원	6 (0.9)	45~49세	55 (7.9)
21년 차 이상	68 (9.8)	기타	3 (0.4)	50세 이상	35 (5.0)
합계	693 (100.0)	합계	693 (100.0)	합계	693 (100.0)

표-3 응답자의 근무 부서 및 희망부서

(단위: 명, %)

부서	현재 근무자	희망자
정치	73 (10.5)	125 (18.0)
경제·산업·금융	159 (22.9)	185 (26.7)
사회(지방부)	148 (21.4)	76 (11.0)
국제	53 (7.6)	45 (6.5)
문화·생활·과학	69 (10.0)	120 (17.3)
체육·스포츠·레저	9 (1.3)	13 (1.9)
편집	88 (12.7)	63 (9.1)
기획·오피니언	38 (5.5)	31 (4.5)
출판	3 (0.4)	6 (0.9)
조사 교열	2 (0.3)	2 (0.3)
기타	51 (7.4)	27 (3.9)
합계	693 (100.0)	693 (100.0)

과거 조사와 비교하면?

한국여성기자협회가 1990년 실시한 실태조사 결과와 비교하면, 지난 30여 년의 변화를 실감할 수 있다. 당시 조사에서 여성 기자가 가장 많이 근무한 부서는 조사·교열부(31.7%), 다음은 문화·생활부(24.4%)였다. 이에 비해 정치부(0.8%), 경제부(2.0%), 사회부(4.9%) 등 세 부서의 근무자는 7.7%에 불과했다. 여성 기자의 희망부서도 문화·생활부(17.1%), 경제부(10.2%), 사회(7.3%) 등으로 이번 조사와 큰 차이를 보였다.

표-4 1990년 여성 기자 부서 실태조사

(단위: %)

부서	현재 근무자	희망자
정치	0.8	6.1
경제·산업·금융	2.0	10.2
사회(지방부)	4.9	7.3
외신부	6.5	6.5
문화·생활	24.4	17.1
체육·스포츠·레저	분류 없음	분류 없음
편집	6.9	4.1
기획· 오피니언	분류 없음	분류 없음
출판	12.6	2.4
조사·교열	31.7	2.4
기타	9.7	4.1
고위간부	0.8	-

주: 희망자 분류에서 무응답 비율이 39.8%였다.

한편, 희망부서에서 일하지 못하는 이유에 대한 인식에서도 차이가 컸다. 우선, 이번 조사에서는 70.3%(487명)가 희망부서에서 일하고 있다고 응답했다. 희망하지 않는 부서에서 근무하는 206명은 그 이유에 대해 '능력을 인정받지 못해서'(22.8%)라는 응답이 가장 많았다. 이에 비해 1990년 조사(245명 대상)에서는 '인사권자의 성편견으로'(25.6%), '남성 위주의 취재 관행으로'(21.1%) 등이 주요 이유로 꼽혔다.

표-5 희망부서에서 근무하지 못하는 이유에 대한 인식

(단위: %)

이유	2021년	1990년
능력이 부족해서	5.8	8.1
능력을 인정받지 못해서	22.8	6.1
남성 위주의 취재 관행으로	8.3	21.1
인사권자의 성편견으로	10.2	25.6
기타	52.9	4.8
무응답	0.0	34.1

2. 조사 결과

이번 조사의 내용은 크게 7개 하위 영역으로 구분된다. 구체적으로 ① 직업 매력도 및 충족도, ② 이직 의도, ③ 기자 역할에서 경험하는 성차별, ④ 일과 가정의 양립, ⑤ 성희롱 및 성추행에 대한 인식, ⑥ 여성 기자의 자질과 리더십, ⑦ 직무 스트레스 등이다.

1) 직업 매력도 및 충족도

(1) 직업 선택의 동기와 충족 정도

한국의 여성 기자가 '왜 기자라는 직업을 선택하는지'와 '기자로 일하면서 입사 전 기대가 얼마나 충족되었는지'를 알아보기 위해 기자 선택 동기와 취업 후 충족 정도를 12개의 문항으로 질문했다. 구체적으로 선택 동기에 대해서는 "귀하가 기자라는 직업을 선택한 이유는 무엇인가?"라고 질문했으며, 충족도에 대해서는 "귀하가 기자로 취업한 뒤 직업을 선택한 동기가 얼마나 충족되었는가?"로 질문했다. 그 결과, 12개 항목에 대한 동기의 평균점수는 3. 47점 (5점 만점) 이었지만, 충족도에 대한 평균점수는 3. 20점 (5점 만점) 에 머물렀다. 이러한 결과는 여성 기자가 직업을 선택할 때의 기대에 비해 전반적으로는 충족 정도가 낮다는 것을 의미한다.

12개 항목에 대한 분석 결과를 살펴보면 다음과 같다.

첫째, 기자라는 직업을 선택한 주요 동기는 '사회문제에 대한 관심'(평균 4. 28점) 과 '사회 공익에 기여'(4. 18점), '다양한 사람을 만날 수 있어서'(4. 08점) 인 것으로 나타났다. 여성이 기자라는 직업을 선택할 때 크게 기대하지 않은 동기는 '높은 연봉'(2. 05점), '언론 산업의 전망'(2. 24점), '직업의 안정성'(2. 71점) 등이었다.

둘째, 기자가 된 이후 충족된 기대 중 높은 점수를 받은 항목은 '사회 문제에 관심을 기울일 수 있다'(4. 14점) 와 '다양한 사람을 만날 수 있다'(4. 15점) 였다. 기자라는 직업에서 충족도가 낮은 항목은 '언론 산업의 밝은 전망'(1. 80점), '높은 연봉'(2. 10점) 등이었다.

셋째, 기대와 충족 간의 괴리가 가장 큰 항목은 '일이 재미있다'(0. 60점), '사회적으로 인정받는 직업이다'(0. 57점), '사회 공익에 기여할 수 있다'(0. 50점) 등이었다. 이러한 결과는 기대에 비해 실제 업무를 통해 얻은 충족이 가장 낮은 영역이 일의 재미, 사회적 인정, 공익에 대한 기여라는 점에서 주목할 만하다. 즉, 기자라는 일이 기대한 것보다 재미없고 사회적으로 인정받지 못하며 사회 공익에도 기여하기 어렵다고 인식하는 것이다.

표-6 직업 선택의 동기 및 충족도 비교

(단위: %, 점)

직업 선택 동기·충족도	직업 선택의 동기 및 취업 후 충족도	전혀 그렇지 않다	그렇지 않다	그저 그렇다	그렇다	매우 그렇다	평균 (5점 만점)
이유	사회의 공익에 기여할 수 있어서	0.9	1.2	11.3	52.1	34.6	4.18
충족도	사회의 공익에 기여할 수 있다	0.7	6.3	26.4	57.4	9.1	3.68
이유	사회문제에 관심을 기울일 수 있어서	0.9	0.9	5.6	54.3	38.4	4.28
충족도	사회문제에 관심을 쏟을 수 있다	0.4	1.4	10.2	59.6	28.3	4.14
이유	능력에 따른 평가를 받을 것 같아서	2.3	8.9	27.8	54.7	6.2	3.54
충족도	능력에 따라 평가받는다	5.9	15.3	42.6	32.5	3.8	3.13
이유	다양한 사람을 만날 수 있어서	1.3	3.9	12.0	51.7	31.2	4.08
충족도	다양한 사람을 만날 수 있다	0.7	3.6	8.8	53.2	33.6	4.15
이유	사회적으로 인정받는 직업이라서	2.7	9.8	26.4	53.5	7.5	3.53
충족도	사회적으로 인정받는 직업이다	8.2	24.2	33.5	31.5	2.6	2.96
이유	연봉이 높아서	32.5	36.2	25.0	6.2	0.1	2.05
충족도	연봉이 높다	35.1	29.6	25.4	10.0	0.0	2.10
이유	직업의 안정성이 높아서	11.0	31.3	34.9	21.2	1.6	2.71
충족도	직업의 안정성이 높다	9.8	22.9	34.2	30.6	2.5	2.93
이유	적성에 맞는 일이어서	1.3	4.9	21.4	54.8	17.6	3.83
충족도	적성에 맞는 일이다	3.8	12.8	26.8	45.3	11.3	3.47
이유	자유로운 혹은 자율적인 직업이어서	2.3	9.4	16.7	53.0	18.6	3.76
충족도	자유롭고 자율적인 직업이다	3.6	12.3	23.5	50.6	10.0	3.51
이유	전문직이어서	7.5	14.9	29.6	41.7	6.3	3.25
충족도	전문성을 높일 수 있다	7.5	23.4	39.8	26.4	2.9	2.94
이유	일이 재미있을 것 같아서	0.4	2.3	8.2	59.5	29.6	4.15
충족도	일이 재미있다	1.9	7.8	31.6	50.8	7.9	3.55
이유	언론 산업의 전망이 밝을 것 같아서	20.8	42.0	29.6	7.4	0.3	2.24
충족도	언론 산업의 전망이 밝다	41.6	38.7	17.6	2.2	0.0	1.80

(2) 기자 직업에서의 만족도

여성 기자들은 기자라는 직업에 만족하고 있을까? 이를 알아보기 위해 '기자라는 직업에 대한 만족도'를 2개 문항으로 측정했다. 그 결과, 평균 3.37점으로 '보통이다'와 '대체로 그렇다'의 중간 정도로 나타났다. 구간별로 분석한 결과, 3~3.5점이 299명(43.2%)으로 가장 많았고, 4~4.5점(대체로 그렇다, 4점)도 264명(38.1%)으로 나타나 대체로 긍정적인 응답이 많았다. 실제로, 평균 이하인 응답은 전체의 16.5%에 머물렀다.

이러한 결과로 미루어 볼 때, 여성 기자들은 기자라는 직업을 선택할 때의 기대에 비해 실제로 일하면서 충족감이 낮지만 기자라는 직업에 대체로 만족하는 것으로 판단된다.

한편, '직업 만족도'를 직급별로 분석한 결과, 유의미한 통계적 차이를 보였다. 즉, 평기자와 차장급의 만족도는 평균 3.34점이었으나 부장급 이상의 점수는 3.65점으로 부장급 이상의 만족도가 평기자나 차장급 기자에 비해 더 높았다. 이러한 결과는 만족도가 높은 기자들이 더 오래 조직에 남은 결과이거나(즉, 만족도가 낮은 사람들은 승진 전에 기자직을 그만두어서이거나) 혹은 연차가 올라갈수록 만족도가 높아지기 때문일 수 있다.

표-7 여성 기자의 직업 만족도

(단위: 명, %)

1~1.5점	2~2.5점	3~3.5점	4~4.5점	5점	평균(5점 만점)
16(2.3)	98 (14.2)	299 (43.2)	264 (38.1)	16 (2.3)	3.37점

표-8 직급별 직업 만족도 점수

(단위: 명, 점)

직급	평기자(473)	차장급 · 차장(152)	부장급 이상(68)
만족도 평균	3.34[a]	3.34[a]	3.65[b]

주: 직급 간 차이는 ***p < .001에서 유의미한 차이를 보였다. 단, 평기자와 차장급 · 차장 사이에는 유의미한 차이가 없으며 부장급과만 차이가 있다는 것을 의미한다.

2) 이직 의도

최근 언론인의 이직 및 퇴직이 급증하는 만큼 여성 기자를 대상으로 이직 및 퇴직 의도는 어느 수준이며 이직 혹은 퇴직을 고려하는 이유가 무엇이며 해결방안은 무엇이라고 생각하는지를 알아보았다.

(1) 이직 경험 및 이직 · 퇴직 의도
조사 결과를 요약하면 다음과 같다.

첫째, 한 번이라도 이직한 경험이 있는 여성 기자는 243명으로 전체의 35. 1%였다.

둘째, 이직 의도에 대한 질문 중 '지난 1년 동안 이직을 고려한 적이 있다'는 응답자는 327명 (47. 2%) 이었다. 그중 141명 (43. 1%) 이 동종 업계로의 이직을 고려했고, 186명 (56. 9%) 은 이종 업계로의 이직을 원했다.

셋째, '다시 직업을 선택할 수 있다면 기자를 선택할 것인가?'라는 질문에는 '그렇다'는 응답자가 283명 (40. 8%) 이었고, '그렇지 않다'는 410명 (59. 2%) 이었다. 따라서 여성 기자 10명 중 6명은 기자라는 직업을 다시 선택하지 않겠다고 밝힌 셈이다.

(2) 이직 의도에 영향을 미치는 요인
여성 기자들이 인식하는 이직 고려 이유를 더 구체적으로 알아보기 위해 21개 문항으로 '무엇이 이직에 영향을 미치는 요인이라고 인식하는가?'를 질문했다. 그 결과, 가장 주요한 이유는 '전망이 나은 업계로의 도전' (4. 05점), '언론 산업의 혁신 부족' (3. 97점), '언론인으로서 성취감 · 만족감 저하' (3. 92점), 그리고 '일과 가정의 양립이 어려움' (3. 90점) 등의 순서였다. 반면 낮은 점수를 받은 항목은 '상사 및 동료와의 불화' (3. 03점), '언론사의 정치적 성향 · 가치관 차이' (3. 13점) 등이었다.

한편, 이번 조사에서는 변화한 뉴미디어 환경을 반영하여 '기레기' 등 공격적 · 모욕적 댓글 등의 영향을 알아보았다. 그 결과, '공격적 · 모욕적 댓글' 3. 39점, '기자에 대한 사회적 평가 절하' 3. 59점 등과 같이 비교적 높게 나타났다. 실제로, 이번 조사를 위해서 인터뷰한 기자 6명은 공통적으로 뉴미디어 환경에서 공격적 댓글로 인한 피로감과 스트레스를 호소하였다.

표-9 여성 기자의 이직 고려 이유에 대한 인식

(단위: %, 점)

여성 기자들의 이직 고려 이유	전혀 그렇지 않다	그렇지 않다	그저 그렇다	그렇다	매우 그렇다	평균 (5점 만점)
과도한 업무량	0.3	8.1	25.8	49.8	16.0	3.73
격무에 따른 신체적 한계	5.6	17.5	27.6	38.2	11.1	3.32
낮은 임금과 복지	0.9	7.8	24.2	47.5	19.6	3.77
승진 등에서 남녀 차별	1.3	13.4	32.3	39.2	13.7	3.51
잦은 술자리 등 남성 중심 문화	3.6	20.3	28.6	34.1	13.4	3.33
기자로서의 능력에서 한계 인식	2.0	18.5	29.7	44.2	5.6	3.33
'기레기' 등 공격적·모욕적 댓글	4.5	14.9	31.7	34.6	14.3	3.39
기자에 대한 사회적 평가 저하	1.2	10.8	28.1	47.1	12.7	3.59
언론인으로서 성취감·만족감 저하	0.6	3.5	16.0	63.1	16.9	3.92
언론의 사회적 위상 약화	1.4	7.4	23.8	53.8	14.0	3.71
회사의 편집 방향에 대한 불만	1.6	14.9	40.0	36.5	7.1	3.33
언론사의 정치적 성향·가치관 차이	4.2	19.5	39.2	33.0	4.0	3.13
기사 작성 및 방향 등에 대한 갈등	2.0	16.2	35.6	39.4	6.8	3.33
언론인 역할에 대한 회의 및 한계	1.0	3.5	15.0	57.9	22.7	3.98
일과 가정의 양립이 어려움	0.9	7.9	18.5	46.2	26.6	3.90
자녀 양육에 대한 부담 증가	3.0	7.9	19.3	46.2	23.5	3.79
상사 및 동료 후배와의 불화	5.5	26.0	33.3	30.6	4.6	3.03
새로운 적성 발견 및 자아실현	2.5	8.5	23.4	54.8	10.8	3.63
전망이 나은 업계로의 도전	0.7	4.0	11.7	56.3	27.3	4.05
미래성 있는 뜨는 분야 도전	6.8	25.0	25.3	37.2	5.8	3.10
언론 산업의 혁신 부족	0.9	3.5	19.0	50.8	25.8	3.97

표-10 이직 이유 인식과 이직 의도의 상관관계

구분	1	2	3	4	5	6
① 직장에서의 고충	-					
② 육아 및 신체적 부담	.210***	-				
③ 사회의 부정적 인식	.312***	.243***	-			
④ 유망 업종 이직	.237***	.144***	.272***	-		
⑤ 열악한 근무 여건	.301***	.092*	.303***	.224***	-	
⑥ 언론인으로서 역할갈등	.308***	.414***	.443***	.301***	.223***	-
⑦ 이직 의도	.099**	.079	.212***	.058	.308***	.229***

주: 숫자는 상관관계, *** p < .001

여성 기자의 응답을 토대로 이직 사유를 유형별로 분류하기 위해 통계 분석을 실시한 결과, 이직 고려 사유는 크게 6개 유형으로 구분되었다. 각각의 유형에 포함된 질문의 내용을 토대로 6개 유형의 이름을 각각 '직장에서의 고충', '육아 및 신체적 부담', '사회의 부정적 인식', '유망 업종 이직', '열악한 근무 여건', '언론인으로서 역할갈등' 등으로 명명했다.[1]

이후 6개 유형과 '이직 및 퇴직 의도'의 상관관계를 알아보았다. 그 결과,

---

[1] 유형을 분석하기 위해 요인분석을 실시했으며, 각 유형에 포함된 항목은 다음과 같다. '직장에서의 고충'에 포함된 항목은 회사의 편집방향에 대한 불만, 언론사의 정치적 성향·가치관 차이, 기사 작성 및 방향 등에 대한 갈등, 상사 및 동료 후배와의 불화, 잦은 술자리 등 남성 중심의 문화, 승진 등에서 남녀 차별 등이다. '신체적 부담'에는 일과 가정의 양립 어려움, 자녀 양육에 대한 부담 증가, 격무에 따른 신체적 한계, 과도한 업무량 등이 포함되었다. '사회의 부정적 인식'에는 기자에 대한 사회적 평가 저하, 언론의 사회적 위상 약화, '기레기' 등 공격적·모욕적 댓글 등이 포함되었으며, '유망 업종 이직'에는 미래성 있는 뜨는 분야 도전, 전망이 나은 업계로의 도전, 새로운 적성 발견 및 자아실현 등이 포함되었다. '열악한 근무 여건'에는 낮은 임금과 복지, 언론 산업의 혁신 부족이 포함되었고, '언론인으로서의 역할갈등'에는 기자로서의 능력에서 한계 인식, 언론인으로서 성취감·만족감 저하, 언론인 역할에 대한 회의 및 한계 등이 포함되었다.

표-11 여성 기자의 이직 문제를 해결하기 위한 방안

(단위: 명, %, 복수응답)

이직 문제의 해결 방안	응답자 수(%)
일과 개인생활(육아 등)의 양립이 가능한 사내 문화 조성	333 (24.4)
사내 육아시설 확충	73 (5.4)
부서배치 승진 등에서 남녀 차별 해소	156 (11.4)
업무량에 맞는 보상(임금 및 복지)	254 (18.6)
언론 산업의 성장 가능성 담보	175 (12.8)
육체적·정신적 고갈을 해결할 수 있는 재충전과 자기계발 시간 확보	215 (15.8)
과음, 잦은 회식, 군대식 문화 등 남성 중심의 사내문화 개선	87 (6.4)
젠더 데스크 설치와 같이 성인지 감수성을 높이는 방안	59 (4.3)
기타	12 (0.9)
합계	1,364 (100.0)

이직 의도와 가장 높은 상관관계를 보이는 요인은 '열악한 근무 여건'(r = . 308) 이었으며, 다음은 '언론인으로서 역할갈등'(r = . 229), '사회의 부정적 인식'(r = . 212), '직장에서의 고충'(r = . 099) 등의 순서였다. 이에 비해, '신체적 부담'과 '유망 업종 이직'은 여성 기자의 '이직 및 퇴직 의도'와 유의미한 상관관계가 없는 것으로 나타났다.

요약하면, 여성 기자가 느끼는 실질적인 이직 및 퇴직 의도와 가장 상관 관계가 높은 유형은 언론사의 '열악한 근무 여건'(낮은 임금수준과 복지 및 언론 산업의 혁신 부족)이며 '신체적 부담' 혹은 '유망 업종 이직'은 여성 기자의 이직 의도와는 유의미한 관계가 없다는 의미이다.

한편, 여성 기자의 이직을 해결하기 위한 방안을 묻는 질문에는 '일과 개인생활의 양립이 가능한 사내 문화 조성'이라는 응답자가 333명(24. 4%)으로 가장 많았다. 다음은 '업무량에 맞는 보상' 254명(18. 6%), '재충전과 자기계발 시간 확보' 215명(15. 8%), '언론 산업의 성장 가능성 담보' 175명(12. 8%) 등의 순서였다.

과거 조사와 비교하면?

1990년 실시된 여성 기자 대상 실태조사와 비교하기 위해 동일한 문항으로 '이직을 고려한 이유'를 조사했다. 그 결과는 다음과 같다.

이번 조사에서는 '지난 1년 동안 이직을 고려한' 327명(47.2%)을 대상으로 분석했다. 그 결과 가장 중요한 이유는 '근무환경이 나빠서'(26.6%)였으며, 다음은 '성취도가 낮아서'(21.1%), '임금이 낮아서'(16.8%)이었다. 이에 비해 '성차별이 싫어서'라는 응답은 2.4%로 가장 낮았으며, '인간관계가 어려워서'라는 응답도 4.3%였다.

이에 비해서, 1990년 조사에서는 '지난 1년간 이직 의도가 있다'는 응답이 53.7%였으며, 이직을 고려한 가장 빈번한 이유로는 '인간관계가 어려워서'(32.8%), '근무 환경이 나빠서'(26.4%), '개인적인 이유로'(17.6%) 등을 들었다.

두 결과를 비교하면, '지난 1년 동안 이직을 고려한' 여성 기자의 비율은 1990년 53.7%, 2021년 47.2%로 차이가 적지만, 이직 이유에서는 큰 차이를 보였다. 이번 조사에서 '인간관계가 어려워서'라는 이유는 하위권이었고 1990년 조사에서 하위권이었던 '임금이 낮아서'(4.0)라는 이유는 이번 조사에서는 다소 높은 순위였다.

표-12 여성 기자의 이직 고려 이유 비교

(단위: %)

이직 이유	2021년 조사	1990년 조사
인간관계가 어려워서	4.3	32.8
근무환경이 나빠서	26.6	26.4
개인적인 이유로	8.3	17.6
성차별이 싫어서	2.4	6.4
성취도가 낮아서	21.1	5.6
일이 힘들어서	11.0	4.8
임금이 낮아서	16.8	4.0
기타	9.5	2.4
합계	100.0	100.0

3) 기자 역할에서 경험하는 성차별

2000년대 들어 여성의 언론계 진출이 크게 증가하며, 여성의 직장 내 성차별 문제는 해결되었을까? 아니면 과거와 다른 양상으로 전개되고 있을까?

여성 기자가 기자 업무에서 경험하는 다양한 차별의 문제를 분석하기 위해 ① 언론사 내 업무 관련 차별, ② 언론사 문화에서의 차별, 그리고 ③ 취재원 관계에서의 차별 등으로 구분해 총 18개 문항으로 질문했다.

(1) 성차별에 대한 인식

여성 기자가 대체로 동의하는 문항은 '야근 출장 등에서 여성 기자도 동등하게 일한다'(4.34점)였으며, 다음은 '언론사는 군대식·남성 중심 문화다'(4.02점), '성별 끌어 주기는 여성이 남성에 비해 약하다'(3.91점) 등이었다. 이에 비해 동의하지 않는 문항은 '중요한 기사나 업무는 맡기지 않는다'(2.54점), '남성 기자에 비해 언론사 문화에 적응하기 어렵다'(2.83점) 등이었다. 이러한 결과로 볼 때, 여성 기자는 기자 업무와 관련해서는 남성에 비해 차별이 크지 않다고 여기는 것으로 판단된다.

(2) 직급별 성차별 인식 차이

3개 영역에서의 성차별에 대한 인식이 직급별로 다른지를 알아보기 위해 통계분석을 실시했다. 그 결과, 3개 영역 중 언론사 내 업무 관련 차별과 언론사 문화에서의 차별에서는 직급별로 유의미한 차이를 보이지 않았다. 즉, 언론사 내부에서 경험하는 업무 관련 성차별, 그리고 남성 중심 문화에 따른 차별 등에서는 평기자, 차장급, 부장급 이상 등에서 차이가 없었다. 그러나 취재원의 여성 차별에 대해서는 직급별로 유의미한 차이가 있었다. 즉, 평기자가 인식하는 차별 점수는 평균 3.39점으로 차장·차장급(3.18점) 혹은 부장급 이상(3.14점) 보다 높았다.

표-13 기자 역할에서 경험하는 성차별에 대한 인식

(단위: %, 점)

기자 역할에서 경험하는 성차별	전혀 그렇지 않다	그렇지 않다	그저 그렇다	그렇다	매우 그렇다	평균 (5점 만점)
기자 채용에서 여성에 대한 차별이 있다	3.8	17.9	14.6	32.3	31.5	3.70
부서 및 출입처 배정에서 여성 차별이 있다	3.5	22.4	25.4	39.2	9.5	3.29
승진 등에서 여성 차별이 있다	2.0	13.9	21.1	44.6	18.5	3.64
여성 기자에 대한 평가는 공정하지 못하다	1.7	15.9	27.0	43.9	11.5	3.48
국방부 등 여성 기자를 기피하는 출입처가 있다	1.9	14.9	25.3	44.9	13.1	3.53
야근 출장 등에서 여성 기자도 동등하게 일한다	0.9	3.0	8.5	31.6	51.5	4.34
중요한 기사나 업무는 맡기지 않는다	13.1	42.3	24.5	17.3	2.7	2.54
남성 중심 문화에 동화되어야 사내에서 성공한다	3.0	16.7	16.5	43.7	20.1	3.61
부원이나 동료로 남성 기자를 선호한다	5.8	21.2	24.5	37.2	11.3	3.27
사내에 남성만의 '이너서클'이 있다	1.3	10.7	16.5	41.0	30.6	3.89
'성별 끌어 주기'는 여성이 남성이 비해 약하다	2.2	7.6	15.6	46.3	28.3	3.91
육아, 출산 등을 상의할 여성 멘토가 부족하다	2.3	12.8	20.2	39.0	25.7	3.73
언론사는 군대식·남성 중심의 문화다	0.3	7.6	14.4	45.5	32.2	4.02
남성에 비해 언론사 문화에 적응하기 어렵다	9.1	33.3	26.8	26.8	3.9	2.83
취재원이 남성이어서 남성이 취재에 유리하다	4.5	22.9	21.2	36.9	14.4	3.34
취재원이 남성 기자를 더 신뢰한다	4.0	23.4	31.0	34.2	7.4	3.17
취재원이 기자가 아닌 여성으로 본다	3.5	19.3	31.3	35.9	10.0	3.30
출입처에서 여성이라서 느끼는 장벽이 있다	3.6	14.0	26.8	42.7	12.8	3.47

표-14 성차별 인식에 따른 직급별 차이

(단위: 점)

구분	평기자 (473)	차장급·차장 (152)	부장급 이상 (68)
직장 내 업무 차별 인식	3.36	3.39	3.30
직장 내 남성 중심 문화 인식	3.60	3.68	3.47
취재원의 여성 차별 인식***	3.39[a]	3.18[ab]	3.14[b]

주: *** p < .01에서 유의미한 차이를 보였다. 통계적으로는 '취재원의 여성 차별 인식' 항목에서만
  평기자와 부장급 사이에 유의미한 차이를 보였다.

과거 조사와 비교하면?

여성 기자가 소수였던 1990년 실태조사에는 성차별과 관련한 문항이 많았다.

성차별에 대한 인식 변화를 알아보기 위해 이번 조사에 과거와 동일한 문항을 포함해 질문했다. 그 결과, 30년 전의 조사임에도 '완전히 동등하다'는 응답 비율은 1990년 4.5%에서 2021년 1.7%로 오히려 낮아졌고, 동등한 편이라는 응답도 각각 39.8%, 38.8%로 소폭 낮아졌다. 반대로 다소 차별이나 심한 차별을 느낀다는 응답도 조금씩 증가했다. 이러한 결과는 여성 기자가 인식하는 차별의 정도가 크게 개선되지 못했음을 의미한다.

표-15 남성 기자와 비교한 차별 정도

(단위: %)

구분	완전히 동등	동등한 편	다소 차별	심한 차별	기타
2021년 조사	1.7	38.8	50.9	8.2	0.3
1990년 조사	4.5	39.8	48.4	6.5	0.8

주: 2021년 응답자는 693명, 1990년 응답자는 246명.

또한 1990년 조사와 동일하게 차별을 느낀다는 응답자를 대상으로 어떤 분야에서 차별을 받는지에 대해 1순위, 2순위로 각각 응답하도록 요청했다. 그 결과, 이번 조사에서는 1순위의 경우 승진이 43.9%로 압도적이었고, 다음은 부서배치(19.8%), 능력평가(19.5%) 등의 순서였다. 2순위에 대한 응답에서는 능력평가가 가장 많았고(26.1%), 다음은 부서배치(19.8%)와 출입처 배정(17.1%)이었다. 이에 비해 1990년 조사에서는 1순위의 경우 부서배치(38.2%), 다음은 승진(24.4%)이었으며, 2순위로 꼽은 차별의 경우에는 부서배치와 능력평가가 모두 18.7%로 가장 높았다.

이러한 결과를 종합하면 여성 기자가 차별을 느끼는 정도는 30년 동안 크게 개선되지 않았으나 차별을 느끼는 영역이 달라진 것으로 보인다. 즉, 여성 기자가 인식하는 차별 분야는 부서배치(1990년)에서 승진(2021년)으로 변화했다. 여성의 언론계 진출이 급증하면서 부서배치와 출입처 등에서는 차별이 줄었으나, 기자로서의 능력에 대한 평가, 그리고 이러한 평가의 결과로 볼 수 있는 승진, 교육연수 등에서는 여전히 차별을 경험하기 때문인 것으로 판단된다.

다음은 승진 가능 직급에 대한 기대를 알아본 것으로 1990년 조사에서는 '능력 기반'과 '현실 기반'으로 구분해 예측하도록 요구했었다. 이번 조사 결과와 비교하면 다음과 같다. 이번 조사에서는 부국장 이상으로 승진할 수 있다는 응답이 능력 기반 47.3%, 현실 기반 33.7%이었으며, 1990년 조사에서는 능력 기반 29.3%, 현실 기반 12.6%인 것으로 나타났다.

따라서 부국장 이상 승진할 수 있을 것이라는 응답이 능력을 기반으로 한 기대에서나 현실을 기반으로 한 기대에서 모두 큰 폭 증가했음을 알 수 있다. 또한 부국장까지 승진 가능성에 대해 1990년 조사에서는 현실 기반으로 했을 때 8.5%만이 가능하다고 응답했으나, 이번 조사에서는 20.6%에 이르렀다.

특히, 능력과 현실을 기반으로 했을 때 승진할 수 있는 가능성에 대한 답변 비중이 동일한 직급이 1990년 조사에서는 부장이었지만, 이번 조사에서는 부국장으로 나타났다. 이러한 결과는 30년 전에는 능력이나 현실로 봤을 때 부장까지는 승진할 수 있다고 여겼다면 현재는 부국장까지는 승진할 수 있다고 인식하는 것이다.

한편, '기자로서의 미래'에 대한 전망에서는 2021년의 경우 '불만스럽게 끝날 것'과 '좌절할 것'이라는 응답이 각각 37.8%, 3.3%(41.1%)로 1990년 조사의 22.8%, 2.2%(25.0%)에 비해 16.1%p 더 높았다. 2021년 조사에서 '기자로서의 미래'를 더욱 어둡게 전망한다는 '우울한 현실'을 보여 준다.

표-16 어떤 분야에서 차별받나?

차별 분야	2021년 조사 (명, %)		1990년 조사 (%)	
	1순위	2순위	1순위	2순위
승진	180 (43.9)	56 (13.7)	24.4	13.8
부서배치	81 (19.8)	81 (19.8)	38.2	18.7
능력평가	80 (19.5)	107 (26.1)	9.8	18.7
출입처 배정	25 (6.1)	70 (17.1)	8.9	13.4
교육연수 기회	20 (4.9)	50 (12.2)	2.4	15.0
잡무 강요	6 (1.5)	7 (1.7)	4.9	2.0
의견 발언 무시	8 (2.0)	25 (6.1)	2.8	5.7
기타	10 (2.4)	14 (3.4)	8.5	12.6

표-17 승진 가능 직급 비교 (단위: %)

차별 분야	2021년 조사		1990년 조사	
	능력 기반	현실 기반	능력 기반	현실 기반
평기자	1.9	2.7	-	11.0
차장	16.0	22.4	18.3	27.6
부장	34.8	41.1	30.1	30.5
부국장	20.3	20.6	11.0	8.5
국장	17.2	9.8	14.6	3.3
이사	9.8	3.3	3.7	0.8
무응답	0.0	0.0	22.4	18.3

표-18 기자로서의 미래 (단위: %)

연도	성공할 것	비교적 만족스럽게 끝날 것	불만스럽게 끝날 것	좌절할 것	합계
2021년	4.6	54.3	37.8	3.3	100.0
1990년	8.5	65.8	22.8	2.2	100.0

이러한 결과를 볼 때, 직장 내에서의 성차별 이슈에 대해서는 여성 기자의 인식이 직급별로 차이를 보이지 않는 반면, 취재원의 성차별 이슈에 대해서는 평기자가 더 심각하게 여기는 것으로 판단된다. 이러한 결과는 두 가지로 해석될 수 있다.

첫째, 평기자들이 부장급 이상 기자들보다 취재현장을 더 많이 접하는데, 취재현장에서는 여전히 성차별이 심각하기 때문에 직급별로 성차별의 정도에서 인식의 차이를 보였을 가능성이다.

둘째, 직급이 높은 기자일수록 취재환경에서 성차별이 심했던 과거에 대한 경험을 토대로 응답했을 가능성이다. 즉, 절대적 의미에서 성차별 문제가 개선되었다기보다는 과거의 비교해 상대적으로 개선되었다는 인식이 반영된 결과일 수 있다.

4) 기자와 엄마로 살아가기: 일과 가정의 양립

(1) 자녀 수 및 육아 관련 실태

응답자 중 결혼 유경험자는 378명(54. 5%)으로 절반을 조금 웃돌았으며, 무경험자는 315명(45. 5%)이었다. 또한, 기혼자 중 자녀 수가 1명 이하인 응답자는 71. 7%로 대다수를 차지했으며, 2명은 27. 0%, 3명 이상은 5명(1. 3%)에 불과했다. 반면, 여성 기자가 희망하는 자녀 수는 2명이 188명(49. 7%)으로 가장 많았으며, 3명 이상도 21명(5. 6%)이었다.

표-19 자녀의 육아 담당

(단위: 명, %, 복수응답)

친정 부모	시부모	입주 도우미	출퇴근 도우미	보육시설	기타	합계
150 (35.6)	76 (18.1)	28 (6.7)	77 (18.2)	79 (18.8)	11 (2.6)	421 (100.0)

이를 반영하듯, 자녀 수는 평균 1.02명 정도였으나 희망 자녀 수는 평균 1.5명이었다.[2] 희망하는 자녀 수만큼 실제로 낳지 못하는 현실을 보여 준다. 다만, 이와 같은 차이가 발생한 원인은 '출산 의도가 있으나 아직 현실화하지 못한 경우'(예를 들면, 결혼 후 1년 미만)와 '출산 의도가 있으나 현실적 상황을 감안해 낳지 못하는 경우'(두 명은 있어야 한다고 생각하지만, 엄두를 내지 못하는 상황) 등으로 다양할 수 있다.

자녀의 육아 담당으로는 친정 부모가 35.6%, 시부모가 18.1%를 차지해 사회시설보다는 기자의 사적 관계에 의존하는 것으로 나타났다.

과거 조사와 비교하면?

한국여성기자협회는 2010년 여성 기자의 출산과 육아에 대해 설문조사를 실시했다. 당시 15개 회원사의 106명(기혼)이 설문에 답했다. 그 결과, 응답자의 자녀 수는 평균 1.02명이었으며, 희망 자녀 수의 경우 2명이라는 응답이 61.3%(65명)로 가장 많았다. 3명 이상이라는 응답도 15.1%(16명)이었다. 희망 자녀 수가 2명이라는 응답은 2021년 조사에서 오히려 다소 줄어든 것이다.

또한, 여성 기자의 보육 현황에서는 친정 부모에게 맡긴다는 응답이 29.2%(31명), 입주 도우미에게 맡긴다는 28.3%(30명)이었다. 이러한 응답을 2021년 조사와 비교하면, 친정 부모에게 맡긴다는 응답은 증가한 반면, 입주 도우미에게 맡긴다는 응답은 다소 줄었고, 보육시설에 맡긴다는 응답도 다소 증가한 것으로 보인다.

표-20 자녀의 육아 담당

(단위: 명, %, 복수응답)

친정 부모	시부모	입주 도우미	보육시설	기타	무응답	합계
31 (29.2)	12 (11.3)	30 (28.3)	11 (10.4)	5 (4.7)	26 (24.5)	115 (100.0)

---

2 설문문항에서 '3명 이상'으로 응답한 경우 3명으로 간주했다.

表-21 자녀 양육 부담

(단위: %)

자녀 양육 관련 인식	전혀 그렇지 않다	그렇지 않다	그저 그렇다	그렇다	매우 그렇다	평균 (5점 만점)
아이와 시간을 보내지 못해 미안함이 크다	0.7	4.0	11.3	36.9	47.1	4.26
자녀 교육에 시간을 쏟을 수 없어 불안하다	1.5	5.5	12.0	46.0	35.0	4.08
집안에 문제가 생겼을 때 휴가를 낼 수 있다	2.2	12.4	29.2	47.1	9.1	3.49
유부녀라는 말을 듣지 않기 위해 더 노력한다	5.5	13.1	18.2	35.8	27.4	3.66
자녀 교육 문제로 일을 지속하기 어렵다	4.0	20.8	28.1	42.3	4.7	3.23

주: 응답자 276명 기준이다.

(2) 양육 부담

자녀가 있는 여성 기자를 대상으로 양육 부담의 정도를 조사했다. 근무시간이 절대적으로 길고 불규칙한 기자의 업무 특성상 '아이와 시간을 보내지 못해 미안함이 크다'는 문항에 대한 동의 정도가 4.26점으로 가장 높았다. 또한 자녀 교육에 시간을 쏟을 수 없어 불안하다는 문항에 대한 동의 정도는 4.08점이었다. 반면, '자녀 교육 문제로 일을 지속하기 어렵다'는 문항의 점수는 3.23점으로 가장 낮았다. 한편, 자녀 양육 부담에 대한 인식은 자녀 수에 따라 집단별로 통계적으로 유의미한 차이가 없었다.

(3) 일과 가정의 양립 관련 인식

여성 기자가 기자라는 업무와 가사 및 육아라는 주부로서의 일을 양립할 수 있다고 여기는지를 알아보기 위해 8개 문항으로 동의 정도를 질문했다. 그 결과, '여성 기자에게는 바쁜 기자 업무가 결혼에 걸림돌이 될 수 있다'고 여기면서도(3.99점), '결혼한 뒤에도 업무를 잘할 수 있다'(3.93점)고 답했다.

또한, 결혼 여성이 업무에 다소 소홀하다고 인식하는지에 대해서는 동의하는 정도가 낮았다(3.33점). 특히 '기혼이 업무에서 배제되는 등 차별이 있다'는 문항의 점수가 가장 낮았다(2.86점). 다만, 회사와 동료의 친육아적인 분위기는 아직은 미흡한 것으로 보인다. '사내에서 육아와 같은 주제를 편히 말할 수 있다'와 '회사에서 출산 및 육아휴직을 편히 쓸 수 있

표-22 여성 기자의 일과 가정의 양립 관련 인식

(단위: %, 점)

여성 기자의 일과 가정에 대한 인식	전혀 그렇지 않다	그렇지 않다	그저 그렇다	그렇다	매우 그렇다	평균 (5점 만점)
회사에서 출산 및 육아휴직을 편히 쓸 수 있다	3.5	10.5	21.8	44.9	19.3	3.66
사내에서 육아와 같은 주제를 편히 말할 수 있다	4.0	16.5	30.6	36.7	12.3	3.37
출산의 공백이 동료에게 업무 부담을 준다	3.0	14.3	20.8	43.3	18.6	3.60
미혼 여성 기자가 기혼에 비해 기자 업무에 집중한다	6.1	21.1	21.5	36.8	14.6	3.33
기혼 여성 기자는 업무에서 배제되는 등 차별이 있다	7.5	31.9	32.3	23.8	4.5	2.86
여성 기자도 결혼한 뒤에도 업무를 잘할 수 있다	1.7	8.4	18.2	38.4	33.3	3.93
출산휴가 등 사내제도가 기혼자 위주다	1.4	9.7	18.8	41.4	28.7	3.86
바쁜 기자 업무는 결혼에 걸림돌이 될 수 있다	1.7	5.9	11.5	53.1	27.7	3.99

주: 응답자 693명 기준이다.

다'의 경우 각각 3.37점과 3.66점에 그쳤다.

이런 결과를 종합할 때, 여성 기자는 기자라는 업무가 결혼생활에 부담이 된다고 여기면서도 기혼자가 기자 업무에 소홀하다고 인식하지는 않는 것으로 보인다. 또한 결혼한 뒤에도 기자 업무를 잘할 수 있다고 자신하지만, 회사 내에서 육아 등에 대한 대화는 여전히 자유롭지 못한 것으로 보인다.

한편, 일과 가정의 양립과 관련해 직급별로 차이가 있는지를 분석했다. 이를 위해 일과 가정의 양립에 대한 인식을 유사한 유형으로 분류하는 통계분석을 실시했다. 그 결과 3개의 유형으로 구분되었는데, 이를 각각 '육아친화적인 사내 문화', '출산에 대한 업무 부담', '기혼자 위주의 사내 제도' 등으로 구분했다. 3

---

3 육아친화적 사내 문화에는 '회사에서 출산 및 육아휴직을 편히 쓸 수 있다', '사내에서 육아와 같은 주제를 편히 말할 수 있다', '기혼 여성 기자는 업무에서 배제되는 등 차별이 있다'(역코딩) 등이 포함되었다. 출산에 대한 업무 부담에는 '출산의 공백이 동료에게 업무 부담을 준다', '미혼 여성 기자가 기혼에 비해 기자 업무에 집중한다', '여성 기자는 결혼한 뒤에도 업무를 잘할 수 있다'(역코딩), '바쁜 기자 업무는 결혼(혹은 결혼생활)에 걸림돌이 될 수 있다' 등이 포함되었다. 기혼자 위주 사내 제도의 경우는 1개 문항만이 포함되었으므로, 직급별 차이를 분석하지 않았다.

표-23 일과 가정생활 양립에 대한 인식에서 직급별 차이

(단위: 점)

구분	평가자 (473)	차장급 · 차장 (152)	부장급 이상 (68)
육아친화적 사내 문화	3.37	3.38	3.47
출산에 대한 업무 부담	3.25	3.28	3.11

분석 결과, 부장급 이상일수록 사내 문화가 육아친화적이라는 인식에서 다소 높은 점수를 보였으나 통계적으로는 직급별로 유의미한 차이를 보이지 않았다. 이러한 결과도 부장급 이상의 경우 과거와 비교해 개선되었다고 여기는 반면, 평가자는 절대적 의미에서 '육아친화적 사내문화'를 평가한 것일 수 있다. 한편, 출산에 대한 업무 부담에 대한 인식에서도 부장급 이상이 가장 출산이 업무에 부담이 되지 않는다고 여기는 것으로 나타났으나 직급별로 의미 있는 차이는 없었다.

또한, 개별 문항에 대한 평균점수에서 직급별로 차이를 보이는지를 분석한 결과 '회사에서 출산 및 육아휴직을 편히 쓸 수 있다'는 항목에서 직급별로 유의미한 차이를 보였다. 즉, 평가자 3.61점, 차장급 · 차장 3.72점, 부장급 이상 3.91점 등으로 직급이 올라갈수록 더 높은 점수를 보였다. 이러한 결과도 부장급 이상인 경우 과거와 비교해 출산 및 육아휴직이 쉬워졌다고 인식하기 때문인 것으로 보인다. 실제로, 이번 조사를 위해 면접을 진행했던 부장급 이상의 여성 기자는 "육아와 출산, 그리고 이에 따른 업무 공백에 대한 직급별 인식의 차이가 매우 크고 이로 인한 갈등적 상황도 있다"고 말했다.

5) 성희롱 및 성추행 경험 및 인식

사내외에서 여성 기자가 경험하는 성희롱 · 성추행 경험의 정도, 그리고 2018년 이후 본격화한 미투 운동 이후의 변화 등에 대한 인식을 조사했다. 미투 운동이 언론사 내부나 취재환경에 어떠한 변화를 가져왔다고 여기는지를 알아보기 위한 것이었다. 성희롱이나 성추행의 경험은 2018년 11월

대한변호사협회에서 변호사, 언론인 등 전문직 여성을 대상으로 실시한
성희롱·성폭행 실태조사의 문항을 참고했다.

(1) 성희롱 및 성추행 경험 정도

최근 3년 동안의 성희롱·성추행 관련 다양한 경험을 측정할 수 있도록 9
개 문항으로 질문했다. 그 결과 9개 문항의 경험에 대해 '없다'고 응답한 여
성 기자는 총 97명(14.0%)이었다.

  여성 기자가 경험한 성희롱 중 가장 흔한 유형은 '성적인 이야기나 음담
패설을 들은 적이 있다'(959명, 복수응답)였으며, '이러한 경험이 없다'는
응답자는 105명(15.2%)이었다. 결국, 유경험자는 평균 두 번가량 사내
상사, 동료, 취재원 등의 성희롱적 발언에 노출된 셈이다.

표-24 사내외에서 경험한 성희롱 및 성추행 경험

(단위: 명, 복수응답)

성희롱 및 성추행 경험	사내 상사	사내 동료	사외 동료	취재원	기타	없다
미인이다 등 외모, 옷차림, 몸매 등을 언급해 불쾌했다	301	186	114	325	33	195
성적인 이야기나 음담패설을 들은 적이 있다	242	141	100	253	33	105
고의로 신체 부위를 건드리거나 밀착하는 행위를 겪었다	105	42	25	131	16	458
이성 옆에 앉기, 러브샷, 블루스 등을 강요받았다	192	63	36	143	14	405
외모나 성별을 거론하며 취재해 오라는 말을 들었다	145	69	42	121	13	438
가슴, 엉덩이, 다리 등 특정 신체부위를 쳐다봐 불쾌했다	108	58	27	133	20	473
음란물(글, 사진, 동영상)을 업무 공간에 전시하거나 보냈다	22	25	14	34	7	610
성희롱·성추행 등을 당한 적이 있다.	33	22	17	36	6	609
상대방이 스스로 성기를 노출하거나 만지는 행위를 봤다	2	1	0	4	5	681

주: 9개 항목에 모두 없음으로 대답한 응답자는 총 97명(14.0%)이다.

표-25 성희롱 및 성추행이 발생한 장소

(단위: 명, %, 복수응답)

언론사 내부 사무실	기자실	사내 회식	취재원과의 회식	기타	합계
104 (12.1)	19 (2.2)	315 (36.6)	366 (42.5)	57 (6.6)	861 (100.0)

다음은 '미인이다 등 외모, 옷차림, 몸매 등을 언급해 불쾌했다'(769명, 복수응답) 였으며, '이러한 발언을 들은 경험이 없다'는 응답은 195명 (28.1%)이었다. 다음은 러브샷 등을 강요하는 행위(448명), 신체를 접촉하는 행위(319명) 등의 순서였으며, 성희롱·성추행 등을 당했다는 응답도 114명에 이르렀다.

한편, 9개 유형의 성희롱·성추행 등의 가장 빈번한 주체는 취재원 (1,180명, 복수응답)과 사내 상사(1,150명, 복수응답)였다. 특히, 성희롱이나 성과 관련한 경험의 대다수가 취재원과의 관계에서 벌어진다는 점이 주목할 만한 사실이었다. 이러한 결과는 성희롱·성추행 등이 일어난 장소를 질문한 다음 문항의 결과에서도 그대로 반영되었다.

성희롱이나 추행이 발생한 주된 장소로는 '취재원과의 회식'(366명, 42.5%)이라는 응답이 가장 많았으며, 다음은 '사내 회식'(315명, 36.6%) 등의 순서였다. 이러한 결과는 여성 기자가 업무를 하면서 직장 내외에서 성희롱이나 성추행과 관련해 위험에 노출되고 있다는 사실을 보여 준다.

(2) 공론화 여부 및 대처

성희롱 등에 관련한 위의 경험에 노출되었을 때, 얼마나 공론화하는지를 질문한 결과 공론화했다는 응답은 83명(14.3%)에 불과했으며, 대다수인 511명(85.7%)은 침묵한 것으로 나타났다.

그림-1 공론화 여부

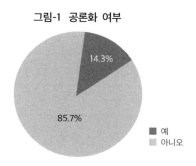

공론화하지 않은 가장 큰 이유는 '물의를 일으키고 싶지 않아서'(364명, 46.6%)가 절반을 차지했으며, 다음은 '당황해서'(20.2%), '취재에 방해될 우려'(14.0%), '승진 등에서 불이익 우려'(9.1%) 등이었다.

공론화 이후, 실제로 불이익이 있었는지에 대해 질문한 결과, 불이익이 없었다는 응답이 39명(31.5%)으로 가장 많았으나, 심리적 압박감(31.5%), 악의적 소문(22명, 17.7%)이나 업무상 부당한 대우(12명, 9.7%)와 비난 혹은 따돌림(9명, 7.3%)을 겪었다는 응답도 적지 않았다.

한편, 공론화 이후 회사의 대처를 질문한 결과, 행위자 징계가 28.3%로 가장 많았으며, 다음은 대처법 교육(14.1%), 윤리규정 등 정책 제정(12.1%) 등이었다. 그러나 조치가 없었다는 응답도 25.3%에 이르렀다.

표-26 공론화하지 않은 이유

(단위: 명, %, 복수응답)

사내에서 승진 등 불이익 우려	취재에 방해될 우려	물의를 일으키고 싶지 않아서	당황해서	기타	합계
71 (9.1)	109 (14.0)	364 (46.6)	158 (20.2)	79 (10.1)	781 (100.0)

표-27 공론화 이후 불이익

(단위: 명, %, 복수응답)

불이익 없음	비난 혹은 따돌림	심리적 압박감	악의적 소문	업무상 부당한 대우	기타	합계
39 (31.5)	9 (7.3)	39 (31.5)	22 (17.7)	12 (9.7)	3 (2.4)	124 (100.0)

표-28 공론화 이후 회사의 대처

(단위: 명, %, 복수응답)

조치 없음	행위자 징계 등	윤리규정 등 정책 제정	대처법 교육	가해자 공개	기타	합계
25 (25.3)	28 (28.3)	12 (12.1)	14 (14.1)	6 (6.1)	14 (14.1)	99 (100.0)

(3) 미투 이후 성문화 변화 관련 인식

미투 운동이 취재환경에 미친 변화에 대한 인식을 알아보기 위해 11개 문항으로 질문했다. 그 결과, 여성 기자들은 기자 사회와 취재원의 성희롱 관련 행위가 다소 줄었다고 인식하는 것으로 나타났다. 구체적으로는 '기자들의 불필요한 신체 접촉이 줄었다'(3. 72점), '취재원들의 불필요한 신체 접촉이 줄었다'(3. 71점), '기자들의 성희롱 혹은 성적 농담이 줄었다'(3. 62점), '취재원의 성희롱 혹은 성 관련 농담 등이 줄었다'(3. 59점) 등이었다. 이러한 결과에서 흥미로운 점은 여성 기자가 인식하는 성인지 감수성의 개선 정도에서 전반적으로 기자들의 점수가 취재원의 점수보다 높았다는 점이다.

다음으로 미투 운동 이후 성희롱 변화에 대한 체감도를 직급별로 분석했다. 이를 위해, 미투 운동 이후 변화에 대한 11개 질문 문항을 '기자와 취재원의 성인지 감수성 강화'와 '회사 및 사회의 성인지 감수성 강화' 등 2개 유형으로 구분한 뒤 직급별 차이를 분석했다.

그 결과, '기자와 취재원의 성인지 감수성 강화'에 대해서는 평기자(3. 47점)와 차장급·차장(3. 64점)에는 유의미한 차이가 없었으나, 평기자와 부

표-29 미투 이후 성문화 변화

(단위: %, 점)

미투 이후 성문화 변화 관련 인식	전혀 그렇지 않다	그렇지 않다	그저 그렇다	그렇다	매우 그렇다	평균 (5점 만점)
① 기자들의 성희롱 혹은 성적 농담이 줄었다	2.2	5.9	27.7	55.8	8.4	3.62
② 기자들의 성인지 감수성이 높아졌다	4.2	11.1	33.6	45.9	5.2	3.37
③ 회사의 성문제 관련 대처가 강화됐다	8.2	11.1	28.9	44.7	7.1	3.31
④ 취재원의 성희롱 혹은 성 관련 농담 등이 줄었다	1.9	6.1	30.0	55.0	7.1	3.59
⑤ 취재원의 성인지 감수성이 높아졌다	4.5	11.5	41.0	38.8	4.2	3.27
⑥ 기자들의 불필요한 신체 접촉이 줄었다	1.6	2.2	28.1	59.3	8.8	3.72
⑦ 취재원들의 불필요한 신체 접촉이 줄었다	1.0	1.2	33.0	55.0	9.8	3.71
⑧ 미투로 술자리 혹은 회식이 줄었다	8.2	20.1	34.6	31.0	6.1	3.07
⑨ "이런 말하면 미투 아냐?"라며 이전과 동일하게 행동한다	2.7	21.5	33.5	32.3	10.0	3.25
⑩ 여성에 대한 차별적 언어 사용도 조심한다	12.0	20.8	30.6	30.9	5.8	2.98
⑪ 사회 변화에 맞춰 언론사의 성문화도 바뀌고 있다	5.3	10.7	27.7	49.6	6.6	3.42

표-30 직급별 미투 운동 이후 변화 인식

(단위: 점)

직급	평기자 (473)	차장급 · 차장 (152)	부장급 이상 (68)
기자와 취재원의 성인지 감수성 강화[1]	3.47[a]	3.64[ab]	3.81[b]
회사 및 사회의 성인지 감수성 강화[2]	2.98[a]	3.29[b]	3.51[c]

주: 1) ①, ②, ④, ⑤, ⑥, ⑦의 합을 6으로 나눈 수치이다.
    2) ③, ⑧, ⑨, ⑩, ⑪의 합을 5로 나눈 수치이다. 단, ⑨는 역코딩.
    3) $p < .001$ 수준에서 유의미한 차이를 보였다.

장급 이상(3. 81점)에는 유의미한 차이를 보였다. 즉, 부장급 이상에서 성문화가 더 개선된 것으로 인식한 것이다. 또한 '회사 및 사회의 성인지 감수성 강화'에서는 평기자(2. 98점)에 비해서는 차장급·차장(3. 29점)이, 차장급·차장에 비해서는 부장급 이상(3. 51점)이 더 크게 개선된 것으로 인식해, 직급 간 인식에서 유의미한 차이를 보였다. 이러한 차이는 앞에서 밝혀진 바와 같이 여성 기자의 성희롱·성추행 경험이 취재원과의 관계에서 주로 발생하는 만큼 직급이 올라갈수록 취재현장에서 멀어지기 때문일 수 있다.

6) 여성 기자의 자질과 리더십

여성의 언론계 진출이 크게 늘면서 기자로서의 능력뿐 아니라 동료 및 상급자의 역할도 요구된다. 이에 여성 기자가 인식하는 여성의 능력 및 리더십을 알아보고, 여성 고위직이 부족한 이유를 무엇이라고 인식하는지 조사했다.

(1) 여성 기자 자질에 대한 인식

여성 기자는 여성 후배, 동료, 선배로서 여성 기자의 자질을 어떻게 인식하고 있는지를 알아보기 위해 8개 문항으로 질문했다. 그 결과, '여성 기자도 남성과 똑같은 능력, 자질을 갖고 있다'는 문항에 가장 동의했으며 (4. 50점), 다음으로는 '중요 업무에 여성 동료와 여성 선후배를 적극 추천하겠다'(3. 94점)와 '여성 동료와 한 팀으로 일하고 싶다'(3. 75점)에 동의하

표-31 여성 리더십에 대한 인식

(단위: %, 점)

여성 리더십에 대한 인식	전혀 그렇지 않다	그렇지 않다	그저 그렇다	그렇다	매우 그렇다	평균 (5점 만점)
여성 상급자와 일하는 게 편하다	5.6	15.2	39.7	27.7	11.8	3.25
여성 상사가 남자보다 여성을 차별하지 않는다	6.6	22.1	33.8	26.6	11.0	3.13
여성 경영자가 조직을 더 민주적으로 운영할 것이다	3.9	12.7	33.8	31.6	18.0	3.47
여성도 남성과 똑같은 능력, 자질을 갖고 있다	0.3	1.3	8.4	28.3	61.8	4.50
여성 동료와 한 팀으로 일하고 싶다	2.7	5.3	30.6	36.7	24.7	3.75
중요 업무에 여성 동료와 여성 선후배를 적극 추천하겠다	2.0	4.8	22.8	37.8	32.6	3.94
여성 상사는 여성 기자의 어려움을 잘 이해한다	6.2	14.3	26.1	40.1	13.3	3.40
여성 상사는 여성 관련 이슈를 더 잘 이해한다	5.6	12.4	26.3	36.2	19.5	3.52

는 것으로 나타났다. 이러한 결과는 함께 일하는 동료로서 여성의 자질에 대해 대체로 긍정적으로 평가하고 있음을 나타낸다.

한편, 여성 기자의 자질을 유사한 유형으로 분리하는 통계 분석을 한 결과, '여성으로서의 우위'와 '여성 기자의 능력'으로 구분되었다. 4 '여성으로서의 우위' 요인에는 여성이라는 특성 때문에 여성 기자의 능력이 상대적으로 우월하다고 인식하는 항목이 주로 포함되었으며, '여성 기자의 능력'에는 여성 기자의 능력이 절대적 측면에서 남성과 유사하다는 인식을 다룬 항목들이 주로 포함되었다. 이를 토대로 직급별로 여성 리더십에 대한 인식에서 차이가 있는지를 분석했다.

분석 결과, '여성으로서의 우위'와 '여성 기자의 능력'에 대한 인식에서 직급별로 유의미한 차이를 보였다. 우선 '여성으로서의 우위'의 경우, 부장급은 3.71점, 차장급·차장은 3.33점, 평기자는 3.26점으로 부장급이 평

---

4 여성으로서의 우위에는 '여성 상사는 여성 기자의 어려움을 잘 이해한다', '여성 상사는 여성 관련 이슈를 더 잘 이해한다', '여성 상사가 남자보다 여성을 차별하지 않는다', '여성 경영자가 조직을 더 민주적으로 운영할 것이다', '여성 상급자와 일하는 게 편하다' 등이 포함되었다. 여성 기자의 능력에는 '여성도 남성과 똑같은 능력, 자질을 갖고 있다', '여성 동료와 한 팀으로 일하고 싶다', '중요 업무에 여성 동료와 여성 선후배를 적극 추천하겠다' 등 3개 항목이 포함되었다.

표-32 여성 기자의 리더십 및 능력에 대한 직급별 인식 차이

(단위: 점)

직급	평기자 (473)	차장급 · 차장 (152)	부장급 이상 (68)
여성으로서의 우위**	3.26[a]	3.33[ab]	3.71[b]
여성 기자의 능력***	3.85[a]	4.12[b]	4.16[b]

주: ** p < .01, *** p < .001에서 집단별 유의미한 차이를 보였다.

기자에 비해 더 높은 점수를 보였다. 여성 기자의 능력에 대해서도 부장급 이상은 4.16점, 차장급·차장은 4.12점으로 평기자(3.85점)에 비해 더 높은 점수를 보였다. 이러한 결과는 직급이 높을수록 여성으로서의 우위에 대해서도 더 긍정적으로 평가하고, 여성 기자의 능력에 대해서도 더 긍정적으로 평가한다는 것을 의미한다.

과거 조사와 비교하면?

한국여성기자협회가 2003년 중앙 일간지와 방송사 언론인 168명(여성 83명, 남성 85명)을 대상으로 여성 언론인의 리더십에 대한 인식을 조사한 결과는 다음과 같다. 당시 조사에서 여성 응답자는 남성에 비해 5개 문항 모두에서 통계적으로 유의미한 수준에서 더 높은 점수를 부여했다. 다시 말해, 남성 기자에 비해 여성 기자의 리더십에 대해 더 긍정적으로 평가한 것이다. 이번 조사의 결과와 비교하면 여성 기자들의 평가점수가 전반적으로 더 높아졌다. 특히, 여성도 남성과 똑같은 능력, 자질을 갖고 있다는 응답이 4.20점에서 4.50점으로 크게 높아졌다. 다만, 여성 경영자가 나오면 조직이 민주적이 될 것이라는 문항의 평균점수는 더 낮아졌다.

표-33 여성 기자에 대한 평가

(단위: 점)

구분	평균	2021년 조사
여성 상급자 밑에서 일하고 싶다	3.2987	3.25*
여성 동료와 한 팀으로 일하고 싶다	3.6883	3.75
중요 업무에 여성 동료와 여성 선후배를 적극 추천하겠다	3.9091	3.94
여성 경영자가 나오면 조직이 훨씬 민주적이 될 것이다	3.7763	3.47
여성도 남성과 똑같은 능력, 자질을 갖고 있다	4.2078	4.50

주: 2021년 조사에서는 "여성 상급자와 일하는 게 편하다"였다.

(2) 여성 리더 부족에 대한 인식

다음은 언론사 내부에서 고위직이 부족한 이유를 여성 기자는 어떻게 인식하는지에 대해 조사했다. 고위직 여성 기자가 부족한 다양한 이유에 대한 파악할 수 있도록 11개 문항으로 질문했다. 그 결과, 응답자들은 여성 기자의 능력에 대한 부정적 편견(3. 57점), 인적 네트워크의 부족(3. 34점), 정치적 부족(3. 28점) 등을 주요 요인으로 꼽았다. 이에 비해, 여성 기자의 자질 부족(1. 96점), 여성 기자의 업무 회피(2. 17점) 등에 대해서는 동의하지 않았다.

표-34 여성 리더 부족에 대한 인식

(단위: %, 점)

여성 리더 부족에 대한 인식	전혀 그렇지 않다	그렇지 않다	그저 그렇다	그렇다	매우 그렇다	평균 (5점 만점)
여성 기자는 정치, 사회 등 힘든 업무를 회피한다는 인식이 있다	8.9	24.2	20.1	40.3	6.5	3.11
여성 기자가 정치, 사회 등 힘든 업무를 회피해서	27.1	41.6	19.6	11.1	0.7	2.17
리더 자질이 부족하다는 편견이 언론사에 있어서	4.2	12.7	20.3	47.2	15.6	3.57
리더 자질이 부족해서	34.9	41.4	16.6	6.5	0.6	1.96
취재 분야가 제한되어 데스크로 일할 수 있는 부서가 적어서	10.1	30.9	21.9	31.3	5.8	2.92
신규 채용한 여성 기자들이 아직 고위직으로 승진하지 못해서 (즉, 시간이 지나면 해결된다)	10.8	25.5	27.3	30.7	5.6	2.95
여성 기자는 팀을 위한 희생은 부족하기 때문에	28.0	38.2	19.5	12.7	1.6	2.22
여성 기자는 회사 내 인적 네트워크가 제한적이어서	5.8	15.9	25.3	44.9	8.2	3.34
여성 기자는 회사 외 인적 네트워크가 제한적이어서	8.4	25.5	27.3	34.8	4.0	3.01
여성 기자는 줄서기와 정치력이 부족해서	6.8	17.6	24.5	42.6	8.5	3.28
여성 기자는 위계질서를 존중하는 태도가 부족하다	20.1	43.9	22.4	12.8	0.9	2.31

표-35 여성 리더 부족의 이유에 대한 직급별 인식 차이

(단위: %, 점)

직급	평기자 (473)	차장급 · 차장 (152)	부장급 이상 (68)
자질 부족	2.06[a]	2.38[b]	2.36[b]
정치력 부족	3.12[a]	3.36[ab]	3.43[b]
여성 기자에 대한 편견	3.15	3.24	3.06

주: 직급별 차이는 모두 p < .001 수준에서 유의미한 차이를 보였다.

한편, 언론사의 고위직에서 여성 기자의 비중이 적은 이유에 대한 인식을 유사한 유형으로 분류할 수 있도록 통계 분석했다. 그 결과, '자질 부족', '정치력 부족', '여성 기자에 대한 편견' 등 3개 요인으로 구분되었다.5 '자질 부족'의 경우 직급별로 통계적으로 유의미한 차이를 보였다. 즉, 평기자가 2.06점으로 가장 낮아 차장급·차장(2.38점)과 부장급 이상(2.36점)에 비해 낮았다. 연차가 낮은 기자일수록 자질이 부족하다는 주장에 동의하지 않은 것이다. 또, '정치력 부족'에 대해서는 평기자(3.12점)가 차장급·차장(3.36점)과는 유의미한 차이를 보이지 않았으나, 부장급 이상(3.43점)과 비교해서는 유의미하게 낮았다. 즉, 부장급은 정치력이 부족하다는 말에 평기자나 차장급 기자에 비해 더 동의한 것이다. 이는 연차가 높아질수록 승진 등에서 겪은 다양한 경험이 반영된 결과로 보인다. 한편, '여성 기자에 대한 편견'에서는 직급 사이에 유의미한 차이가 없었다. 즉, 여성 기자에 대한 편견이 여성 리더가 부족한 이유일 수 있다고 여기는 데는 직급별로 차이가 없다는 의미다.

7) 직무 스트레스

여성 기자가 직무에서 느끼는 다양한 스트레스를 조사하기 위해 15개 문항으로 질문했다. 이번 조사에서는 그동안 기자 대상 '직무 스트레스 연구'에 사용된 문항에다 새로운 미디어 환경에서 기자들이 겪을 수 있는 문항(댓

---

5 '자질 부족'에는 '여성 기자가 정치, 사회 등 힘든 업무를 회피해서', '여성 기자는 팀을 위한 희생은 부족하기 때문에', '리더 자질이 부족해서', '여성 기자는 위계질서를 존중하는 태도가 부족해서' 등 4개 항목이 포함되었다. '정치력 부족'에는 '여성 기자는 회사 내 인적 네트워크가 제한적이어서', '여성 기자는 회사 외 인적 네트워크가 제한적이어서', '여성 기자는 줄서기와 정치력이 부족해서' 등 3개 항목이 포함되었으며, '여성 기자에 대한 편견'에는 '리더 자질이 부족하다는 편견이 언론사에 있어서', '여성 기자는 정치, 사회 등 힘든 업무를 회피한다는 인식이 있다', '신규 채용한 여성 기자들이 아직 고위직으로 승진하지 못해서'(역코딩), '취재 분야가 제한돼 데스크로 일할 수 있는 부서가 적어서' 등 4개 항목이 포함되었다.

글 부담 등) 을 추가했다.

평균점수가 가장 높은 항목은 '뉴스 이용자들의 언론 전반에 대한 반감을 자주 느낀다'(4. 21점) 였고, 다음은 '여러 가지 일을 동시에 해야 한다'(4. 16점) 였다. '온라인 기사로 업무 부담이 많아졌다'(3. 94점), '나는 일이 많아 항상 시간에 쫓기며 일한다'(3. 80점) 도 높은 점수를 받았다. '나와 회사가 추구하는 가치가 일치한다'(2. 87점), '내 능력을 개발하고 발휘할 수 있는 기회가 있다'(3. 03점) 등은 낮은 편이었다.

다음은 기자의 직무 스트레스를 유형별로 구분하기 위해 통계 분석을 실시했다. 그 결과 4개 요인으로 나타났는데, 각각을 '업무 스트레스', '과로 스트레스', '온라인 노출 스트레스', '동료 스트레스' 등으로 구분했다. 6

직무의 유형별 스트레스가 직급별로 어떠한 차이가 있는지를 알아본 결과, '업무 스트레스'에서만 직급별로 차이를 보였다. 업무 스트레스의 경우 점수가 낮을수록 스트레스 지수가 높음을 의미한다. 분석 결과, 평기자가 부장급에 비해 더 낮은 점수를 받았는데, 이러한 결과는 업무에서 평기자가 더 스트레스를 받는다는 것을 나타낸다. 구체적으로는 평기자의 평균점수는 3. 03점, 차장급은 3. 08점으로 두 집단 간에는 차이가 없었으며, 부장급은 3. 39점으로 유의미하게 더 높은 점수를 보였다. 부장급은 업무에서 자신

---

6 '업무 스트레스'에는 '업무와 관련해 내 생각을 반영할 수 있다', '나와 회사가 추구하는 가치가 일치한다', '업무에서 내게 결정할 수 있는 권한이 있다', '직장의 분위기는 권위적이고 수직적이다'(역코딩), '직장에서 노력과 성과에 맞는 신임을 받고 있다', '나는 기준이나 일관성 없는 업무지시를 받는다'(역코딩), '내 능력을 개발하고 발휘할 수 있는 기회가 있다' 등 7개 항목이 포함됐다. '과로 스트레스'에는 '나는 일이 많아 항상 시간에 쫓기며 일한다', '여러 가지 일을 동시에 해야 한다', '온라인 기사로 업무 부담이 많아졌다' 등 3개 항목이 포함됐다. '온라인 노출 스트레스'에는 '댓글, 이메일 등을 통한 부정적 반응이 부담스럽다', '나의 신원이 온라인으로 노출되는 것이 부담스럽다', '뉴스 이용자들의 언론 전반에 대한 반감을 자주 느낀다' 등 3개 항목이 포함되었다. '동료 스트레스'에는 '나의 동료는 업무를 완료하는 데 도움을 준다', '힘든 일을 할 때 이를 알아주는 직장 동료가 있다' 등 2개 문항이 포함되었다.

의 생각을 반영할 받는다고 여기기 때문으로 보인다. 다만, 과로, 온라인 노출, 동료 등의 스트레스 수준에서는 세 집단 간의 유의미한 차이가 없었다.

표-36 기자의 직무 스트레스

(단위: %, 점)

직무 스트레스의 유형	전혀 그렇지 않다	그렇지 않다	그저 그렇다	그렇다	매우 그렇다	평균 (5점 만점)
나는 일이 많아 항상 시간에 기며 일한다	0.7	8.1	26.4	39.7	25.1	3.80
여러 가지 일을 동시에 해야 한다	0.6	2.6	13.1	47.8	35.9	4.16
나는 기준이나 일관성 없는 업무지시를 받는다	4.0	22.7	28.7	31.6	13.0	3.27
직장의 분위기는 권위적이고 수직적이다	1.7	19.0	27.7	34.5	17.0	3.46
업무에서 내게 결정할 수 있는 권한이 있다	3.0	12.0	30.0	48.6	6.3	3.43
나의 동료는 업무를 완료하는 데 도움을 준다	2.6	8.1	29.4	49.5	10.4	3.57
힘든 일을 할 때 이를 알아주는 직장 동료가 있다	1.9	6.6	22.4	48.8	20.3	3.79
업무와 관련해 내 생각을 반영할 수 있다	1.9	6.3	23.7	58.2	10.0	3.68
직장에서 노력과 성과에 맞는 신임을 받고 있다	3.5	12.3	42.1	37.8	4.3	3.27
내 능력을 개발하고 발휘할 수 있는 기회가 있다	8.2	20.9	35.2	31.6	4.0	3.03
나와 회사가 추구하는 가치가 일치한다	9.7	23.8	39.0	24.8	2.7	2.87
온라인 기사로 업무 부담이 많아졌다	2.3	9.1	16.3	36.9	35.4	3.94
나의 신원이 온라인으로 노출되는 것이 부담스럽다	2.3	9.1	14.7	44.6	29.3	3.89
댓글 이메일 등을 통한 부정적 반응이 부담스럽다	5.6	16.5	24.0	38.4	15.6	3.42
뉴스 이용자들의 언론 전반에 대한 반감을 자주 느낀다	0.6	2.5	13.0	43.3	40.7	4.21

표-37 직무 스트레스의 직급별 차이

(단위: 평균점수)

구분	평기자 (473)	차장급 · 차장 (152)	부장급 이상 (68)
업무 스트레스***	3.03[a]	3.08[ab]	3.39[b]
과로 스트레스	3.94	4.07	3.91
온라인 노출 스트레스	3.83	3.85	3.88
동료 스트레스	3.68	3.68	3.69

주: *** $p < .001$에서 집단별 유의미한 차이를 보였다.

에필로그

여자와 기자. 살아오면서 제가 가진 가장 중요한 2개의 정체성이었습니다. 우리 사회의 절반인 여성으로서 시대가 부여한 온갖 차별과 시련에 맞닥뜨렸고, 반면 기자로서 조각난 사실을 재구성해 진실을 탐색하고 알리는 일을 해 왔습니다. 사람들은 이런 정체성을 가진 사람을 '여기자'라고 부르며 흔히들 유별나고 드센 집단으로 생각합니다. 기자 시절 제가 가장 많이 들었던 말이 '기자처럼 안 생겼네'였으니까요. 도대체 여성 기자란 어떻게 생겨야 하고 어떻게 살아가는 걸까요?

이 책은 여자로서 기자로서 평생을 치열하게 살아온 선배에 대한 헌사이고, 지금도 좋은 기사를 쓰기 위해 발버둥 치는 현역 기자들에 대한 연대와 위로이며, 앞으로 이 길을 걷고자 하는 미래 여성 저널리스트에 대한 안내서입니다. 60주년 기념 저서 편찬위원장 이전에 첫 독자로서 원고를 읽으며 때로는 감탄하고 때로는 분노하며 가장 많게는 울었습니다. "나만 그런 게 아니었어." 독자들도 똑같은 느낌을 받을 것으로 확신합니다.

책을 만드는 과정은 순탄치 않았습니다. 코로나 19로 엄중한 상황에서 편찬위원회가 일단 여성기자협회 사무실에 모여 앉긴 했는데 어디서부터 무얼 해야 할지 막막했습니다. 무엇보다 사초(史初)를 발굴하는 일이 쉽지 않았습니다. 여성 기자가 드물게 존재했던 상황에서도 각 사 사사(社史)에서 이들에 대한 기록은 별로 존재하지 않았습니다. 당시의 시대적 인식에서는 여성을 따로 언급할 가치가 없다고 보았을 것입니다. 기록의 빈곤함은 정진석 한국외대 명예교수의 도움으로 극복했습니다. 한국 최초의 종군기자 장덕조 선생의 따님인 박영애 씨 인터뷰는 정 교수의 언급이 없었으면 불가능했습니다. 거듭 감사의 말씀을 드립니다.

그나마 찾을 수 있었던 기록은 한국여성기자협회(구 한국여기자클럽) 선배들이 어려운 상황에도 활동하며 남긴 에세이와 간행물이었습니다. 선배들은 훗날 이것이 사초가 되리라고는 생각하지 못했을지 몰라도 결국은 후배들이 책을 만들 수 있도록 하는 단초를 제공해 주었습니다. 시대를 가로질러 여성과 기자로 이어진 끈질긴 인연의 힘을 느낍니다. 책을 어떤 내용으로 채워야 할지에 대한 아이디어를 얻기 위해 신문 측에서 장명수 이화여대 이사장, 윤호미 전 조선일보 파리특파원, 방송 측에서 류현순 전 KBS 사장대행, 홍은주 전 iMBC 대표이사를 모셔서 기자 시절의 여러 일화를 듣는 자리를 마련했습니다. 편집국 한편에 11년간 가구처럼 앉아 남자 후배 3명이 편집국장이 되는 걸 지켜본 장명수 선배와 보도국에 여자 화장실이 없어 아나운서실이 있는 층으로 매번 가야 했다는 홍은주 선배의 얘기를 들으며 울어야 할지, 웃어야 할지 난감했던 기억이 납니다. 그래, '이것을 날것 그대로 기록하자'. 책의 얼개가 완성되는 순간이었습니다.

선배들이 헤쳐 온 가시밭길에 대한 회고가 자칫 신세대 여성 기자들의 정서와 동떨어지면 어쩌나 하는 고민이 있었습니다만 기우였습니다. 젊은 세대는 또 나름대로 새로운 도전과 모습을 달리한 차별과 싸우며 전쟁을 벌이고 있었습니다. 늘어난 언론매체와 유튜브 등 뉴미디어의 도전, 저널리즘의 위기와 언론에 대한 불신, '24시간 깨어 있어야 한다'는 기자정신과 '워라밸'을 요구하는 시대 사이에서 현역 기자들도 매일 고민하며 한 발자국씩 나아가고 있습니다. 서랍에 사직서를 넣어 두고 오늘이 지구의 종말인 것처럼 일하는 수많은 여성 현역 기자에게 경의를 표합니다.

이 책엔 담지 못한 얘기도 많습니다. 능력과 야망을 가진 수많은 여성 기자들이 출발선에 함께 섰으나 기울어진 운동장이라는 시대의 한계, 가정과 일이라는 이중의 부담을 극복하지 못하고 떠났습니다. '그 많던 여성들은 어디로 갔을까?'라는 아쉬움이 드는 것은 언론계도 예외가 아닙니다. 오리아나 팔라치 혹은 바버라 월터스를 꿈꾸며 출발했으나 피치 못할 사정으로 중도에 그만둔 이들이 페이스메이커로 뛰어 주지 않았다면 오늘의 우리도 없었을 것이라는 점을 기억하며 공감과 연대를 표합니다. '펜은 놓았지만, 열정은 놓지 않았다'는 기자를 그만둔 후에 더욱 빛나는

한국여성기자협회 창립 60주년 기념 저서 편찬위원회.

인생을 만들어 가는 사람들을 보여 줍니다. 그들은 한결같이 말합니다. '기자를 하지 않았더라면 오늘의 나도 없었을 것'이라고.

이 책의 발간을 결정하고 지원해 준 한국여성기자협회 김수정 회장과 책을 함께 만들어 온 편찬위원회에 각별한 사랑과 감사의 마음을 전합니다. 김 회장은 작정하고 놀려고 몸풀기 중인 저를 다시 일의 영역으로 이끌었습니다. 편집회의에 한 번도 빠지지 않고 앞장서서 과제를 해결해 주었습니다. 놀랍게도 여성 기자의 목소리를 듣고 그들의 삶을 재구성하는 일은 은퇴 후 정체성 혼란을 겪던 제게 크나큰 활력과 함께 삶의 의미를 되돌려 주었습니다. 여성 기자로서 산다는 것은 괜찮은 것이었구나 하는 깨달음이 그것입니다.

강경희 조선일보 논설위원, 김경희 SBS 정치부 국제팀 선임기자, 김균미 서울신문 편집인, 박경은 경향신문·네이버 합작법인 아티션 대표, 박미정 조선일보 편집부 차장, 이미숙 문화일보 논설위원, 정민정 서울경제신문 논설위원은 모두 현역임에도 불구하고 열과 성을 다해 책 편찬에 참여해 주었습니다. 아이디어 발제, 필자 섭외와 원고 수발, 제목 달기와 교정까지 그들의 헌신적 노력이 없었다면 이 책은 나올 수 없었습니다. 주말에도, 밤늦은 시간에 전화하고 '까톡'이 울려도 아무도 서로를 비난하지 않았습니다. 우리 모두 자발성과 열정으로 뭉쳤기에.

그럼에도 미처 발견하지 못한 오류와 잘못이 있다면 이는 전적으로 저의 책임임을 밝혀 둡니다. 필자 연락과 편찬위원회 실무 작업을 지원해 준 한국여성기자협회 홍은경, 구본정 씨에게 말로 표현하지 못할 고마움을 전하며, 흔쾌히 출판을 맡아 준 나남에도 감사합니다.

돌이켜 보면 이 책《유리는 깨질 때 더 빛난다》를 만드는 일은 우리 편찬위원회에 숙제라기보다는 새로운 모험이자 발견의 기쁨이었습니다. 다들 시간에 쫓기는 처지라 회의 시간 맞추기가 어려웠고 회의 참석자 중 한 명이 코로나 확진자와 접촉해 떨면서 자가격리를 하며 검사 결과를 기다리는 일도 있었지만 다 즐거운 추억입니다. 바라건대 책이 발간될 즈음에는 모두 마스크를 벗고 얼굴을 마주했으면 합니다.

마지막으로 우리 일의 중요성과 가치에 박수를 보내고 흔쾌히 옥고를 주신 필자와 원고에 등장하는 수많은 여성 기자들에게 무한한 감사를 전합니다. 당신들이 걸었기에 길이 되었습니다.

한국여성기자협회 창립 60주년 기념 저서 편찬위원장 정성희

한국여성기자협회 창립 60주년

한국의 여성 기자 100년

한국여성기자협회 기획 | 정진석 지음

한국 사회의 발전과 함께 발로 뛴 여성 기자들
그 치열하고도 찬란한 100년을 되돌아본 최초의 통사

첫 여성 기자 이각경이 등장한 1920년부터 지금까지 100년이
지났지만 여성의 사회진출을 개척하고 촉진하는
선각자였던 여성 기자들의 역사는 제대로 조명되지 못했다.
여성 기자는 언론인인 동시에 여성 인권과 지위향상을 선도할
숙명을 지닌 존재였다. 일제강점기에, 6·25 전쟁 와중에,
권위주의 체제하에서, 그리고 민주화 과정에서 여성 기자들의
삶이 어떠했는지, 그 치열한 취재와 글쓰기가 한국 사회
발전에 어떤 기여를 했는지 100년의 역사를 정리한 이 책은
언론사(言論史)뿐만 아니라 현대 여성 운동사에도
매우 귀중한 기록이다.

신국판 변형 | 256면 | 18,000원

나남 www.nanam.net | 031-955-4601